承诺的策略

Strategies of Commitment

and Other Essays

Thomas C. Schelling

[美] 托马斯·谢林 – 著

王永钦　薛峰 – 译

上海人民出版社

序　言

这本新书的各章内容反映了我最早的两大研究兴趣。 大约在50年前，哈佛大学出版社出版了我写的《冲突的策略》一书，该书的主题为"承诺"（commitment）。 对于许诺（promises）和威胁、讨价还价和谈判、威慑和军备控制，以及合约关系来说，承诺都是核心影响因素。 我强调了这样一个悖论：对于一个关系、许诺或威胁，以及谈判地位来说，承诺要求放弃一些选择或机会，对自我进行约束。 承诺通过改变一个合作者、敌对者，甚至是陌生人对自己行为或反应的预期而发生作用。 本书的第一章汇集了关于承诺问题的几篇新文章。

20世纪的下半叶有件最重要的事件没有发生：自长崎原子弹爆炸后世界上再也没有使用过核武器，本书的最后一章对此表示了庆贺。我在1960年书的附录中强调了不使用核武器这一传统，那时才只有15年的这一传统是基于如下认识：核武器是与其他武器根本不同的。 林登·约翰逊（Lyndon Johnson）总统在1964年说到了自核武器首次使用以来"充满危险的19年"。 现在已经是充满危险的六十多年了，而核武器没有再被使用过。 我们希望这一传统对任何拥有核武器的国家或组织都构成压力。 我相信，结果主要取决于政策，而非运气。 像伊朗和朝鲜这样的国家已经获得了核武器，这是大家都不希望见到的，我们需要一些制度和政策来强化对核武器使用的限制，并防止那些不利于禁止核武器的行为。

在我1960年的书中，有四章是专门讨论核战争与通过军备控制与谨慎策略来避免核战争的。 在25年里，该主题一直是我的主要政策研究兴趣。 我已经出版了两本核战争和核战争避免方面的书。 ＊ 在过去的大约 20 年时间里，我的主要政策研究兴趣为温室气体、全球变暖和气候变化。 这两个方面的主题看似完全迥异：核裂变对红外线吸收。但是这两个主题也有许多的共同点，包括它们对外交方面的要求，以及所提出的挑战类型。 核武器要求对军事思维进行前所未有的重新定位，这需要数十年的时间；在过去的一万年里，气候变化的趋势从未像现在这样显著，这也需要 10 年或 20 年的时间来思考如何应对这一不可避免的全球问题。

虽然在气候变化的挑战方面不存在策略对手——气候变化不可能通过威胁或遏制政策来进行阻止——但是这方面的联盟问题可能比北大西洋公约组织的形成和发展还具有挑战性。 在三四十年的时间里，加勒特·哈丁（Garrett Hardin）所提出的"公地的悲剧"、曼瑟·奥尔森（Mancur Olson）所提出的"集体行动的逻辑"，博弈理论家所创造出的"多人囚徒两难"［严格来说，这并不是一个两难问题（dilemma），而只是一个困境（predicament）］，以及一般的"搭便车问题"，都成为社会学者研究的重点问题。 全球大气层是我们必须学习管理的最大的、也可能是最具有挑战性的（或在挑战性方面仅次于核扩散），并且持续时间最长的"公共品"，这里"我们"是指共同分享地球气候的六十多亿人口。 本书中有三篇文章重点讨论这一问题。

我发现承诺也是另一个策略领域的核心，这一策略领域为人们以什么样的方式来控制管理自己的行为。 在 1960 年的书中，我只是提及了这一点，而当我于 20 世纪 70 年代受邀加入国家科学院的药物滥用和习惯性行为委员会时，我则开始认真对待这个问题了。 在这个委员会里，我认识了各方面问题的专业人员，包括涉及海洛因、香烟、酒精饮料、大麻、赌博、饮食紊乱、锻炼以及其他"生活方式"等诸方面的专

＊ Thomas C. Schelling and Morton H. Halperin, *Strategy and Arms Control* (New York: Twentieth Century Fund, 1961); Schelling, *Arms and Influence* (New Haven, Conn.: Yale University Press, 1966).

业人员。以前，我只考虑了承诺在影响别人行为方面的重要作用；此时我意识到，当人们在试图控制自己的行为时，只有当他们像对待别人一样，要求自己承诺遵守某种节制方案或行为表现时，他们对自己行为的控制才能常常取得成功。人常常都代表了两个自我，一个是"不正常的"（wayward）自我，还有一个是"正常的"（straight）自我，后者对前者加以控制。如何将这类行为纳入经济理论的核心——理性选择分析框架中，是一个挑战。在《选择与后果》（1984）一书的序言中，我谈到了理性选择："和大多数经济学家一样，我也为理性选择模型所吸引，这一模型至少可以充当一个基准，因为当该模型发挥作用时，我们使用标准的经济学分析工具可以以最小的投入获得巨大的产出。"但是我还补充道："理性选择模型不能很好发挥作用的一些情形也吸引着我。"本书有三篇文章反映了我这方面的兴趣。

我还在哈佛大学创建了一个吸烟行为和政策研究所；本书中有一篇文章就是专门讨论吸烟问题的。

临终抉择（end-of-life decisions）既是一个吸引人的人际（interpersonal）策略领域，又是一个个人内心（intrapersonal）策略领域。这是一个很深刻的伦理问题，并可能引起政治上的轩然大波。在本书的《生命、自由或对快乐的追求》一文中，我首先说道："这本书的每个读者对凯伦·安昆兰（Karen Ann Quinlan）这个名字都不会陌生，而且大多数读者都看了不止一个当年的司法判决。"我说这句话的时间是在1988年。而我写这篇序言的时间是2005年，特丽·夏沃（Terri Schiavo）的照片仍然出现在报纸上，我觉得我在1988年的陈述还不完全，于是我将特丽·夏沃的名字加到那句话里，这样年轻些的读者就更好理解了。

1994年我应邀出席加州大学伯克利分校经济学毕业生的毕业典礼并做了演讲。当时正好是我从该校经济学系毕业的50周年。"经济学家了解些什么"是我一直想同经济学者谈的一个问题，伯克利分校又给我提供了这样一个机会。我想讨论一些经济学家视为真理的事物，而这些事物有时仅仅被称作核算恒等式。许多重要的恒等式由于是不可反驳的假说，因而往往被视为非科学，但是它们在其他学科中却被奉为"守恒定律"。

"为什么经济学只解决简单问题"这一题目稍微有点迷惑性，也只是稍微有点而已。

在20世纪70年代末，我的一个在环境保护署工作的学生给我来了一个电话，他说他有一笔外部研究基金，如果在财政年度结束时还没有合适的研究项目，这笔基金就会失去了。他问我是否有兴趣承担一些研究课题，重点分析为什么经济学家热衷于将环境问题放在价格体系范围内讨论。毕竟，其他人都不这么做，立法者、环境管理专员，或环境保护主义者都没有像经济学家这样做。经济学家是不是夸大了价格体系在环境保护方面的作用，过分低估了实施方面的困难，并且为自己的理论构建（theoretical construct）所困？或者他们只是没有能够让自己的表述被别人所理解？经济学家所面对的受众是不是顽固地非理性地反对经济学家的观点，抑或是在启用明智政策方面存在着其他可移除的障碍？

我接受了这个学生的科研经费，承担了三个案例研究——苯、航空噪音和空气污染——和一个关于态度的访谈研究。在汇集了研究成果的书中，我需要仔细说明为什么经济学家要使用价格体系；这一说明也包括在本书中，标题为《作为规制工具的价格》。你可能想知道那本书得出了哪些结论，由于这些结论不属于我的研究部分，在此我只提一下其中两点结论。第一，对排放进行计价，不论是采取收税或收费，还是通过所谓的"可交易的权利"或"排放限额与交易"计划，都比所谓的"命令与控制"更行之有效。第二，如果规制标准是正确地基于收益和成本的话，价格体系的诸多优点都可以通过规制来实现，而这个结论是所有作者都没有预期到的，也包括我在内。标准与机制一样，都是很重要的东西；定价机制的一个主要优点在于对成本和收益的量化。我必须指出的是，在那个研究进行25年之后，欧洲和美国都转为支持使用价格作为环境的规制工具。

《意外研究发现》叙述了一个从未说过的故事。核能和核武器发展的历史故事很丰富，但是还没有一个故事说明武器效果的重要知识是通过一次一次在武器试验场发生的偶然事故而发现的［还没有一个故事提到，1933 年一个假想的机投原子弹在离查尔斯顿（Charleston）海岸480 千米的水下爆炸了（作为一次武器试验），引起了一次海啸，导致 9 万人丧生，从而人们预期到了原子弹的潜在威力。］对于喜爱《奇爱博士》的读者，我在本书中添加了发于《原子科学家通讯》的《流星、恶作剧和战争》一文的部分内容。

《隔离现象的动态模型》发表于《数理社会学期刊》1971 年第一期，该期杂志现在很难找到了。此前我已经发表了简略的动态模型；我希望完整版本也能面世。当我使用铜币和锌币对我十二岁的儿子做试验时，我并不知道我所做的正是后来被称作"基于代理的计算模型"或"基于代理的计算经济学"。在《隔离现象的动态模型》这一章序言部分，我提供了对这一过去经验的近期反思，这也是我受邀为一本基于代理人的计算经济学书所撰写的。基于同样的考虑，我在本书中还增添了一篇关于《社会机制和社会动态性》的文章。

在《冲突的策略》一书的序言中，我谈到："这些文章是'纯理论'研究和'应用'研究的混合体……在我看来，它们就从未分开过。纯理论研究的促动因素几乎都来自于对'应用'问题的关注；对理论观点的阐释也都取决于对现实问题的确认。由于研究主题本身的原因或研究学者本身的原因，纯理论研究和应用理论研究之间的相互作用是持续的、强烈的。"45 年后的今天，这段话仍未过时。

目　录

第一章 承诺的策略

约在 50 年前，我对"承诺"进行了论述（Schelling，1960；第 2 章），我的一些同事甚至猜测是我创造了这一概念。对于同事的肯定，我自然很高兴，但是我必须否认这一猜测。"承诺"这一概念至少在 2 400年前就出现了。当色诺芬被波斯人追赶，而停在一个几乎无法跨越的峡谷前时，他手下的一个将军提醒说，他们已经无路可逃了。色诺芬（1957：136—137）却泰然自若："至于你说的这个问题……当我们就要战斗时，在我们后面出现了无法逾越的峡谷，这不正是我们求之不得的吗？我希望敌人认为自己可以很容易从任何方向撤退；但是我方应当清楚认识到，在我们当前所处的位置上，唯有战斗胜利才能自保。"

在其他类似的情况下，色诺芬注意到，当撤退是不可能的时候，每个战士都不必担心当自己正专心与敌作战时，自己的战友会弃他而去；这种"承诺"是战士们彼此之间的，也是针对敌人的。

我这里使用的"承诺"，是指有决心、有责任、有义务去从事某项活动或不从事某项活动，或对未来行动进行约束。承诺意味着要放弃一些选择和放弃对自己未来行为的一些控制。而且这样做是有目的性的。目的就在于影响别人的选择。通过影响别人对已作出承诺一方行为的预期，承诺也就影响了别人的选择。

承诺对许诺和威胁有重要影响，不论是公开的许诺和威胁，还是隐含的，并且对许多讨价还价的策略技巧也很有影响。例如，"要么接

1

受，要么放弃"这样的出价条件如果要具有可信度，则承诺是必需的，并且这样的承诺可能不太容易作出。 威胁要花高昂代价与某人打官司以获取数额很小的赔偿并不可信，因此也没有说服力，除非作出威胁的个人或组织能够显示出可信的承诺。

威　胁

威胁就是作出一个承诺，并让别人知道这个承诺，如果被威胁的一方不按照威胁的要求行事，提出威胁的一方则宁可作出对自己不利的事情（或者损失一些东西），也要让被威胁的一方承受成本、损害或痛苦。与许诺不同，威胁总是取决于行为的。 如果缺乏承诺及其有说服力的沟通，威胁就会缺乏"可信度"。 如果威胁取得了成功，那么就没有必要实施威胁要做的事情，威胁者付出的代价就是作出承诺和显示承诺的成本；如果威胁失败了，那么就会代价高昂且毫无效果。 如果威胁罢工、辞职、报复、控告或冲突取得了成功，那么就不会出现代价高昂的罢工、辞职、报复、诉讼或冲突。

建立承诺

坚持遵守许诺的方式有许多种，同样地，对威胁作出承诺的方式也有很多种。 色诺芬的方式则很简单：进入一个地理位置，明确向敌人显示，你只能做你希望敌人相信你必须做的事，没有其他的可能性。

在司法方面，可以发起诉讼；在声誉方面，可以履行公共职责；在物理方面，可以在十字路口前加速；在感情方面，可以是深陷情网；在地理位置方面，从你所占据的位置上撤退是不可能的（"烧毁桥梁"）。人们也可以依靠第三方："如果我不承诺，我将受到惩罚——遭遇离婚、解雇、取消抵押品的赎取权、曝光和清算。"在电影《奇爱博士》中，世界末日机器被做了如下设置：如果机器的传感器探测到苏联境内有一定数量的原子弹爆炸，世界末日机器就自动使致命的放射性覆盖全球。 在欧洲，虽然北大西洋公约组织的军事力量无法阻止苏联的进攻，但是这些军事力量所处的位置表明，一旦受到来自东方的攻击，则他们无法避免发动核战争。

当然，承诺要发挥作用，必须让所针对的对象了解并相信这个承诺。 《奇爱博士》中的末日机器是个有缺点的策略：这个机器的存在是保密的，只有这个消息公开了（并且让大家都知道，一旦发生进攻，即使到最后关头这个机器也不可能"关闭"），才可能对美国的进攻起到威慑作用。

如果你宣称在对方行为不当时将进行惩罚，但是当这种情况下的惩罚符合你的理性利益时，这种宣称可能会仅仅被理解为"警告"，而不是威胁，或者只是一个"提醒"或"通知"（如果你明显有激励提起诉讼，争取赔偿，那么告知对方这一打算并不是个威胁，而可能只是给对方提供了一个有用的信息）。 通常，警告被可靠地发出和接受既符合警告发出者的利益，也符合警告接受者的利益。 但是，当威胁被完成时（亦即有条件的约束被成功施加并沟通），接受威胁的一方并没有获得利益；如果威胁没有被成功沟通，为人所知，那么威胁就不能成功，也不可能达到预定的目的。

与许诺一样，一个威胁有效的前提条件是必须有说服力，而说服力取决于两个方面："力量"和"可信度"。 力量是指作出许诺或威胁的人具有（明显）能力，使得所作出的许诺和威胁力度足以让对方遵守好的行为。 可信度是指，对方相信所作出的许诺或威胁将被真正执行。 而承诺就是指可信度。

但是可信度这个概念的范围又要大于承诺：你可以挥舞一把空枪，而假装枪是上了子弹的。 但是为了有效地挥舞空枪，你必须假装两件事情：枪是装了子弹的，而且你是敢于开枪的。 这也就是两个方面的虚张声势：力量和可信度。

承诺有时候也适用于集体行动的分析。 罢工基金则是一个很好的例子。 一些由许多地方组织的工会组织认识到：每个地方组织在谈判方面的成功都使得整个组织得益；赢得一次罢工能够使整个组织得益；成功地威胁进行一次罢工甚至比赢得一次罢工更有利。 成功地进行一次罢工威胁不仅仅是威胁要实行罢工，而且要威胁罢工持续的时间是管理层无法承受的。 并且大部分地方组织不是同时进行罢工。 一个共同罢工基金就是对地方罢工组织提供财务支持的一个共同承诺，罢工基金服务于三个目的。 该基金有助于在罢工期间维持家庭收入——所有其他地方组织都提供捐助。 因此，该基金使得地方组织在必要时可延长罢工时间，从而提高了罢工取得成功的可能性。 更重要的是，该基金使企业注意到，罢工的成本并不是完全，甚至不是主要由参加罢工的工人承担的。 这种"承诺"已经在国际范围内制度化了，而不仅仅是局限于当地。 承诺分担彼此的罢工负担旨在通过提高地方组织的承诺水平而降低总罢工负担，这一目的很可能确实实现了。

随机威胁

如果威胁是"随机的"，那么就会出现一个有趣的承诺模式。 随机威胁是指当对方未能遵守好的行为时，发出威胁的人"可能"实施威胁要做的事情，也可能不实施。 "再靠近一步，我可能会开枪的。"随机威胁的内在原因可能在于：所威胁的事情规模太大，而且不容易降低规模，因此，带有随机部分的威胁是一个人所敢于作出的。 或者，带有随机部分的大威胁有时要比确定的小威胁更经济：以二十分之一的几率对在消防栓边上停车给予罚款一千美元要比确定罚款五十美元更经济有效。

现在我们来考虑威胁规模实在太大了，威胁者不敢真正实施所威胁的事情。 这一概念初看起来是一个矛盾综合体：如果在对方不遵守时，威胁者明显不愿意实施所威胁的事情，那么即使保留了实施或不实施的选择权，这样的威胁又怎能有可信度？ 如果没有承诺的话，这样的威胁能有什么力量？ 如果有承诺的话，那么威胁又怎么可能不实施呢？

有趣的是，这一概念是有意义的，我们甚至可以用熟悉的术语来表述。 关键是要创造一种情境，在这一情境下，如果遵守好的行为不会发生，正是由于结果不在威胁者的控制范围内，使得（对双方都）有害的后果有着可信的概率（可能不容易估计，但是可以明显感知并有重要影响）。 假想的机械模型可以是轮盘赌世界末日机器：攻击我们的西部边界，我们就转动轮盘；如果零或双零出现——三十八分之二的概率——你的世界和我的世界都会被毁灭。

这里存在两个问题。 为什么不是设定一旦发生这种攻击整个世界就直接爆炸了？ 这样做的话，就应当有威慑力了，而且当威慑力发挥作用时，就不会有人被爆炸了。 另外，由于他们知道你不希望自己被炸掉，当攻击发生时，他们怎么能知道你不会将机器拆离了呢？

对于第一个问题，存在一些很好的答案。 "他们"可能误解了进攻的定义；"他们"可能由于疏忽大意而错误发动进攻；"他们"可能在某些地方存在失控；"他们"甚至可能希望自杀。 只要他们是神智健全并且有掌控力，那么有三十八分之二的概率可以威慑他们；如果他们神智不健全并没有控制力，那么任何错误进攻都使得我们有三十八分之三十六的生存几率。 这一简单的算术是有意义的。

第二个问题——为什么他们要相信我们真的会将末日机器连接好，或者，如果我们已经向他们显示了连接，不会在出现进攻事件时再拆离呢？ ——可能无法回答。 这有些像个虚假的交通标志"车辆速度由雷达进行实时监控"：哪里能证明，我们真的购买了昂贵的雷达设备了呢？

承诺只能来自于明显的放弃控制。 追尾是大家熟悉的一个例子。没有人会担心跟在后面的车辆，除非他——往往总是男性——距离近得具有危险性。 只要没有意外，半米的距离还是合适的；但是在拥挤的环形公路上以时速 100 公里行进总是可能发生一些问题。 一旦发生了意外，生命就会受到威胁。 追尾者和我一样，都不希望发生撞车事故；一旦遇到危险，他会使用全部的驾驶技能来使双方都能避险。 但是我们双方都知道他的全部驾驶技能可能还是不够的：存在我们双方都丧命于事故的可能性。 后面的驾驶员如果离得太近，我就会警觉起来。 如果我不想距离这么近，我就得思考我能花多长时间才能让他退后，并且花费这么长的时间是不是还不如冒险保持近距离；我可能会感觉到他认为我最终会改道并且他能坚持比我长的时间。 在另一架飞机头顶上低飞，让其改变航线或者降落也使用了同样的原则：距离足够近，使得存在碰撞的可能性，这就是一个"承诺"。

肯尼迪总统的录音磁带表明，古巴导弹危机就是一个绝好的例子。肯尼迪总统决定对靠近古巴的苏联船只进行海面封锁，这一招被视为威胁进行核战。 显然，核战争是双方都最不想见到的；显然在所有危机的结果中，核战争是最糟糕的一个；显然总统及其顾问相信封锁意味着核战争的可能性，而核战争是双方都不会有意采取的行动；显然他们都认为一旦进行封锁，事态就有可能失控。 但是他们认为相比整个危机的影响而言，这种失控的风险是可以承受的；他们希望苏联无法承受危机的严重后果。 封锁本身就是（随机的）承诺。

这种"随机承诺"在三千年前的特洛伊城门前就发生了，请看下面对马车比赛的描述：

> 道路是沿着雨水管渠的，在路的一边冬季的洪水破坏了部分道路，并形成一个坑洼。墨奈劳斯（Menelaos）驾着马车行进在道路中，他希望没有人会太靠近他的车轮超车，但是安提罗科斯（Antilochos）驾着自己的马，偏离道路中心，而紧跟在墨奈劳斯马车的一侧。这使墨奈劳斯感到害怕，他大声对安提罗科斯喊道：
>
> "安提罗科斯，你驾车怎么这么莽撞！约束住你的马。这个地段太窄了，很快到了宽阔地带你就更容易超车了。你会撞上我的车的，那样我们俩都毁了。"
>
> 但是安提罗科斯却快马加鞭，对墨奈劳斯的话置若罔闻。他们

在路上只竞赛了一个金属环投掷的距离……然后墨奈劳斯就落后了：他是主动让马减速的，因为他担心两辆马车在狭窄的道路上会碰撞导致翻车。

安提罗科斯取得了胜利，虽然荷马（Homer）不够大度地说他"靠诡计取胜，而非靠实力取胜"（Rouse，1950：273）。

在前面，我们已经提到，威胁总是有条件的。宣判某人死刑并不是威胁；使某些特定行为能够用死刑来惩罚才是威胁。存在两个限定。一个限定为，威胁可以采取无条件承诺的形式，承诺的结果取决于目标的行为。我可以提出无条件的控诉，要求收回我的房屋，但是被告可以将欠交的租金交给法庭而驳回我的诉求。我可以在院子里养一只恶狗，流浪汉只要远离我的住所就可以避开恶狗。威胁使用炮火抵挡对非军事化区的入侵则取决于敌方的行为；埋置地雷是无条件的，但是其结果同样取决于敌方的行为。积累足够动量，使得与任何挡在我的路上的人相撞是不可避免的，这是无条件承诺；但是其结果取决于什么样的人挡在我的路上。

另一个限定在前面的例子中已经说明了：对古巴的封锁是一个无条件承诺；危机升级还是降级则取决于苏联。在某些威胁中，例如对古巴封锁，承诺采取的形式为发起威胁行动、制造风险，或者可能进行加重处罚。威胁强制赶出欠租的房客可能并不可信；切断水电要更温和一些，但是很有效。

为了消灭竞争对手，威胁要进行一场掠夺性的价格战，可能采取这样的可信形式：发起价格战，并使双方都遭受损失，直到其中一方无法继续坚持为止。发起过程包含了承诺的要素——至少显示愿意遭受损失。如果双方的持久力明显存在差异，掠夺者的胜利是不可避免的，而且所得到的回报肯定多于价格战的成本，那么价格战策略可能最好被视作是一个警告，而不是威胁，这个警告目标方聪明的话也一定会听从。如果价格战打到底对双方都是毁灭性的，那么只有可信的"承诺"才可能促使目标方谨慎地离开战场。 在小镇杂货市场价格战中，连锁店的声誉往往能提供这种承诺。 克瑞普斯（Kreps，1990）与贝尔德、高德纳、比克（Baird，Gartner and Picker，1994）提供了垄断者使用承诺策略来阻止竞争者进入市场的一些方式。

受欢迎的威胁

在下面讨论许诺之前，我们首先要问，许诺有可能是不受欢迎的吗？ 这里我们也可能会问，威胁也可以是受欢迎的吗？ 请记住，威胁就是承诺在一定条件下对被威胁对象进行伤害，并促使他选择他不会自动选择的行为。 答案是令人吃惊的（只是短暂的吃惊）：威胁，或近似于威胁的东西，也可以是受欢迎的。

当荣誉、自尊、信誉、虔敬、法律合约、第三方保证人和其他的可能承诺来源无法得到时，你就可能极需要作出一个可信的许诺。 给予许诺对象一个施加于许诺者的"威胁"就相当于向许诺对象提供了一个合适的抵押物。 典当了自己的缝纫机的裁缝和典当了自己的乐器的萨克斯管吹奏者将一个"威胁"置于他们的资助者的手中；如果他们没有实现自己的许诺，典当商就拥有了权力断绝他们的生计，因此典当商才愿意提供贷款。

我在典当商的"威胁"上面加了引号，因为这个威胁并不太符合我对威胁的初始定义："一个承诺……以对自己不利（甚至极为不利）的方式做一些事情或放弃某些东西。"典当商不需要任何承诺来出售萨克斯管；如果萨克斯管没有如期赎回，他可以以自利的方式出售萨克斯管并持有所得。 因此，许诺者面对的实际上只是"警告"，尽管这个警告也能达到可信威胁的效果。

为了构建一个真实的受欢迎的威胁，我们可以设想一个情景（也许希区柯克＊能用上）：一个年轻的重罪犯无法得到工作，因为人们无法

＊ 美国著名的悬念电影导演。 ——译者注

相信他不会抢劫公司。 加利福尼亚州通过了一个"三振出局"（three strikes and you're out）的法案，根据这个法，第三次犯重罪就终身没有机会获得假释、赦免或因表现良好而提前释放。 我们的这个主角又一次被捕并第二次被判有罪。 获释后他立即找了份工作！他不能冒第三次被判刑的险，因而他显然要洁身自好。 不然的话，加利福尼亚州有责任不惜一切代价来追捕他，并以极大的代价将其关押 50 年——负担其医疗保健等一切费用——而不论他在五十岁、六十岁、七十岁或更高年龄是否仍然具有危险性。 加利福尼亚州承诺在二次重犯再次犯罪时执行代价高昂的威胁；如果加利福尼亚州的威胁成功了，则没有什么成本，而且这个年轻人受制于一个受欢迎的威胁，这一威胁向他的未来雇主保证了他的良好行为。

威胁和许诺之间（亦即强迫与补偿之间）的差异有时取决于基准线的位置。 加利福尼亚的法官许诺一个犯了罪的穷困母亲，只要她接受绝育，就不判她入狱 6 个月。 如果法官许诺的 6 个月赦免是标准的基准线，那么这一提议就是许诺；如果基准线是缓刑，那么法官就是作出了一个威胁。

威胁有时可以通过对第三方的许诺来实现。 在 20 世纪 50 年代，美国批准了一个与中国国民党当局的"共同防御"条约。 这一条约只是在名义上维护国民党当局的利益——我们并不指望得到该当局的防御。 但是其明显用意在于使中国大陆相信，美国在全世界范围内建立起来的遵守防御承诺的声誉从此取决于在必要的情况下执行对台湾防御的承诺。

许　诺

在影片《公主新娘》中，年轻的少女不愿意嫁给邪恶的王子，由于城堡受到攻击，这场装模作样的婚礼典礼被中断了。 她在困惑中见到了自己喜欢的男主角，并且悲伤地坦承所有希望都落空了，因为她已经结婚了。年轻的男主人公并没有轻易地放弃，他问这个女孩："你说了'我愿意'了吗？"在男主人公的提醒下，女孩想了想，最后确定这一部分婚礼仪式被省略了。"那么你还没有结婚。如果你没有说'我愿意'，你就不能算结婚了。"这个问题解决之后，他们一起骑上白马远行了。

按照 J. L. 奥斯汀（J. L. Austin，1952）的说法，婚礼上的"我愿意"是一个"行为式话语（performative utterance）"，约翰·R. 塞尔（John R. Searle，1969）则认为是一个"言语行为（speech act）"。它不仅仅是一个问题的答案。它是一个程式的一部分，这个程式改变一个女孩法律和社会地位以及她与同样说"我愿意"的男人的关系（想想如果在婚礼上回答"好的"或者"那当然"，就不够严肃了）。

如果你问我我是否通常都穿相同颜色的袜子，我回答"我是的"，我的答案称不上是一个行为，而只是提供一定信息的陈述句。但是如果你问我，在某个罪案发生的当晚我是否穿着同样颜色的袜子，我的回答则是一个言语行为，或行为式话语。如果表明我撒谎了，那么我的法律地位就改变了。类似的情形还包括我将手放在圣经上发誓说实话作证时。

"我保证"通常是一个言语行为，并且人们也有意识地将其作为一个言语行为。我们所指的许诺也正是这样的行为。从语言的角度来看，你可以说"我保证"，但却并不是真正的许诺："当我希望孩子们表现好一点时，我就许诺给他们奖励。"但是当我真正向自己的孩子许诺时，这就是一个行为。紧跟"我保证"这一言语表达之后的是对所许诺内容的描述，这种言语表达可以被理解为产生某种义务的方式，通常会伴有某种形式的约束来执行这一义务。

"我保证"这样的话本身可能并不重要。"如果你打扫自己的房间，我就让你去看电影"这样的说法一般被理解为是有约束力的。即便如此，对于这样的许诺，我们往往会听到孩子们的反问："你保证?"这也反映了威胁和许诺之间的一个差异,威胁没有类似于"我保证"这样的仪式性语言。 "闭上你的嘴,要不然我来帮你闭上",像这样在同伴面前所说的话可能意在产生某项义务,但是加上"我威胁"这样的话并无意义。

我认为有必要扩展许诺这一概念的范围,使其包括非言语行为,这些行为所产生的义务能为对方所理解。 "如果你借给我 100 美元,我下周还你本息"可能缺乏可信度,即使说这话的人再加上一句"我保证"。 但是将电吉他当给典当铺则可被视为一种许诺行为。 区别则在于许诺的性质。

纯粹口头的或仪式性的许诺,将使一个人的荣誉、自尊和恪守诺言的声誉受到考验。 如果许诺是立下誓言的或者与宗教目标有关,那么这个许诺可以决定一个人是上天堂,还是下地狱。 有时受到影响的声誉仅限于对许诺对象的声誉:如果我们两个人只有依靠彼此的许诺才能成功处理好事务,那么遵守一个诺言就是让下一个诺言能够为别人相信的前提条件。

人质是保证诺言得到遵守的担保方式之一。 在过去数十年里,人质这一概念被滥用了,包括了任何因犯、俘虏,甚至是被绑架者。 而传统的人质定义为:"作为担保某些条件得到履行而被扣留的人",在另一个词典中的解释为:"冲突中的一方为了保证另一方实践诺言或履行条件而扣留的人。"人质有时是作为担保而自由给予的,有时是强制扣留以执行一个担保。 当凯撒大帝的士兵征服了高卢的野蛮部落时,这些士兵将儿童作为人质,来迫使余下的村民就范。 扣留人质实际上也符合村民的利益,否则为了保证安宁所有人都会被杀死。

在小说中,目睹了一项严重罪行的人可能会自愿弄瞎自己的双眼以"许诺"自己不是一个目击证人。 他也可以坦白自己的一个可怕秘密,这个秘密会使他自己受到胁迫。 他甚至可以在那些他许诺保持沉默的人面前犯下一个罪行,在这些人手里留下攻击自己的证据。 《潮湿的星期六》是根据约翰·科利尔(John Collier)的小说改编的老希区柯克电视系列剧。 在这个剧中，本地一个牧师抄近道回家时撞上了一个女孩的父亲，女孩刚刚杀了一个男人，女孩的父亲正在将尸体投入井中。 牧师面临着选择：跟男人尸体一起被投下井或者将自己的指纹留在凶器上，女孩的父亲可以将留有指纹的凶器作为担保物。 牧师紧握斧柄，给予了"许诺"（牧师应当坚持使用有女孩指纹或女孩父亲指纹的斧柄，这样就不会被骗得很惨了）。

人们常说，太监因为许诺不能发生性行为而得到某些最好的工作。

还有一些许诺使用第三方的信誉。 某人可以在你的期票上背书是因为那个人的许诺比你的可靠。 保释代理人能够替你交保释金是因为如果你不出庭的话，他们有能力找到你。 为了保证可靠的工作业绩，一个人可以通过朋友的介绍进入朋友的工作单位，如果朋友推荐的人不可靠，朋友自己的工作也会存在风险。

我已经介绍了口头许诺和各种许诺行为，这些我们都可以称为许诺，并可以给出一个明确定义。 许诺就是创建一个可观察到的义务来完成所许诺的事情。 但是这个基本定义包括了大多数威胁，因此许诺一定是个子集。 许诺作为一项义务，与威胁的区别主要表现为：所许诺的事情在许诺对象看来符合其自身利益。 许诺是为许诺对象所欢迎的一项义务（在行为不端时进行惩罚的义务我们则称之为威胁）。

也存在一些例外情况，一些基本情形和特殊情形。

例如，赦免或部分赦免的许诺有时伴随着进行起诉的威胁，这可能是与税收滞纳有关的，当没有许诺时，威胁就毫无效力，也就根本不可能进行威胁，犯罪者也会逍遥法外。 当当事人屈从于威胁时，所许诺的事情就是合意的，但是在存在威胁的背景下，许诺本身并不受欢迎。一个敲诈勒索者必须能够许诺不会揭发秘密或将照片公之于众，还要能许诺不会一而再、再而三地勒索钱财。 如果敲诈勒索者不能进行可信的承诺，那么被勒索者即使花费钱财也会一无所得，勒索者也不可能成功地勒索到钱财。 被勒索者支付费用后，勒索者能遵守诺言，这是符合被勒索者的利益的。 但是勒索者能够进行许诺却不符合被勒索者的利益。

如果尽管我完全承诺，对方还是无法确信，那么许诺一个我无论如何都会去做的事情，可能对对方会有价值。将某人置于荒野中进行一周时间的捕鱼，并且许诺一周后来接这个人，如果是为了讨价还价，而不是随便说周末自己也有事情要回来的，许诺则更有效力。

"我保证我没做"又当作何理解？许诺时所使用的语言，尤其是儿童所使用的，常常是用来支持自己的话的真实性，而不仅仅是一种承诺。同样的语言也可以用于支持对某些非行为结果的事情的预测，例如日食。类似地，将老板介绍给朋友并"保证"朋友是可靠的，等于是为自己的判断和可靠提供支持，或者等于承诺自己会让朋友有良好的表现。

我认为，为自己的可靠提供支持的许诺性的语言与我们对许诺的定义非常接近。如果我不得不将这类许诺性语言纳入正式的定义，我将说明，"我保证我没做"和"我保证将发生日食"具有双层含义。"我保证我下面说的是实话"可以与"我没有做"，或"将发生日食"放在一起。因而，所许诺的是说实话，为了方便，这一许诺被并入了对事实的陈述中。

另一个具有双层含义的许诺是担保(guarantee)。为一辆二手车提供担保，就是许诺该车运行良好，或者可以全额退货，或者包修包换。注意，担保通常不仅仅是许诺全额退货，而且还保证所担保的行为会发生。也就是说，担保对许诺本身提供支持。为了进一步说明，我们来考虑下面两个担保。即如果你的油箱干了，我们将立即过来充满，并给你100美元退款作为补偿。或者，我们也可以将100美元捐给你选择的慈善事业。假定所许诺的退款或捐款本身都是可信的，那么在这两种情况下，都会有100美元是对表现不佳(nonperformance)的罚款，这使得油箱干枯的可能性更低了。由于重装一个新热水器并运走旧热水器的成本很高，所以希尔斯(Sears)公司对有问题热水器的包换是对热水器质量可靠性的有力保证。担保(许诺)是自信的表现。

如果我们对许诺和威胁进行比较，我们会发现它们之间存在一些差异，但是也存在一些联系。其中一个差异在于，依赖于某个交换物（quid pro quo）的许诺通常只有当许诺进行得很成功并一定得到遵守时才会成本很高，而威胁只有当进行得不成功并且必须实施所威胁的事情时才会成本很高。威胁有时会显得过分和不相称，例如，"让开，不然我就从你身上轧过去"，但是只要威胁取得了成功，这个威胁就不显得太大了。当威胁显然不相称时，其可信度可能会下降，但是只要威胁取得了成功，其成本可以与较小的威胁一样低。但是许诺如果太大的话，其成本就会过高了。

许诺可以是有条件的，也可以是无条件的，也就是说，取决于对方的行为表现，或者与对方的行为完全无关。时间的确定非常重要：如果第二方的行为表现出现在第一方诺言必须实现之后，那么第一方的诺言必须以第二方的一个诺言为条件，即我保证今天为你做我必须做的事，但是你也要向我保证明天为我做事。在这种情况下，交易双方都必须能作出可信的许诺。至少，如果在你明天必须完成的事情之前你不能目睹我今天的所作所为——我是否完成我的交易义务，双方就必须都要能作出可信的许诺。如果你能观察到我的所作所为，那么我的许诺就是不必要的，只需要你的许诺就够了。

需要考虑的一个重要问题是，第二方，或有利益关系的第三方是否能够知道诺言的遵守情况。许诺保守一个秘密、不说某人坏话、使公寓保持较低温度、努力寻找工作、餐后刷牙、在友邦不进行间谍活动等，这些许诺都面临一个困难，即无法发现诺言是否得到遵守。事实上，这里存在一个悖论，在许多情况下之所以需要许诺，就是因为所许诺的事情无法监督。如果一个孩子在厨房里刷牙，而家长也在房间里，那么只需要控制行为本身就可以了，而不需要对违背诺言进行控制。

有时许诺是由神来执行的，神对诺言的遵守情况可以明察秋毫。H.D.F.基托（H.D.F.Kitto，1951，1977）曾说过："某些不为人知的罪行，人间法律无法进行惩罚，只有依靠神的力量来惩罚。""作伪证是不太可能被证实的罪行，因此这一罪行特别容易触怒众神。"下面是对震慑的合理经济学解释：如果神的干预是稀缺的，那么要有效利用这一稀缺资源就应当利用神的比较优势。如果神相比于法学家有信息优势，那么应当给予神对最难侦破的罪案的裁断权力。最难发现的违背诺言情形，例如伪证，就由神来裁断。但是要注意，对那些与你信仰不同的神的人要另作处理。

威胁可能只是虚张声势，同样地，也存在欺骗性的许诺，尽管我们没有一个与"虚张声势"对应的词来称呼它。特别有意思的一类"虚假许诺"是，为了得到对方的支持和配合，许诺去做自己实际上有充分激励无条件去做的事情，而假装自己可以选择不做。这一策略将做某事的许诺转变为不做某事的威胁，而且很可能只是虚张声势。"如果你表现好，下午我就带你去动物园"，这意味着"如果你表现不好，我就不带你去了"。如果出现了不好的行为，则存在两种可能性：不去动物园，即使我开始打算去并且仍然想去，但是由于我已经作出了有条件的许诺，我就有义务实施威胁。或者还是去动物园，说明了我之前只是"虚张声势"。

法律合约可以被理解为双向的许诺（Fried，1981）。教科书中提到了公司的两个法律特权：起诉的权利和被诉的"权利"。开始令我有些疑惑的是，被诉有什么好的，但是很快我就意识到被诉的权利代表公司有能力进行许诺：借款、签署协议、与可能遭受损失的人做生意。

实际上，防止某些社会不合意的交易发生的一个有力工具就是使许诺不可执行，否定被诉的权利。例如，在美国，法律通常并不执行赌博欠债，在某些州也不执行高利贷欠债，或者十八岁以下未成年人所签订的财务合同。许多发展中国家都有"施工留置权法"（mechanics lien law），规定了哪些种类的工具和设备不可以被典当。保险公司不可能签订协议，在你服刑期间帮你支付罚款或给你开工资。

无记名投票方式不仅旨在保护你的隐私，而且作为强制性的安排，使你无法可信地许诺自己的投票选择，不管你是为了获得报偿，还是受到了强迫（越来越多的邮件投票是否违反了这一民主的基本原则还有待观察）。

讨价还价

许多讨价还价都是关于"剩余"的"分配"问题。房屋的价格、从保险公司得到的赔偿、劳资双方达成的工资待遇方案、庭外调解、一个国家从国际货币基金组织得到的贷款、大学生得到的零用钱、新工作的薪水——只要工作、房子、贷款没有泡汤，最终所确定的数额都在一定范围的某个点上，在这个范围内，任何一点都是潜在互利的交易。有时候，这一范围是不确定的：我知道我买房时愿意出的最高价格，但我不知道卖房者的底价；卖房者至少在短期内大致知道自己的底价，但是并不知道我愿意付多少钱。有时我们比较清楚范围的大小，并且我们双方都知道，关于结果还有些"不确定的"地方：我们中的一方，也可能是双方最终得接受一个数字，为了达成交易，这是我们愿意作出的让步。

在这种存在一定弹性的情况下，对自己的让步幅度加以一个可信的限制是有利的。在对薪水进行讨价还价时，你可能希望得到接近于雇主考虑开出的最大水平——当然不能过于接近，以至于超过了雇主的上限，随后无法作出让步。雇主则希望支付略高于求职者的保留价格水平。双方都想寻求一个承诺——一个"客观的"基础，使自己能宣称某一数值是自己能接受的最低或最高水平了。这一动态过程可能是复杂的：显示承诺可能需要时间，双方可能同时在寻求这种承诺，如果一方感觉自己要求得过高了，可能会选择缓和和让步，双方都可能试图阻止对方建立承诺。建立承诺的过程既需要证据，也需要说服。

劳资关系方面的经典教科书（Walton and McKersie，1965）专门有一章讨论承诺。该章的子标题提供了有用的纲要：

- 确定合适的承诺程度
- 宣传我方的承诺
- 使我方承诺可信
- 防止对手承诺
- 使对手能修改承诺
- 放弃我方的承诺

该书指出："承诺的目的在于通过影响对手对我方意图的感知来影响对手的选择。'承诺'是指发誓一定要进行某项行动的行为。"（1965：50）

一个尤其臭名昭著的承诺策略甚至得到了一个专有名称："博尔沃主义"（Boulwarism）。《MIT 现代经济学词典》（Pearce，1996）提供了简要叙述："在美国 GE 公司，以前存在一个惯例：资方向工会开出一个固定条件，并且拒绝讨价还价。这种讨价还价制度是以 GE 公司前劳资关系副总裁勒缪尔·博尔沃（Lemuel Boulware）的名字命名的。该项实践被全美劳工关系委员会宣布与诚意讨价还价的法律要求相抵触。"

在企业间讨价还价方面，存在着被称为 MFN 合约的巧妙承诺工具。MFN 来自于"最惠国"关税安排，是"最惠国"（most favored nation，MFN）三个英文单词首字母的缩写。公司希望能承诺一个固定价格——不允许讨价还价。公司提供每个客户一份合约，根据该合约，客户总能得到提供给所有客户的一个最低价格，这一"合约条件是客户无法拒绝的"。一旦供应商为大批 MFN 受益者所包围，它就不能给任何一个客户特殊待遇了："如果我给你特殊待遇，我就必须给所有其他人相同的待遇。"

政府，尤其是民主政府，认为作出承诺是非常重要的，但又是非常困难的。定期的自由选举使得作出的承诺都是短暂的，例如绝不实施价格管制、绝不产生巨额预算赤字这样的承诺。

承诺有时可以通过三权分立来实现。国会通过立法可以参与外交谈判，也可以通过绕过行政部门的联合决议。无论这种"承诺"是好是坏，它通常不仅削弱了谈判者的操作能力，而且通过明确否定可能为谈判对手所利用的弹性，增强了谈判者的承诺。 在 1949 年，美国政府试图让马歇尔计划国家建立欧洲支付联盟，这需要将一些马歇尔计划基金投入该项目。 欧洲国家开始并没有什么兴趣，直到国会在 1950—1951 年的援助法案中明确规定了为欧洲支付联盟提供总额为 3 亿美元的专项拨款，谈判才顺利进行。

个人可信度

为了个人利益或公共利益，个人可以有意使用一系列的工具、技术和安排来作出承诺，影响别人的行为；同样地，存在着各种个人特点、品质、能力、残疾、难以抗拒的冲动、个性和迷信，使得个人能够作出可信的承诺。 后者依靠的是个人的身份和特质，而不是个人为了承诺而有意做的事情。

现举例说明。 在约瑟夫·康拉德（Joseph Conrad，1923）的《特工》一书中，无政府主义者密谋摧毁格林威治天文台。 他们从一个矮小的化学教授那里得到了硝化甘油炸药。 当局知道是谁提供了炸药，但是这个矮小的化学家仍然潇洒地行走在伦敦大街上。 一个参与格林威治计划的年轻人充满了疑惑：为什么警察还不逮捕这个化学家呢？教授回答道，警察不会从较远处向他射击，因为这么做等于否定了"资产阶级道德观"，而"资产阶级道德观"正是无政府主义者所批判的。警察也不敢贴身抓他，因为他自己总是随身带有"炸药"。 教授把右手放在裤子口袋里，握着管子一端的空心球，而管子的另一端则连接着放在夹克衫里的硝化甘油容器。 他只要按一下空心球，身边的人就会被炸成碎片。 年轻人感到不解的是，为什么警察会相信如此有违常理的事情："教授"真的愿意同归于尽。 这个身材矮小的化学家平静地解释道："在上一个例子中，凭借一个人的个性特点就能确保这个人的安全……我自己虽然有致命的武器，但是你要知道，仅凭这一点根本无法起到保护作用。 真正起作用的是那些人相信你真的会使用致命武器。 这就是我给予他们的印象。 这一印象是绝对的。 因此，我是个真正能致命的危险人物。"（1923：65—68）

　　作者康拉德意在让我们相信这个"教授"真的会愿意炸死自己。我们可以推断出，对此还没有进行过测试：如果警察已经抓住过这个教授，并且他没有牺牲自己，警察现在也就不会回避他了。 如果警察抓过他，并且他引爆了炸弹，那么警察现在应当是对他的牺牲精神表示敬意了，而他也不会参与格林威治计划了。 教授可能在虚张声势，可是听起来又不像是这样。 "那些人相信我会使用炸药"这句话在此是非常重要的。 教授引爆身上的硝化甘油炸药这一行为是故意的；但是教授本身并不是这样的人。

　　我认为我们可以视其为"有承诺的"。 但是并不是他自己主动作出了承诺，他只是有承诺的。 我曾写过一章，标题为"承诺的艺术"（Schelling，1966）。 在该章中，我讨论了有意使自己有承诺。 这不同于作为一个作出承诺的人，也不同于作为一个无外部执行就能引起可信承诺的人。 我们怀疑教授使自己有承诺——引起承诺、安排承诺，对其承诺进行谈判。 教授并没有刻意使自己成为能够自我牺牲的那一类人，而不是投降的人。 他本身就是那一类人。 我们可以分析自豪、荣誉、顽固、命运、身份等因素；教授本人可能并不知道自己为什么是不怕牺牲的人。

承诺的来源

　　我们不清楚（反正我不清楚），教授是否生来就这么坚定，还是由于受到经验和文化的熏陶。 在群体层面上，而非个体层面上，与教授这个例子相辉映的是 16 世纪瑞士人所表现出来的"特征"。 16 世纪的瑞士人虽然在战场上败多胜少，但他们却赢得了同样的尊敬："[瑞士]联邦以勇敢著称，也因此取得了政治上的地位……任何人都无法小觑不畏强敌的对手"（Oman，1953：96）。

显而易见，瑞士人重视声誉——获得声誉的代价很高，但是一旦获得，则是无价之宝。 还显而易见的是，瑞士人的勇敢行为特征可以融入他们的文化，而不仅仅具有策略工具的作用。 小说中的那个"教授"可能生来与其他人不同，但16世纪的瑞士人则不大可能。

这里有一个有意思的问题：对人类来说，只是根据某个人的个性特征和情感气质而将其视为恪守承诺的一类人，而不是通过重新安排激励或外部约束，这种做法对人际关系的影响是否大到这样的程度：具有恪守承诺的微小基因倾向就可以享有更大的生殖成功性，并且这种基因倾向能够在种群中繁殖延续。

作为和成为

我区分了作为（being）恪守承诺的人和成为（becoming）恪守承诺的人。 有些人就是可信的、相信别人的、有报复欲的、慈善的、忠诚的、怀恨的、宽容的、心胸狭窄的、脾气暴躁的、顽固的、随和的、勇敢的、保守的；充满自豪、荣誉、仇恨、残忍或仁慈；热情地融入相同的部落、种族、语言、性别，阶级；虔诚信神、敬畏上帝、笃信因果来生，能够让上帝作证（"在胸前划十"）。 这些人常常为人们所辨识，至少为一部人所辨识。 总体来看，许多可识别的特性都可能是有利的，虽然有些可能使人易受伤害。

"成为"是一种对具体环境采用可识别的承诺的能力。 天生忍让的人可能会发誓在必要时进行抵抗和报复；憎恶暴力的人可能会威胁进行惩罚；奸诈自私的人也可能在关键时刻表现出完全的忠诚；通常性情温和的人也可能被某些挑衅所激怒。 "成为"有承诺的人可能更具有策略性，亦即，由始终如一的个性特点变为对特定的情况作出反应。

"成为"显然比"作为"更具有选择性。 在人际关系方面，坏脾气有时可能是个优点，更多时候则是缺点。 如果发脾气能实现我的目的——使威胁更可信，甚至是不用言语表达的威胁——无论是针对调皮的小孩还是成年反对者，那么能够发脾气是具有真正实际价值的（尤其是当发脾气对我不利时，我还能控制自己的脾气）。

"成为"和"作为"之间存在交叠。如果我信奉神明，或我处于荣誉感很强的文化背景，这些都要求宣誓效忠，那么只有当我宣誓了，才能"成为"有承诺的人，但是我本身必须"是"能够忠诚宣誓的那一类人。

源于遗传？

有大量的证据表明，有些人承诺（并为人们所认知）作出某些特定行为。但是遗传因素是否在其中发挥了重要作用尚未可知。人们可以在了解维护良好声誉价值的基础上表现出策略行为；人们可以信仰存在戒律的宗教；人们成长的文化背景可能使他们在某些行为方面没有选择性，不管这些行为表现的是诚实、报复心还是自我牺牲，人们可以天生地以某种可见的方式行事，他们的行为在被别人所预期到时则是对他们有利的。人们会聪明地避免招惹哺乳期的母熊，同样地，他们也会聪明地避免惹怒脾气暴躁的壮汉。

虚张声势

根据进化论的适者生存原理，如果人类获得了作出可信承诺的能力，同时也可能获得了作假的能力。如果作假是一项重要能力，人类也应当至少培养了一些识别作假的能力。

在本章结束时，我想引用电视评论部主任爱德华·R.马洛（Edward R.Murrow）给其继任者丹尼尔·索尔（Daniel Schorr）的忠告："电视广播的成功秘诀就是真诚。如果你能假装出真诚，你就成功了。"

附录：利他主义、恶意和其他潜在策略行为

从生物学的角度看，"利他主义"提出了一个令人困惑的问题：明

显不是服务于自我利益的遗传决定的行为如何能代代相传呢？ 对这个问题已经形成了数个答案。 同样值得思考的是恶意（meanness）——没有明显目的，却产生一定成本的有害行为。 举个例子，在野营地，一个男孩公开恶意打了一个正在睡觉的"朋友"的嘴。 这种打人行为是具有威胁性的，攻击者也因而毫无争议地成了小群体的头。

我所思考的行为类型（包括上面提到的例子）可以被称为"策略性的"。 如果一种行为倾向能够通过改变别人的预期而影响别人，则这种行为倾向就是策略性的。 策略行为在人类社会随处可见，而采取的形式往往具有悖论特性——缩小选择范围、降低能力、招致惩罚或风险、代价高昂的展现、破坏所有物、解除自己的武装，以及其他明显不利己的行为，这些行为只有当为别人所预期时才是有利的。

为了证明我不会伤害你，我解除自己的武装；为了防止你绑架我的孩子，我只能过穷日子；为了说服你我不会做目击证人，我只能弄瞎自己双眼；为了不让你迷恋我，我不得不使自己变丑；为了向你保证我不会撤退，我不得不将自己拴在柱子上。 每个例子都是不必要的损伤或牺牲，除了其对你的行为的影响。

从孩提时我就知道蜜蜂会叮人，并且只要蜜蜂叮人，自己就会死去，但是它们仍然不惜一死来叮人。 我没法向蜜蜂解释，它的叮咬不仅伤害了我，也会牺牲它自己，所以我对蜜蜂敬而远之。 每个叮我而死的蜜蜂使我对蜜蜂的行为产生了预期，其他大量蜜蜂由此得以生存。

恶意和利他主义不仅相似（除了符号上的差异），而且往往难以区分。 对犯错者进行惩罚既可以是一个受公共精神驱使的"公共品"，也可以是受恶意所驱使的公共品。 对受害者来说，这种惩罚可以作为警告，或加强受害者的纪律性，因而对受害者也是有利的。 那个打了正睡觉的朋友的男孩立即成为群体的领导者：也许他们需要个领导者。

从策略角度来看，行为约束和解剖约束（anatomical constraint）之间没有什么区别。 蜜蜂的针刺是行为性的；仙人掌的刺是无自动力的；豪猪的刚毛则二者兼具。 仙人掌之所以可以种在花园里，是因为虽然有潜在危险，但是仙人掌很守规矩——它从来不会去主动攻击人。 不管它是静止不动的，还是只是缺乏主动性的，都没有什么关系。 誓死保卫自己的巢穴所具有的威慑作用并不取决于捕食者是否察觉到对方会顽固坚持抵抗、母性本能，或者因无法逃脱而全力一拼。

在本章结束时，我想提供一些潜在策略倾向的简单例子。 我将使用简单的句子来陈述一个约束或无能力的情形。 如果这种陈述不能使人相信，则会产生高昂成本；如果能为人所相信，则可能是非常有利的。 但首先请允许我阐明我的目的所在。 我的兴趣并不在于人的某些特性的可遗传性，这些特性从策略角度看，可能是自我服务的（self-serving），恰恰相反，我想了解的是，在人身上所观察到的丰富的策略行为是否能为研究其他生物的生物学家提供一些启示。 人的策略行为看起来都是有意识的，甚至是精心计算的，但是并不意味着，为实现某个目的，策略行为必须是有意识的和精心计算的。 事实上，无论生物是否有一个"目的"，其行为都可具有策略性。

下面列举了一些策略性陈述的例子，读者还可自行添加。

· 我对你是没有危险的，即使我想伤害你，我也做不到。

· 我会攻击靠近我的人。

· 如果你不按照我要求的做，我会把我们两人都揭发出来。

· 如果有掠夺者发现了我们，他会首先攻击我，而不是你。

· 我不可能跑的，因为我一跑就背对着你，那样我就暴露在危险中了。

· 如果你靠近我的住宅，我就毁了它。

· 我不会为了我的财产而战，因此，你不必杀了我才能得到我的财产。

· 如果我做了你要求的事，我将面临严厉惩罚。

· 任何人，如果他不能帮助曾经帮助过我的人，都是我要伤害的对象。

· 只要我们进行斗争，就一定会斗争到底。

- 我的味道不怎么好。

- 你的味道不怎么好。

参考文献

Austin, J. L., 1962, *How to Do Things with Words*, London: Oxford University Press.

Baird, Douglas G., Robert H. Gertner, and Randal C. Picker, 1994, *Game Theory and the Law*. Cambridge, Mass.: Harvard University Press.

Collier, John, 2003 [1949], "Wet Saturday", *In Fancies and Goodnights*, New York: New York Review of Books.

Conrad, Joseph, 1923, *The Secret Agent*, New York: Doubleday, Page and Company.

Fried, Charles, 1981, *Contract as Promise*, Cambridge, Mass.: Harvard University Press.

Kitto, H. D. F., 1951, *The Greeks*, Baltimore: Penguin Books.

Kreps, David M., 1990, *Game Theory and Economic Modelling*, Oxford: Oxford University Press.

Oman, C. W. C., 1953, *The Art of War in the Middle Ages*, Ithaca, N. Y.: Cornell University Press.

Pearce, David W., ed., 1996, *The MIT Dictionary of Modern Economics*, 4th ed. Cambridge: MIT Press.

Rouse, W. H. D., trans, 1950, *The Iliad*, London: Mentor Books, 273.

Schelling, Thomas C., 1960, *The Strategy of Conflict*, Cambridge, Mass.: Harvard University Press.

——1966, "The Art of Commitment", In Schelling, *Arms and Influence*, 35—91. New Haven, Conn.: Yale University Press.

Searle. J. R., 1969, *Speech Acts*, Cambridge: Cambridge University Press.

Walton, Richard E., and Robert B. McKersie, 1965, *A Behavioral Theory of Labor Negotiations*, New York: McGraw-Hill Book Company.

Xenophon, 1957, *The Persian Expedition*, trans, Rex Warner, 236. Harmondsworth: Penguin Books.

气候与社会

第二章　温室问题意义何在？

"全球变暖"问题已经出现十几年了，这十几年是地球历史上最热的年份。 这一现象是如科学家所警告的，因二氧化碳排放量增加而引起的"温室效应"，还是某种自然的(而非人为造成的)气候变化？

政府间气候变化专门委员会(IPCC)谨慎地提出，气候变化存在"可见的"人类影响。 IPCC是个严谨的机构，不会轻易下结论。 该机构所使用的数个气候模型中，大多数未能预测近年来的温度骤增。一定是正在发生什么情况。 这个情况告诉我们在新世纪里需要大幅度削减碳排放量。

轻易作出推断还显为时过早——我们看到温室的"印记"了吗？我们能从"噪声"里发现明确的"信号"吗？ 气候的历史告诉我们，全球大气温度的骤变已经发生过。 地球气候受到随机的或混沌的因素影响。 厄尔尼诺现象和火山喷发都是很好的例子。 除了温室气体，人类的影响还包括：浮尘和硫的排放能遮挡阳光；城市化能产生"热岛"，从而影响当地的温度估计值。 最后，地球上的大部分面积为海洋所覆盖。 相对于空气而言，水的温度很高，而海洋充当了巨大的冷却池，将大气变暖到来的时间推迟了数十年(这里"信号"和"噪音"的比喻是不太恰当的：噪音是随机的，而这里的问题是，我们需要确定数个相互竞争的"信号")。

所以关于温度的近期记录并不能说明变暖的原因。 温室效应并没有为近年来高温记录所证实，但也没有排除这种可能性。 我们可能在一二十年后明确看到温室效应的"信号"。 在此期间，我们只能依靠科学推测。

关于"温室"现象，存在着一些无可争议的事实。 其中一个事实在一个多世纪前就为人们所熟知了：高密度的温室气体，例如金星的大气层，可使地表温度达到水的沸点的多倍；反之，如果像火星一样缺乏温室气体的话，地表温度就会过低，水都不可能以液态形式存在（距离太阳的远近也有些影响，但并不是导致温度差异的主要原因）。 在太阳系中，地球的温度范围是独一无二的，这其中也有温室气体的功劳。

另一个为人熟知的事实是，二氧化碳分子吸收红外线辐射。 在实验室很容易对此进行测度。 阳光可以透过二氧化碳；但是当地球被白昼的日光照射升温之后，地球通过电磁谱的红外线部分将能量辐射回太空时，空气中的二氧化碳吸收了部分能量，使温度提高了。 如果白天吸收的能量与辐射回太空的能量不平衡，地球会一直变暖，直到辐射回去的能量强度与吸收的太阳能强度相一致。

加利福尼亚州和佛罗里达州的柑橘种植者在寂静的夜晚使用熏烟罐——燃烧原油的瓷管——来产生一层二氧化碳气体，捕捉部分从地面辐射的热量，使水果不会受冻（真正的温室并不会产生"温室效应"；温室只是留住了与受热地面接触的暖空气。 我们将其称为"熏烟罐效应"更为恰当）。

二氧化碳并不是唯一能吸收红外线辐射的气体。 在这方面，水蒸气是最重要的气体，温度提高部分是对地球绝对湿度提高的正反馈。

我发现温室效应说法越来越具有说服力。 从很大程度上来说，存在不确定性的地方并不在于温室效应是否真实，而在于气温升高的速度和幅度，以及各种气候效应——不仅仅是变暖，还包括降雨量、湿度、阳光和云朵、风暴方面的变化，以及日夜、夏天和冬天、两极地区和热带地区、山脉和平原，东海岸和西海岸之间的差异。

在两大包含多学科的科学杂志《科学》和《自然》中，你需要找到10年前或20年前的期刊才能发现对基础科学的严重怀疑。 科学界对温室效应的真实性的一致认同是很鲜见的，即使近期的气候记录并不能完全证实温室效应的存在。

但是不确定性还是很大的。 政府间气候变化专门委员会最多（当然也是任何人最多能做到的）也只能根据给定的二氧化碳提高程度给出可能的温度升高范围。 25 年来，这一估计范围的上限是下限的 3 倍，也就是说，存在着很大的不确定性。

此外，以下方面也存在着不确定性：温度变化对全球气候的影响；气候变化对我们所生活的世界的影响；在不同气候条件下的人们如何来成功适应环境。

气候变化是一个新的政策问题。 核武器的出现要求军事思维的重新定位，这一重新定位花费了数十年的时间。 现代恐怖主义要求对国土安全思维进行重新定位，这一重新定位几乎还没有开始。 与军事领域和反恐领域出现的新情况一样，未来气候的变化程度要高于过去一万年里所发生过的气候变化，而我们只有 10 到 20 年的时间来思考如何应对这一不可避免的全球问题。

下面我根据个人的经验来加以说明。 在 20 世纪 70 年代出现所谓的"能源危机"的时候，我是两个专门研究委员会的成员，每个委员会均由 20 名专家组成，分别来自经济学、石油工程、核工程、公共卫生、国际关系、环境科学，以及其他相关学科领域。 其中一个委员会主要考虑核能的前景，另一个则考虑美国的未来能源政策。 两个委员会都形成了研究报告，一个为《核能：问题和选择》（核能政策研究委员会，1977），另一个为《能源：未来二十年》（福特基金研究委员会，1979）。 显然，核裂变并不产生二氧化碳，那么核问题的关键又是什么呢？ 未来 20 年里能源和环境争议的中心问题是什么？ 上述两个研究报告关于全球变暖又有何高论？ 在这本四百多页的核能研究报告书中，只有两页涉及二氧化碳。 而在着眼于未来 20 年的六百页的能源研究报告书中，只有十处提到了二氧化碳，页数还不足十页。

全球变暖和气候方面的思考并不是始于能源政策方面的"专家"，

同时还有许多相关领域的科学家还没有重视这一问题，这些领域包括大气化学和物理、气象学、海洋学、农学、海洋生物学、冰河学、生态学和古气候学。

1992 年在里约热内卢召开了最大的政府间会议，与会的包括美国在内有一百多个国家的政府首脑，会议的主题是全球环境问题，而气候变化则是中心议题。 里约热内卢的会议产生了《气候变化框架公约》，该公约很快得到了美国的批准。

5 年后的京都会议，在里约热内卢公约的基础上又加了一项"议定书"，要求发达国家在未来 12 年里大量降低二氧化碳排放水平。 该议定书最终于 2005 年 2 月生效，批准该议定书的各发达国家的二氧化碳排放量占了全球总排放量的 55%。 克林顿政府拖了 3 年也没有签署京都议定书方面的文件，小布什上台后旋即宣布京都议定书是不合适的。俄罗斯批准了京都议定书，这打破了 55% 的门槛，许多人将此视为机会主义行为，因为俄罗斯经济从 1990 年开始就在下滑，1990 年是计算二氧化碳排放量下降的基准年。 随着俄罗斯经济的下滑，俄罗斯根本无需限制排放量，甚至还可以出售多余的排放权——被评论员称为"热空气"——给其他参与议定书的国家。

布什抛弃《京都议定书》可能显得不够友好，让人难以接受，但2001 年前要遵守 1997 年在京都所形成的协议是根本不可能的，完成美国的义务所需的各项政策，包括新的立法，都还没有开始制定。 京都会议是否能成为应对气候变化问题的国际合作的"第一步"尚未可知。

虽然可能的气候变化幅度及其影响还不确定，并且这种不确定性不能排除预期和处理的预防措施，但是却使得对未来数十年一国二氧化碳（以及其他温室气体）的排放量的上下限无法明确。 最终起决定作用的不是每年的排放率，而是对大气中温室气体浓度（亦即，未来所有年份累积的排放量减去永久为海洋或其他地方所吸收的温室气体数量）的限制。

如前所述，对于任一给定的温室气体浓度水平，平均温度变化的不确定因数至少为3，亦即，温度变化估计值的上限至少为下限的3倍（之所以说"至少"，是因为这些估计值不是绝对界限）。 因此，即使我们知道我们应该对平均全球温度的变化施加什么样的限定范围（实际上我们并不知道），我们在知道所显示的温室气体浓度的情况下仍然存在因数为3的偏差。 海洋到底吸收了多少排放的二氧化碳也是一个未知数。 目前看来，约五分之二的二氧化碳被海洋、植物或土壤吸收了，但是我们还不能确定，当海洋表面的温室气体浓度增高时，海洋是否也会吸收更多的气体。

另外一个问题在排放配额安排方面，无论最终对大气中碳的总排放量如何限定，排放量（各国具体数量不同）在未来数十年里几乎总会不停增长，然后才会趋于平稳，最后大幅度减少。 其原因如下：

第一，我们等待的时间越长，尤其是在此期间我们大力投资于新技术，我们就能得到更好更便宜的控制温室气体的技术。 第二，如果我们可以推迟20年，任何东西都会变得便宜了：我们可以将同样的资金以5%或6%的利润率进行投资，然后在20年后将投资所得用于温室气体控制。 第三，时间推迟可以避免成本高昂的资本资产的损耗，例如发电厂。 第四，后代们几乎都享有比我们这一代更高的收入，也更有能力承担转向新能源而产生的成本。 第五，每隔10年，我们应当对减慢全球变暖所需要做的工作及工作强度有更好的理解。

京都会议所关注的是短期内的排放。 这么做也是有道理的。 正如美国国家科学院10年前所报告的，一定存在一些"触手可及的果实"可以采摘——即以低成本或零成本大量减少排放量。 但是这样的机会几乎都是一次性的，而不是长期存在的。 我们知道，这些机会最终会被证明是非常宝贵的，而推迟则纯粹是浪费时间。

那么为什么在深入探究了12年以后，温度变化幅度的不确定性仍然没有降低呢？ 部分原因可能在于，还没有一个正式的官方机构愿意明确支持对已有的估值提出的挑战。 另外还有很重要的一点，气候科学与脑科学或遗传学一样，比最初考虑全球变暖问题时所设想的要复杂得多。 25 年前，海洋主要被模型化为冷却池，现在人们认识到洋流在热的传播方面也发挥着积极作用。 热的传播取决于在海洋不同深度的温度和咸度，以及海洋表面因风而起的湍流。 以前人们也不了解云，自然也就认为云并不起什么作用。 现在人们知道云能反射进入的辐射和吸收逸出的辐射，这种能力则取决于云的高度、密度、云团大小和地理位置。 早期人们认为大气中的尘粒，尤其是来自火山喷发的硫，能够大量反射进入的阳光，但是还没有可靠的研究说明空气中尘粒的数量、它们的地理分布，以及在空气中的驻留时间。

有幸的是，我们已经开始使用卫星来观测海洋、云、冰川、森林、海冰，以及空气中的尘粒和大气温度等与气候变化相关的事物。 由于掌握了许多新知识，我们对于大气、海洋和陆地现象（包括人类活动）之间的复杂相互作用也有了全新的认识。

我们还无法预测气候变化的速度，甚至是气候变化的性质，"变暖"只是对影响气候变化的诸多因素的简单代表，但是我们仍然可以努力预测这些气候变化所造成的影响。 但是必须注意一点，不能想当然地认为，气候变化只是生活的"点缀"。 如果我们什么也不做或做得不够，气候变化在 21 世纪的后半期会很严重，而且即使我们做了大量的努力，到 21 世纪末也会很严重。 为了考察气候变化的可能影响，我们需要想象 60 年、80 年或 100 年后的世界。

怎么做到这一点呢？ 可以假想我们现在已经是爷爷辈或曾祖辈的了，现在所讨论的全球变暖和伴随的气候变化在 80 年前已经得到了慎重考虑，那时我们可以怎样应对呢？ 我立即想到以下几点：第一，心里想到"变暖"的美国人会更喜欢温和的冬季，而不是炎热的夏季。第二，说到夏季，最让人担忧的要数泥泞了。 汽车轮胎薄如皮，硬似木，陷入泥泞就难以自拔了。 自行车在泥泞中也很难行进，步行也存在困难。 可能人们那时还想不到，在世纪末，美国各处的道路就很难见到泥泞了。

根据上面的思路，我们不禁要问，如果 1925 年所预测的气候变化现在真的发生了，那时的农场男孩如果一直待在农场并活到现在的话，他对自己一生所经历的变化当作何感想呢？ 气候变化是否显得格外突出？

我猜想，这个现在已经上了年纪的农场工人可能对以下事物印象更深：马的消失；电、电话、广播（以及电视）的出现；杂交玉米、抗生素、杀虫剂；仍然保留了大部分自己的乳牙；大学毕业的孙辈虽相隔千里，但他仍然很容易看望他们。 他可能并没注意到冬季变暖了：他可以戴手套、穿靴子和皮猴，而这些衣物在他小时候并不存在；为了防止路上有冰雪，他可以使用雪地防滑轮胎（夏天则有空调）。 农业技术发生了巨大变化，他并不清楚气候变化对农业生产率产生了多大影响。

70 年前，我们没有电子学、放射性同位素、核能、抗生素、遗传学、卫星，甚至塑料——我们只有丝绸、人造丝、鱼胶、赛璐珞。 我们又怎能预见 70 年后的情形呢？

然而，对有些事物，我们还是能够比较确定的。 发达国家市场上所销售的产品基本不受气候的影响。 无论气候条件如何，我们都可以在马萨诸塞州、华盛顿州、得克萨斯州、乔治亚州、密歇根州，甚至是阿拉斯加州组装汽车、精炼石油、发射广播和电视信号、做心脏手术、开展银行业和保险业、演奏交响乐、制造药品、授课、经营航空公司、举办高尔夫联赛。 在美国和其他大多数发达国家，只有农业、畜牧业、林业、渔业和室外娱乐受气候影响较大。 农业、林业和渔业只占美国国内生产总值的 3%。 如果在未来的 60 或 70 年里，初始农渔产品和原木的生产成本翻了一倍，这也只会使国内生产总值下降 3%，而这一国内生产总值也会因生产率的提高而翻倍。 我们的人均收入在 2067 年将翻倍，而不是在 2065 年。

发展中国家又是另一番景象了，许多发展中国家的农业占总产值的三分之一，甚至是二分之一，而且多达三分之二的人口以农业为生。我们并不确定，气候变化在每个地方都不利于农业生产，但是发展中国家比美国要更受制于气候变化。 此外，还存在着严重的健康问题：许多传染病在更炎热的气候下发作得更厉害，而且随着亚热带气候向着热带气候转变，传染病的流行区域也扩大了。

我认为，几乎所有气候变化所带来的不利后果都会发生在"发展中国家"（并不是所有被称为发展中国家的国家都正在发展）后代身上。首先，今天有四分之三的人口生活在发展中国家，而到 21 世纪末，发展中国家人口将占总人口数的八分之七。其次，与发达国家相比，发展中国家的人更容易受到气候变化等外界条件的不利影响。最后，发展中国家的人没有资源来处理、适应或抵挡不利的天气和气候及其对健康和生产力带来的影响。最没有能力减轻未来气候变化的国家也是将遭受最大损失的国家（无论这些国家的领导人是否意识到这一点）。

要比较今天的发达国家和不发达国家受潜在气候变化影响的程度，还需要确定应对气候变化的最佳防御机制：发展。先来考虑健康方面，尤其是疟疾。这种疾病每年导致一百多万人死亡，其中大多数为儿童。在美国、加拿大，以及西欧，疟疾并不是一个问题。气候并不能完全解释疟疾发生的多寡。疟疾这一名称来自于古代意大利，一个世纪前在美国也曾肆虐过。而现在疟疾则被视为热带病了。

我们可以比较一下新加坡和马来西亚，这两个国家由一公里宽的海水相隔。它们的气候条件是完全相同的。在新加坡几乎不存在疟疾，而在马来西亚，疟疾却相当严重。如果一个新加坡人（由于在马来西亚度了个周末）得了疟疾，他可能本身体质就较好，而且能得到必要的医疗。当然，新加坡的优势在于小而富，其所采取的环境措施能有效地消灭蚊虫。但是我们比较的重点在于：新加坡和马来西亚不仅在气候方面完全相同，而且 40 年前两国的发展程度也是相同的。这些年来，两国都发展了，但是新加坡的发展令人瞩目。如果马来西亚通过第二个 40 年的发展，能达到新加坡今天的水平，马来西亚也就不会再遭受由蚊子传播的疾病了。

麻疹在贫穷国家每年导致一百万儿童的死亡，而在发达国家却不存在这种情况。疫苗能起到帮助作用，但是为了减低麻疹带来的不利影响，发展中国家的贫穷儿童最需要的是充足的营养和摆脱令人虚弱的慢性疾病。 而这只有通过发展才能解决。 只有经济发展了，国家才有能力提供卫生设施和安全的饮用水，更不用说公共卫生基础设施了。 如果在未来的半个世纪里，贫穷国家能够脱贫，气候恶化对人民健康所造成的恶果就可以避免。

发展能够极大地减轻气候变化的不利影响，而健康只是其中的一个方面。 发展意味着更高的收入水平，这进一步意味着个人和政府更有能力适应变化，政府更有能力参与减低气候变化的全球努力。 发展还意味着由生存农业转向较少依赖天气的生产性活动。

数年前，两千位美国的经济学家发表了一项声明，提出世界各国应当采取一种配给方案，每个国家都被赋予一个碳排放配额，如果一个国家未能履行其配额义务，将受到严厉制裁。 同时还存在一个交易体系，配额没用完的国家可以"出售"未使用的排放权给那些配额不太够用的国家。

如果没有明确规定的义务和未履行义务时的制裁措施，需要作出潜在牺牲的国际合作就不可能实现；另外，如果没有排放权的交易，任何制度安排都是无效率的。 经济学家们对此深表赞同。

我没有在声明上签字。 我也相信激励的本质、明确规定的义务，以及交易的优点。 但是我无法想像这样的制度安排可以用于碳排放。原因有以下几点：

任何严格的国际制度安排都会在数十年的时间范围内配置排放权，不是一次配置 10 年，而是累积起来的。 未来一个世纪"可接受的"总排放量应当是 5 000 亿吨，还是 20 000 亿吨，目前根本无法达成一致看法。 实际上，最终可以接受的水平将取决于制约排放的成本，而这些成本也是极不确定的。

由于在未来数十年里，每年的经济排放量水平都会增长，然后是逐渐平稳，接着才大大降低，每个国家的经济排放量水平都不同，所以在前半个世纪里，几乎不可能确定一国是否达到了最终累积排放限额要求

（不仅负责监督的秘书处或者司法审议机构无法确定，国家本身可能也很难弄清楚）。

严格的制度安排应该在以下相对应的国家间分配价值数兆美元的排放权：富裕国家和贫穷国家、快速增长国家和成熟经济国家，有化石燃料的国家和没有化石燃料的国家。我也看不出这种协议有达成的可能性。如果存在这种配额，那也会因为估计值的变化和各国经历的或大或小的困难而定期进行再谈判。"出售"部分未使用完的配额的国家实际上表明了它最初得到的配额过多了。

足够大的有效制裁也是存在疑问的。惩罚贫穷国家没有什么吸引力；惩罚富国、大国或强国也没有什么吸引力。我可以想象美国接受它认为可以实现的配额，而且努力去履行配额义务；但是难以想像，任何国际组织或国家联盟能对美国施加制裁，也难以想像美国会接受严厉制裁。

基于显然的逻辑，各国不可能在没有制裁约束的情况下作出牺牲，历史上还没出现过国际制度安排，可以在与全球变暖相当的规模施加惩罚（注意，当前最有法律约束力的联合政体欧盟——肯定强于任何温室气体联盟——规定将对连续 3 年赤字大于国内生产总值 3% 的国家给予严厉惩罚。2004 年法德两国都违反了这一规定，没人会认为这两个国家会受到惩罚，也确实什么都没有发生）。

在几乎两百个国家中分配半兆、一兆或两兆吨的二氧化碳排放量根本不可能取得一致同意的标准。不发达国家要求获得与发达国家接近的人均碳排放量或每单位生产总值排放量。有些国家甚至提出统一的人均排放量。所有国家从某种程度上都将碳配额视作现金的一种替代形式，因为通过交易就能转换为现金。也确实有国家提议将碳配额作为"国际援助"来加以分配，这更有利于碳配额转换为现金。任何"民主的"配额分配都需要在两百个左右的国家之间进行谈判，其中有些国家是油气的生产国，可能会反对任何形式的配额制。要惩罚一个未能履行配额的贫穷国家，需要一个批准实施制裁的司法程序和某个执行机制，具体可包括攫取金融资源、禁止贸易、限制化石燃料运输、或施加惩罚或燃料限制。 这些情况都从未发生过，也很难想像会发生。

世贸组织(WTO)算是开了一个先河。 该组织确实对违反贸易规则的行为施加惩罚，而且世贸组织内还有一个仲裁机构来听取申诉和批准仲裁。 世贸组织发挥了作用，但是还称不上一个典范。 WTO 基本上是一个详细的双边承诺体系：规则的违反都是双边的，并具体到商品。 利益受到侵犯的一方可以采取报复措施，对对方的违规行为进行惩罚（实施了相互性原则）。 履行或不履行 WTO 承诺都是单独性质的，而不是整体性的。 WTO 成员并不承诺总目标。 与此相对，如果在一个温室气体国际组织中，一个国家未能实现组织的目标，则没有一个特定的利益受侵害方来采取主动，对违规的国家进行惩罚。 也不存在明显的惯例做法来对违规行为进行惩罚。

以前有没有出现过像温室气体国际组织规模一样的国际合作呢？北约组织(NATO)可以算一个。 北约组织起源于马歇尔计划，而马歇尔计划本身也是一个典范。 马歇尔计划援助资金的分配最初是由美国决定的，欧洲向援助国美国提交了一个"计划草案"，但是该计划所需要的资金大于美国拟批准的资金。 第一阶段从 1948 年 4 月 1 日至 1949年 6 月 30 日，援助资金约 50 亿美元。 这些资金分配给欧洲急需的国家，包括英国、土耳其、挪威、意大利、冰岛等，这些国家战前生活水平就不高，战争中又遭受巨大损失，战后急需重建，并需求一些紧缺商品。 但是对于欧洲经济合作组织(OEEC, OECD 的前身)，受援国可以在以后对每年援助的分配进行谈判。

为了有效进行谈判，每个国家都提交了详细的文件来说明，在下一财政年度迫切需要硬通货。 各国提出政府支出方案，包括民用和军事开支；私人消费品，包括如汽油、肉、黄油和供暖燃料等配给商品；进出口，标明进口地点和出口地点；给料需求和牲畜数量的预计增长；铁路路基和运河的修复；住房维修和建设；机械设备需求；最后还要强调的是，进口商品只能使用美元进行支付。 OEEC 的秘书处努力将账户和定义标准化了(一些国家政府对"国民经济账户"感到陌生)。

然后是双向的多边审查过程。 每个国家政府由一组高级官员代表。 每个政府的代表团由另一政府代表团讯问和交互讯问;每个政府都为自己的方案和援助要求辩护,然后修改自己的要求,再次进行辩护。 一国得到更多的援助,意味着其他国家将得到更少。

援助的分配没有固定程式可循。 "相关标准(relevant criteria)"发展了。 各方并没有能够达成协议,但也非常接近于形成一致意见,所以当 OEEC 的秘书长和比利时的代表(比利时不要求任何援助)两人提出一个分配方案时,很快就被接受了。 当然,美国政府仍然坚持要达成协议。 今天,在温室气体谈判的背后已经没有这样的"天使"了。 不管怎么说,OEEC 还是开了个好头。

NATO 在 1951—1952 年间也经历了相同的过程,被称为"负担分担演练"。 相同的一些人——不同的是这次直接称呼名字——参与了相同的双向审查和交互讯问。 只不过这次的核心主题是军事方面的开支,包括征兵和练兵;采购武器、弹药、车辆;用于管道铺设、演习和住房的征地。 这次也离不开美国的援助,并且由于受到美国的压力,NATO 各国几乎达成了协议。 这次由三个人,其中包括美国代表,提出了一个方案,各国立即接受了。 美国的援助逐渐减少了,但是程序和团队工作方式保留了下来。

"马歇尔计划"为 NATO 提供了相宜的社会基础结构,使得NATO 成为非战时众多国家涉及大量经济利益而展开合作的组织机构。 合作的程序并未臻于完美:并没有形成固定的模式,只是一个文明地进行争论和调和的过程。 此外,两个成员国,即一开始就加入的意大利和随后加入的德国曾一度是其他成员国的敌人。

NATO 各成员国通过上面描述的程序作出了郑重承诺,而且一般都会履行承诺。 除了外交上的纠纷,对于未履行承诺的行为并不存在其他制裁。 不管从哪个角度来看,NATO 都应当算是成功的。 马歇尔计划使得各成员国之间形成了同志式合作的传统,对于 NATO 的成功作用很大。 但是对温室气体国际合作来说，不存在这样有利的传统，NATO是我能找到的唯一历史典范。

NATO组织中的承诺与WTO或《京都议定书》组织（或任何其他温室气体国际组织）中的承诺的最大不同表现在是对行动作出承诺还是对结果作出承诺。 NATO各成员国政府会就它们的实际行为展开争论：招募军队、培训和部署部队、购买车辆、武器和弹药、服从跨国的军事指挥，以及像保卫自己的国土一样保卫其他成员国的国土。

预期的结果是威慑敌对方，使其不敢进攻，如果威慑失败了，则展开防御。 没有办法衡量具体某个国家（如荷兰、挪威或英国）增加了多少威慑力。 比如说，如果与苏联集团发生了战事，唯一能衡量荷兰对阻碍苏联集团进攻作出的贡献，就是通过计算荷兰的军队和武器。 也就是说，"投入"是可见的、可衡量的；而以威慑力和成功防御为表现形式的"产出"则只是猜测性的主观判断，无法进行衡量。

与NATO一样，WTO组织中的承诺也是关于各国哪些需要做，哪些不应做。 WTO成员国不对特定的结果作出承诺。 WTO成员国不会承诺从某某地方进口某种商品；它只会在关税和其他贸易限制、补贴和税收偏好方面承诺自己哪些会去做，哪些不会去做。

而在《京都议定书》国际组织中，各国不是对行为作出承诺，而是对结果作出承诺，这些结果将在数十年以后加以度量。 其缺点在于，除非到接近目标日期时，否则没人知道哪些国家真正履行了自己的承诺。 更重要的是，对结果作出承诺的国家自己很可能并不清楚应当采取哪些行为，即不清楚各种行为在什么时间会产生多大数量的结果。京都议定书在没有充分理由的情况下假定政府实际知道如何实现10年或15年的排放目标（例如，20世纪70年代的能源危机持续的时间还不够长，不足以解释动力车燃料、电力、工业供热等的长期需求弹性）。对行动作出承诺的政府至少知道自己承诺的是什么，而且其合作伙伴也清楚并且可以观察到承诺的履行情况。 而对各种排放行动的结果作出承诺的政府只能寄希望于它的估计或主观推测能够实现预定目标，其合作者也只能寄希望于此了。

对气候变化的全面估计只能是渐进式的。这主要是因为气候变化模型自然反应了已知的气候行为；而未知的则仍然保持未知状态。我们真的可以想像气候可能会发生潜在的剧变吗？是否存在潜在的气候灾害，应当引起我们的重视？

学者们已经研究了两大潜在气候剧变。其中一个为可能的海洋环流的减弱，这会导致北大西洋表面的水向下流向北极圈以及湾流（Gulf Stream）向北的表面流动，结果会让西欧变暖〔马德里与科德角（Cape Cod）同纬度，哥本哈根与哈德逊湾同纬度〕。有证据显示，在早期地质年代，湾流可能并不存在，或者规模非常有限。有些研究估计全球变暖可能会影响北大西洋水域的温度和咸度，并减少湾流所依赖的环流。这可能意味着由于全球变暖而使得西欧变得异常寒冷。

另一个更为不利的潜在剧变可能与西南极冰盖有关。西南极冰盖是"搁浅"的冰，它与南极洲相连，由数个岛所环绕，实际上它是一个非常厚的冰山，底部位于海底，而在海平面以上还延伸一公里多。如果西南极冰盖受冰河作用或移向大海，它会沉入海中，使海平面的水平急剧提高（像北极海冰一样的浮冰并不影响海平面，但是搁浅冰会）。潜在的海平面上升估计值以600厘米计。这将导致主要的沿海城市（例如纽约或伦敦）遭受水淹。可以通过防洪堤来保护这些城市，阿姆斯特丹就位于海平面约420厘米以下。但是像孟加拉等国的广大区域就无法保护（不仅仅在于孟加拉的海岸线太长而难以用防洪堤保护，而且淡水——已经是严重的洪涝灾害的源泉——根本无法流入海洋）。

上述两个现象是需要注意和研究的。如果这两个现象已经明显表现出来了，就很难再防止了：变暖的趋势已经蕴含在温室气体系统中，由于海洋的"热惰性"而被延迟（海洋拥有延迟大气实际变暖的能力），但是如果累积到一定程度，则可能会促发气候突变。

有一个可能只适合于未来的有意义的政策选择几乎无人关注，可能是因为这个政策选择听起来太像科幻小说了，抑或是由于人们害怕讨论它。 这一政策选择被冠以"地球工程(geoengineering)"——改变地球的面貌(实际上,在全球变暖的过程中,我们已经进行了地球工程,只是并非有意为之)。 具体的建议是提高地球的反射率,即地球对进入阳光的反射。 现在我们已经了解,并且可以在一定程度上度量浮质——大气中悬浮的固体或液体微粒,尤其是硫的微粒——对阳光的反射。火山喷发将大量的硫送入大气,对阳光的反射效果尤为显著。 今天的环境污染,尤其是工业尘沙或自然风沙,反射了足够的阳光,使得温室效应不那么显著了。

为什么人类不能主动有意识地进行地球工程呢? 我们将各种温室气体排入大气,这些温室气体吸收逸出的辐射,为什么我们不将一些反射进入辐射的物质送入大气呢——就算只是为了"维持平衡"? 我们不可以使用硫,因为硫对人和野生动植物的健康有害。 但是我们可以花几十年时间进行试验,发现某种便宜且无害的物质,可以在平流层驻留足够长的时间,以部分地解决温室效应问题。 需要反射的进入阳光的数量是很小的,几乎不为人所注意。 12 年前美国国家科学院提交的报告就提到了将反射辐射的物质送入大气的可能性。

上述想法颇有一些吸引人之处。 它不会改变全世界的人做饭、开车、改变房间的亮度和温度、种田(稻田是温室气体甲烷的一个来源)和发电的方式。 各国不必再为排放量配额的复杂制度安排而谈判,只是要就该项目的成本分担进行谈判,而在成本分担谈判方面至少从第一次联合国预算开始各国就已经有一定经验了。 不管是从外交的角度,还是从管理的角度,将反射辐射的物质送入大气这一项目都极大地简化了温室效应的问题。 但是暂时这一项目还没列入任何人的议程。 研究当然是必需的,至少需要研究小规模可逆试验的可能性,以防温室问题在未来数十年中导致外交纠纷。

那么发展中国家应当发挥什么作用呢? 尤其是主要的发展中国家——中国、印度、印度尼西亚、巴西、韩国,还有其他一百多个发展中国家,其中包括 OPEC 的石油出口国。 美国参议院以绝对多数票通过了一项与《京都议定书》有关的决议，要求凡是美国参加的协约，主要发展中国家也要全面参与。 可能对某些参议员来说，决议只是摆脱协约的一种委婉方式。 发展中国家公开声明没有参与协约的意向(有一百个发展中国家实际上批准了《京都议定书》)，但是它们的参与只是象征性的：该议定书并未要求发展中国家承担任何义务)。

当然较大一些的发展中国家最终将以某种形式参与减排的合作。中国二氧化碳的排放已经达到了美国一半的水平，而且增速较快，在未来的二三十年里有望超过美国。 中国参与的动力不足有两点原因。 主要原因在于中国正确地意识到高速发展可以降低受气候的影响，如果减少能源的使用则可能会阻碍发展。 另一个原因在于，中国认为发达国家，尤其是美国，在过去一个半世纪里已经毫无限制地利用化石燃料发展了工业，而现在无需进一步快速发展就可以防止气候变化的危害，这些发达国家应当带头对减排作出郑重承诺。 但是中国还没有看到发达国家在起带头作用，或给予承诺。

如果西欧、日本和美国在未来的10年里努力表现出它们非常重视气候问题，中国、印度和其他国家很可能也会重视这个问题。 那时富裕国家可以计划如何帮助发展中国家提高参与全球合作项目的能力。

参考文献

Ford Foundation Study Group，1979，*Energy：The Next Twenty Years*，Cambridge，Mass.：Ballinger.

Nuclear Energy Policy Study Group，1977，*Nuclear Power：Issues and Choices*，Cambridge，Mass.：Ballinger.

第三章　地球工程的经济外交

在 20 世纪 80 年代中期，地球工程（geoengineering）的名称还没出现，但是人们已经开始讨论这种想法，而部分听众认为这是异想天开，其余的人则大多认为这种想法很危险。1992 年美国电力研究院和斯克利普斯海洋学院召开了一次会议，专门讨论地球工程问题，为该问题提供了一定的科研合理性。另外，国家科学院报告（NAS，1992）也进一步使得地球工程具有了科研合理性。这些在美国科学促进协会（AAAS）的会议实际上推广了地球工程这一主题，但是并不彻底。

当我不得不谈及这一难以明言的主题时，我总是坚持自己的立场，指出在 50 年左右的时间里，地球工程的想法根本无法付诸实践。今天不讨论这一主题并不会影响到 40 年、50 年或 70 年后人们在面临二氧化碳急需减排和全球变暖的警告时是否有兴趣直接干预，来改变辐射平衡。在我故去的许多年后这一主题可能才会具有相关性。

但是现在我想指出两点局限。第一，如果我们相信全球变暖最终将会被人类直接干预的话，我们中的一些人可能就不把全球变暖太当回事了。我得承认我相信，50 或 75 年后我们将可能拥有温和、安全、方便、经济的碳燃料替代物；我也相信，那个时候人们会采取温和、经济、有效、直接的措施来干预辐射平衡。因此，别人会向我指出，如果我重视地球工程的话，我对政策的态度也会有不同。其实也没有什么不同。

第二，在美国科学促进协会的这些会议上，地球工程与平流层臭氧的保护有关。 如果我们发现了一个直接方式将臭氧送入平流层，或者降低氯或其他破坏臭氧层的物质的排放量，那么地球工程就可以应用了。 大部分关于地球工程的讨论都是关于气候变化的，而不是关于臭氧层的。

50 年前，像我一样的同龄人根本不会想到，到了 20 世纪 90 年代，我们会如此重视二氧化碳问题。 从过去 50 年的历史角度看，这是一个全新的课题。 这意味着我们现在不知道 50 年后除了地球工程，我们还可以使用哪些方法。 我们只知道臭氧层的损耗，知道温室气体。 但是我们一点也不清楚，50 年后地球工程的重点是否为二氧化碳和辐射平衡或其他完全不同的东西。 50 年前，甚至是 20 年前，我们都没想到二氧化碳会成为一个问题，这一事实也意味着，20 年、40 年，或 60 年后对地球工程的需求可能会涉及我们根本就没有想到的事物。 我不清楚这些事物具体会是什么，可能是厄尔尼诺、洋流、海平面运河，或海洋养殖。

此外，50 年前我们还没有电子学、核能、放射性同位素和卫星；我们甚至连塑料也没有（我们只有丝绸、人造丝和赛璐珞）。 所以当我们谈论对温室问题进行地球工程时，我们必须记住，我们可能在谈论 50 年后的干预技术。 晶体管使电子高速公路发生了革命性的变化，这是 50 年前无人能想像到的。 也许在 50 年或 75 年后，我们的海洋养殖就能获得大丰收，以至于给浮游植物施肥看起来只是微不足道的进步。我们今天所做的只是稍微演练一下地球工程方面的思考，而不是真的讨论 50 年后应该怎么做。

地球工程被定义为对大气化学的改变。 这个定义过于简洁了。 改变发射率的活动可能是有意义的，而数十年过去了，海洋化学和物理看来与大气一样有意义。

我对地球工程的含义有一些思考。 这是一个新词汇，在我办公室里有两个较新版本的词典，但是都查不到这个词。 从字面上看，地球工程是关于大地的，但是其意义不仅仅是大地，而是全球视角的地球。

如果我们可以对圣安地列斯断层（San Andreas fault）进行重构，"地球工程"这个称呼可能并不合适，因为其显得具有局部性。

使用地球工程一词的人似乎脑海中都会想到地球工程是人类有意的行为。否则我们现在就在进行地球工程：燃烧化石燃料改变了大气化学。降低化石燃料的燃烧量可能被称作地球工程，因为我们在主动改变大气化学，但是显然如果只是减少一点点已经过多的燃烧量，还是不能算作地球工程的。

在墨西哥湾和太平洋之间建一个海平面运河让船只通行并不是地球工程，这么做存在着一个"大地"附带效应，即在相隔一万海里的具有不同温度、咸度和季节变化的水域中混合着各种不同物种。我想，如果我们有意建个运河使各物种混合，那么就可以称之为地球工程。如果我们通过全球变暖而使北冰洋的冰块减少，这不能称作地球工程；但是如果我们在冰盖上洒碳黑而使冰盖消失的速度更快，就可以称为地球工程。

大多数人可能认为植树不能算作地球工程。不将植树造林视为地球工程的原因之一在于许多人倾向于研究问题的原因，而不是问题的特征，如果原因被确定为太多的二氧化碳，那么最优的做法就是减少二氧化碳排放，次优的做法为除去一些二氧化碳。但是如果问题被确定为辐射平衡，人们可能就会认为问题不仅仅是太多的二氧化碳了，还包括太少的硫微粒、太少的反射云层以及太小的反射率。但是植树造林是最常见的减小气候变化问题的方式，因此很难让人联想到科幻小说。

第二，树木没有什么神秘之处。如果我们提高海洋中的光合作用水平——将铁投入加拉帕哥斯群岛附近的水域——人们就会变得不安了。海洋是不透光的，海洋是浩瀚无际的，海洋是变动不居的。如果我在蒙大拿州植一棵树，我相信这棵树一直会在蒙大拿。但是如果我给海洋增加养料，蛤就会变得更大，流动性更强，繁殖力也更强，由此会堵塞进气管。树木总是友善的；我们庆祝植树节，孩子们也不必使用地球工程方法就可以植树。

"地球工程"意味着某种非自然。 例如，假使地球的大气层中总是有大量硫微粒存在于上层大气层，并且这些微粒数量时有增减，二氧化碳数量也时有增减，我们就开始遇到温室问题了，其表现为吸收红外线的物质与反光物质的比例不平衡；减少二氧化碳数量和增加硫的数量就都显得很自然了。 如果我们在北冰洋的冰上铺洒碳黑而使冰块消失，这可以被视为地球工程；如果冰是由于全球变暖而消失，则不能称为地球工程。 如果我们可以让喜艾拉山和洛矶山下更多的雪，从而增加加利福尼亚州和科罗拉多州水的供应，并改善冬季的滑雪坡，这不能称为地球工程。 如果为了保存南极洲的水来降低海平面，我们可以让南极洲下雪，这就是地球工程了。

与二氧化碳减排相比，地球工程的经济学的首要特点在于，其很可能将极为复杂的温室气体规制机制彻底转变为一个简化的——不一定是容易的，只是简化了的——国际成本分担问题。 我并不能百分之百地确定是如此，因为我们并不清楚50年后的地球工程会是什么样子。 但是如果地球工程涉及将微粒或物体送入平流层或轨道，或是给海洋施肥，这些就是我们所说的"超出一国范围的"（exo-national）项目，这些项目不局限于一国领土内，不取决于一国国民的行为，不需要国家的规制或激励，而且很可能根本不依赖于全球合作。 如果我们想将碳黑送入平流层，我们可以从外海船的甲板上发送。

降低二氧化碳的努力则是非常分权的，需要各国参与和规制。 二氧化碳减排会影响人们的工作生活方式，其中包括调节居室的温度、做饭、拾柴、开车、消费能源密集型铝，以及为发电和其他工业用途而制造蒸汽。 甲烷减排会影响到农户喂养牲畜和给稻田松土的方式；碳减排依赖于各项政策，而这些政策是许多政府无力实施的，原因包括不知道应如何实施、缺乏所需的资源、缺乏权限，或者政策实施起来成本太高。

但是在我们前面所讨论的各种直接地球工程干预方式中，大多数只是资金的问题。 如果你想调整喷气式飞机的汽化器，使飞机在穿过平流层时能释放出碳黑，你只要付钱给航空公司就能办到。 如果你想将硫或碳黑送入平流层，你只需购买便宜的探空火箭或者舰炮，以及购买所需发送的物质。

上述做法不一定比减少碳燃料便宜，但显然具有管理上的简便性：只需要确定做什么——碳黑、硫微粒，还是海洋肥料；做多少数量；以及由谁来买单（关于做多少数量可能会存在一些争议，一些人可能会说，如果我们能降低成本，我们可以使二氧化碳浓度回到 1875 年的水平，另一些人可能认为可以回到 1995 年的二氧化碳浓度，还有一些人可能居于两者之间；做多少数量可能还是与成本相关的）。

但是首要的问题是，由谁来支付费用？ 这并不是什么新问题，我们以前也处理过这种问题。 我们曾决定如何分担在柬埔寨的维和成本、联合国预算、向世界银行和国际货币基金组织捐献的资金、战后救济和重建援助资金、对西海岸和加沙的巴勒斯坦人的援助。 费用分担决定并不一定容易，但是比起二氧化碳减排来，还是不复杂的。

美国科学院在 1992 年的报告中将植树造林归为地球工程，当然，植树造林只能在一国本国领土上进行。 但是植树首先需要出资买地、植树并对森林进行管理，尤其是在不允许擅自砍柴的地方。 没有理由说明，这些成本一定要由植树所在国来承担。 如果美国为了解决温室问题，希望为植树造林提供资金，就应当选择最经济有效的地方，可以是西伯利亚、蒙大拿、南卡罗莱纳州，或澳大利亚。

美国国家科学院报告估计了树木可以吸收的二氧化碳数量，并在此基础上分析了在美国可以通过树木吸收的二氧化碳数量，这很可能是由于美国国家科学院只有本国的数据。 但是我认为该报告有些欠考虑的是，它还比较了在美国领土上可以由树木吸收的二氧化碳数量与美国的二氧化碳排放量，显然这似乎想说明，"我们"可以通过在"我们自己"的领土上植树而完成"我们自己"的二氧化碳减排份额。 但是如果德国政府或日本政府希望通过植树来减弱温室问题，没有理由认为它们不应当愿意并被许可在蒙大拿州或南卡罗莱纳州植树，并因所付出的花费而得到"赞誉"。 东道国可能能得到一点好处（防洪？）或者徒增麻烦，这影响到经济有效性方面的竞争。 如果美国充满了成本低廉的植树造林地点，那么美国只完成自己的减排份额的话，就不能得到国际社会的肯定了。

虽然温室问题地球工程可能代价高昂，但是从外交紧张度和困难度角度来看，现有的各项政策提议并不是代价高昂的。 地球工程的一大优点就在于，它极大地简化了各国在应对温室问题时需要处理的国内国际事务。

但是也不能显得过于乐观，我得承认，对某些地球工程项目可能会存在国际争端。 在应对全球变暖和气候变化的地球工程方面，可能还不会出现国际争端。 但是干预和控制飓风，不管是减弱导致飓风产生的洋面因素，还是干预飓风的形成，都可能带来国际争端。 对墨西哥湾沿岸地区的美国人以及加勒比海和菲律宾的居民来说，学习抑制飓风是没有什么争议的。 但是飓风为墨西哥南部和中国南部带来了重要的降雨；飓风能改变方圆数千公里内的天气。 我认为，我们可能会发现，有些实际的地球工程干预不仅仅是可行的和重要的，而且可能会提高国际关系紧张度。 可以想像，50 年后的某一天，当菲律宾的海岸警卫队快艇出动抑制飓风时，没准就会遇上中国的军舰。

参考文献

National Academy of Sciences，1992，*Policy Implications of Greenhouse Warming*：*Mitigation*，*Adaptation*，*and the Science Base*，Panel on Policy Implications of Greenhouse Warming，Committee on Science，Engineering，and Public Policy，National Academy Press，Washington，DC，433—464.

第四章　代际和国际贴现

研究长期政策问题(例如未来一两个世纪的温室气体排放)的经济学家几乎一致认为,以未来消费的增加为表现形式的各种未来收益应当进行贴现,从而可以进行彼此的比较,以及与为了产生这些收益而在早期放弃的消费进行比较。 经济学家们也基本一致认为,合适的贴现率应当由两部分组成。[1]

第一个组成部分为纯时间偏好。 根据芬克豪瑟(Fankhauser)的说法,纯时间偏好主要揭示了消费者的不耐心,反映了消费者天生倾向于即期消费,而不喜欢推迟消费。[2]第二个组成部分反映了随时间变化的消费边际效用,又可分解为人均消费增长率和消费的边际效用弹性。这两个组成部分——对早期效用的纯偏好和伴随不断增长的人均消费的递减边际效用——不仅仅被用于比较某一未来年份(比如 2050 年)的效用增加与 2000 年所发生的成本,而且被用于比较 2150 年的效用增加与 2050 年的效用增加。

由于本文认为,在分析温室气体减排所带来的远期收益方面,"贴现"并不是一个合适的概念,因此笔者有必要指出,传统的贴现在比较诸如有害垃圾清理(例如美国的超级基金项目)的成本和收益方面还是非常合适的。 在这种项目中,有合适利率的贴现对于决定如下事务非常重要:哪些场所值得清理;应当清理多少数量;什么时间以及以什么样的优先次序进行清理。 为这类项目提供资金的人实际上是进行储蓄和投资——为了与后世子孙同享未来收益而放弃一些当前消费。 而且,使用合适的贴现率来对"投资组合"进行"最优化"也是合理的。全球温室气体减排问题毕竟不同于为了自己的利益而清理自己的土地。因温室气体减排而发生的成本应当进行贴现；收益则需要采用完全不同的处理方式了。

纯时间偏好

与温室气体减排的长期收益贴现有关的时间偏好与不耐心是没有什么关系的。所谓的天生的对早消费的偏好只是反映了消费者对自己个人消费的不耐心。

比起 2100 年，甚至是 2050 年的人（这些人还不存在，我也不会认识）的消费的增加，我不会对 2150 年的人（现在也不存在，我也不会认识）的消费的增加感到不耐心。我们可以给出理由来说明，为什么会更偏好 2025 年消费的增加，而不是 2075 年同样水平的消费增加，但是这些理由与不耐心和天生的即期消费偏好没有什么关系。到了 2025 年，我大儿子的年纪就跟我今天一样了，他的兄弟们要年轻一些；幸运的话，他们还将健康地活着，我的孙子到那个时候也跟我的儿子现在的年纪一样了，而我的曾孙们（我现在还没见到）则还年幼。75 年后，我的子孙们对我来说，都是陌生人了。我的基因会延续到未来，但是会变得越来越稀薄了。我可能希望收益能够集中到我的孙辈身上，而不是集中到孙辈的孙辈身上，但是当我意识到我的孙辈的幸福可能取决于他们对自己的孙辈未来的憧憬，那么我的"时间偏好"就减弱了。

实际上，时间可以度量"距离"。生活在 2150 年的人比生活在 2050 年的人"离我们更遥远"。他们的种族构成与地理分布也会与今天的人不同。在通过转移支付进行收入再分配（例如提供国际援助、慈善捐款等）时，人们会根据各种不同的"距离"概念对转移支付的接受者加以区分。其中一个就是地理距离概念：美国人对自己所在的城市比其他较远的城市更感兴趣，对自己的国家也比对其他国家更感兴趣。另一个是政治距离：东海岸美国人对洛杉矶人比对加拿大魁北克省的人更感兴趣。还有一个是文化距离：有些人在语言、宗教和其他文化传统方面更为接近。关系的亲疏也有很大影响，当然亲属关系表现得更突出。亲属距离表现为横向和纵向两个维度：纵向来看，子女比孙辈离得更近；横向来看，子女比侄女（甥女）侄子（外甥）更亲近。而时间则恰好与纵向距离相关。

为了后代的利益而在温室气体减排方面进行投资，这一决策本质并不是"储蓄决策"——不是推迟个人消费的决策——而是关于再分配个人收入的决策。现在投入资源来减少温室气体排放实际就是为了将来的人的利益，是将现在的人（即现在作出牺牲的人）的消费转移给将来的人。这有些类似于现在为了地理距离远的人或文化距离远的人而作出牺牲。要确定人们是否关心生活在2150年的人甚于生活在2050年的人，就类似于确定人们是否关心一个大陆的人甚于另一个大陆，或关心说英语的人甚于说其他语言的人，或者是否更关心有共同历史文化背景的人。人们在选择帮助对象时确实有着自己的偏好；在慈善施舍、对外援助、移民政策和军事干预方面都会表现出这种偏好。

我们这里所考虑的情形非常类似于一个对外援助项目，只是接受援助的外国人并不是生活在另一个大陆上的后代人，而是生活在另一个世纪的后代人。

边际效用

贴现率的第二个组成部分是消费边际效用的时间变化率。支持包括这一组成部分的人认为，转移支付或收入再分配的重要目标在于最大化消费的总效用。一般来说，由于人均消费的增加，全球消费的边际效用会随时间而下降。来自于当前收入的资源投资会使未来的人受益，而一般认为未来的人的生活比今天的人更好，这种收入再分配的方向有些异乎寻常！

不管是在国内还是国际的收入再分配，文明政府都会将收入再分配给较穷的国家和人民。由穷人向富人转移消费只能建立在以下的立论之上：所转移的资源在转移支付的过程中增长了，而且增幅很大，虽然转移支付接受者的边际效用小于提供者，由于转移支付的数量变得很大，因此完全可以弥补这种边际效用损失。

而对于同时代的转移支付，上述观点就不适用了。如果一个贫农拥有贫瘠的土地，一个富农拥有肥沃的土地，那么有人可能会提出，贫农将自己的种子给富农可以提高作物收成，使得边际效用较低的富农所得到的效用高于贫农损失的效用。但是这种说法只是对交易提供支持：贫农将种子卖给富农将提高自己的福利，他们的联合效用会更高。仅当交易不可能时，道德问题才会出现，例如，当一个社会为新大陆的探险者提供全套装备，然后这个探险者变富裕后就杳无音信了，或者，当公共政策考虑将消费转移给未来的人（未来的人不可能进行报答）。

对高收入的未来人的消费进行折旧是必要的，但是这里需要避免一个谬误。如果在未来几个世纪中每个国家的平均人均收入都增加了，而且如果贫穷人口收入增加的速度比富裕人口快，并且在碳减排方面所做的经济牺牲大部分由最有经济实力的国家承担，转移支付的方向则会由西欧、北美和日本的富裕人口向"发展中"国家的人口转变，一个世纪以后发展中国家的人的福利应当比现在好得多。但是在未来一个世纪中的大多数时候，这些发展中国家的人可能并没有今天在西欧、北美和日本的人生活得好。

要确定如何来评价未来一两个世纪的消费增加，应当根据人均消费水平对消费进行分解。最优化模型本身存在着缺陷，这些模型加总所有未来消费并对递减的边际效用使用统一的贴现率。正确的做法是，所有的消费增加应当根据其自身边际效用来评价。在最优化模型中，穷人的消费增加和富人的消费增加都使用相等的贴现率；这些模型没有考虑到如下事实：当中国的人均收入翻倍时，中国人的边际效用可能减半——使用常用的但是略显随意的对数效用函数——中国人的边际效用仍然比支付温室气体减排的当前人口的边际效用大许多倍。

最优化模型没有对消费进行分解，只是假定支付温室气体减排费用的人和受益者，或子孙后代受益的人，都是相同的。由于假定所有人口——所有国家和地区的人——都享受人均消费增长，并且由于减排方面的投资要先于收益，因此，我们假定受益人口比支付减排费用的人口有更高的消费和更低的边际效用。

可以想见，在第一个50年里，温室气体减排费用将由有经济实力的国家支付，即西欧、北美的发达国家、日本和其他一些国家。减排的受益者则主要为不发达国家的后代们，原因将在下面加以解释。这样消费转移就是从未来50年里的减排费用支付的主要方发达国家向发展中国家转移，这些发展中国家很可能在同一时期也会不断发展，但是其50年后的消费水平仍然比发达国家当前消费水平低。与第二个50年的减排收益相比，第一个50年的减排收益几乎可以忽略不计。因此，尽管我们希望各个国家和地区的人均GDP都保持正的增长速度，消费转移通常还是从富人转向穷人，亦即从较低的边际效用转向较高的边际效用。这其中的含义是令人吃惊的，首先我们需要解释为什么受益者多为现在的穷人的后代。

首先，如果减排的收益平均分配给全球人口，那么90%的收益将归不发达国家。富裕国家的人口现在只占全球人口的五分之一；到了2075年，现在的不发达国家的人口有望占世界人口的八分之七到十二分之十一。以这种人口增长速度，不发达国家的人口将占受益者的大多数。

其次，目前发达国家的物质生产受天气和气候的影响很小，而不发达国家的生产活动则多为户外活动，特别是农业，很容易受到气候变化的不利影响。因此，除了在数量上要超过当前发达国家的后代，不发达国家的人均温室气体损失要大得多（从绝对意义上看，越发达的国家所产生的人均 GDP 损失越多，尽管损失可能并未为人们所注意）。

最后，当前发达国家的人均 GDP 水平是不发达国家的 10 倍以上。在未来的第二个 50 年里，这一优势仍将会保持在 4 倍以上。 因此，较穷的十分之九人口的消费边际效用将会是较富的十分之一人口的数倍，从而物质消费带来的效用增加的收益将主要由现在的穷人的后代所享有。 例如，如果中国的人均收入在未来的 50 年里保持每年 4% 的增速，并且在第二个 50 年里保持 2% 的增速，而美国的人均收入在未来100 年里保持 1% 的增速，那么中国的人均收入在一个世纪结束后仍然会低于美国一半的水平。 中国人均收入保持上述增长率，在一个世纪结束后，将会达到目前美国的水平；在此期间，美国可能并没有很高的积极性来提高增长率。

前面我已经提到，含义是令人吃惊的。 其中一个含义我们已经说明了：几乎所有消费增长收益都将归那些没有参与为减排提供资金的国家。 当前富裕的国家将向当前贫穷国家的后代进行转移支付，当这些收益能为人所感知时，这些贫穷国家的后代的生活比今天要好了许多，但是仍然比现在富裕国家的后代要更穷，而且可能仍然要远穷于现在为减排提供资金的国家。

另一个含义为，基于边际效用比较的隐含"贴现率"为负。 当前流行的最优化模型无法显示这一负贴现率，因为模型假定在每个地方人均 GDP 都是增长的。 即使人均 GDP 在各处都是增长的，分解显示，减排的受益者比那些为消费的增加而提供资金的人要更穷，而且数量也更多。

发展背景

第三个含义为，如果在大多数发展中国家人均 GDP 在未来数百年持续增长，这是我们所期望的，也是优化模型所假定的，那么受益者的边际效用在第一个 50 年期间（此时减排的收益还不是很明显）比在第二个 50 年期间高许多。 这一点支持任何能提高第一代和第二代人的生活水平的投资。 这一类投资很可能是在经济发展方面的直接投资（经济发展了就可以降低受到气候的影响），而不太可能是在稳定气候方面的投资。

更为极端的情形是，如果第五个 10 年的边际效用比第六个 10 年高，第三个 10 年的边际效用比第四个 10 年高，第一个十年比第二个 10 年高，那么基于边际效用，今天不发达国家的人口比起未来的二或四代人有更强的消费权利要求。 一旦我们按照收入水平来分解世界人口，如果忽视当前的需要而关注未来数十年的需要则在逻辑上就显得荒谬了。 如果我们最初关注的是气候及其对福利的影响，这并不是说我们不能使用其他替代方式来实现同样的目的。 这意味着任何关于温室气体减排的研究框架都不能不考虑机会成本：在不发达国家经济发展方面的直接投资。 减排支出应当与其他提升发展中国家消费效用水平的方式进行比较。

温室气体减排属于能源政策，而最优化模型将温室气体减排与经济发展相分离。 最优化模型在不考虑其他因素的情况下回答了温室气体应当降低多少（以及何时降低）。 当温室气体减排被视为向后代（特别是向那些消费水平仍然相对较低的人）进行收入转移支付的机制时，应当将其与用于经济发展投资的转移支付相比较。

二氧化碳减排可能是"目标有效的（target efficient）"，所帮助的对象符合社会的期望。 较贫穷的国家通常比较富裕的国家更容易受到气候变化的影响。 但是在公共卫生、生育控制、教育培训、科研、基础设施、水资源等方面的直接投资也可以是针对特定目标人口的，因此，二氧化碳减排在这方面并不一定具有特殊优势。

我们并不确定发展中国家是否选择将消费增长收益留给后代，不管延迟消费所需要的资源是发展中国家自己出的还是来自于更富裕的国家。 如果一个发展中国家可以选择接受即刻发展援助或在碳减排方面的相等数量的投资，潜在的援助接受者很可能会选择前者。因此，作为发达国家，我们选择碳减排来提升发展中国家的福利，实际上是我们选择优先考虑了发展中国家后代的利益，而不是发展中国家的当前利益。

注 释：

    [1]威廉·R.克莱因：《全球变暖的经济学》（华盛顿特区国际经济学学院，1992）（William R. Cline, *The Economics of Global Warming*, Washington, DC: Institute for International Economics, 1992）；塞缪尔·芬克豪瑟：《温室气体排放的社会成本：期望值方法》（大学学院和东英吉利亚大学全球环境的社会经济研究中心，英国诺维奇市，1993）（Samuel Fankhauser, *The Social Costs of Greenhouse Gas Emissions: An Expected Value Approach*, University College and University of East Anglia, Centre for Social and Economic Research on the Global Environment, Norwich, U. K., 1993）；阿兰·S.曼尼：《时间偏好率：对温室争论的含义》，《能源政策》，23（1995）：391—394（Alan S. Manne, "The Rate of Time Preference: Implications for the Greenhouse Debate", Energy Policy, 23, 1995, 391—394）；威廉·D.诺德豪斯：《管理全球公域：气候变化的经济学》（马萨诸塞省剑桥镇麻省理工学院出版社，1994）（William D. Nordhaus, *Managing the Global Commons: The Economics of Climate Change*, Cambridge, MA: MIT Press, 1994）。

    [2]芬克豪瑟：《温室气体排放的社会成本》（Fankhauser, *Social Costs of Greenhouse Gas Emissions*）。

承诺作为自控手段

第五章　实践中、政策中和理性选择理论中的自控

　　产科医生发现，越来越多的妇女在分娩时要求不使用麻醉。 医生通常会建议将面罩放在病人的身边，当病人需要时就可以吸入一氧化二氮气体。 但是一些意志坚决的病人不需要这种机会：如果笑气就放在身边她们就会使用了，她们不希望能够使用。

　　这种要求对决策理论来说有一定意义，并且提出了有关伦理、政策和医生职责方面的问题，甚至分娩的妇女是否只是犯了一个错误（如果她只是不知道分娩有多痛苦，或者在事后她会有多庆幸因使用笑气而减轻了当时的痛苦）？ 但是也有些提出不使用笑气的妇女以前有过分娩经验，而且以前是使用笑气麻醉的。 她们知道分娩的痛苦。 她们希望能减轻痛苦。 但是如果使用麻醉的话，她们在事后会后悔。

　　这种自我否定（self-denial）的情形有些特殊的特点，但是许多特征还是很常见的。 在我们看来，拒绝麻醉的妇女在身体上和精神上都是很健康的。 她希望经历一个短暂的阶段，在这个阶段她通常的价值观和偏好要么被搁置，要么无法实现。 在关键时刻使自己平常的希望无法得到满足，这么做对她来说是有原因的。 她需要合作。 在事后，她会庆幸自己没有进行麻醉，即使麻醉是需要的。 这里还涉及道德难题和法律问题，甚至是冲突，例如，丈夫可能认为产房医生不了解产妇的真实想法。

预期的自我控制

上面所举的产妇的例子，虽然在某些方面有其特殊性，但是并不失为关于预期的自我控制的一个范式。这也正是我想讨论的现象——有完全行为能力和神志清醒的人会理性选择阻止、强迫或改变自己后期的行为——来限制自己的选择，使其违背在行为发生时自己的偏好。理性决策、显示偏好和跨期最优化方面的研究都不太容易分析这种自控现象。

从消费者行为的角度来看，试图否决自己的偏好肯定是异常的，但是本书的读者对于这种自控现象并不熟悉则没有什么奇怪的。我先举几个与妇科麻醉具有相同特征的行为例子，其特征都表现为，人们现在请求否定一个以后的请求。例如，当我要求香烟、甜点、或再来一份饮料的时候，请拒绝我。不要把我的车钥匙给我。不要借钱给我。不要借枪给我。

除了拒绝，还存在着干预。例如，不要让我又睡着了。如果我插话了，请打断我。轮到我跳伞时，请把我推出飞机。除非你能将我的孩子移至安全的地方，否则不要让我喝醉酒回家。如果你发现我在看电视，请切断保险丝。每天早晨让我起床做背部运动。如果我在野外筋疲力尽，请让我继续前进。如果你发现我服用了过量的安眠药，请帮我洗胃。

这时就存在着激励重组，通常是在别人的帮助下。打赌就是一种激励重组方式，常常为想要减肥的人所使用。承认某个过失，或者只是象征性地表明自己要进行锻炼或戒烟的决心，都可以使自己面临丧失体面的威胁。

大多数用来控制自己未来行为的方法可能都并不依赖于别人的参与。我前面所列出的一些例子是依赖于别人参与的，这是为了与产科麻醉的例子做类比。 另一个原因则是，我们对于纯粹个体努力的体验通常只是限于我们自身，我们一般并未意识到别人的努力，除非有合作的需要我们才能看到别人的努力。 此外，有另一方参与的话，法律、道德和政策问题更容易出现。 此时就要判断一个人的真实兴趣——哪一个偏好集值得我们的忠诚或同情。

上面产科的例子具有道德上和法律上的丰富含义。 医生应该接受哪一种病人的要求，是要求麻醉的，还是请求不要麻醉的？ 医生能否签署一个合同，既能防止治疗失当的指控，又能遵守产妇先前的偏好？ 如果政策使这种合同成为可能，我们会支持这样的政策吗？ 如果政策使这种合同无效呢？

当然，医生受到职业准则和个人道德的约束，而且受制于刑事和民事责任。 类似地，当喝酒的客人将车钥匙交给我们保管后又想要回钥匙开车时，我们的个人道德也受到考量。 当他之前没有要求，但是我们知道他之前不想自己驾车回家，但是由于酒精的短暂作用，他又自信自己的驾驶能力，而现在又想自己驾车回家了，虽然我们确信我们不让他自己驾车他明天会感谢我们，但是此时我们的道德还是受到了挑战。

对自杀的专业讨论说明了，偏好改变的预期是常见的。 这里存在两种对称的情形。 第一种情形是，当一个人事前要求在他自己明白无误地想死时阻止他这一决定，那么当想自杀的情况出现时就阻止他自杀。 第二种情形正相反，在出现可怕情况时，我们被要求加速某人的离去，即使当这种可怕情况伴随着死亡的威胁，当事人请求我们违背我们最初的承诺而将死亡威胁延续下去。 也有人会选择死亡，但却无法面对死亡的结局，就像一个跳伞者要求我们在他抓紧门边框时将他推出去一样，选择死亡的人也请求我们再帮他一把。

但是在试图放弃一些被认为无法剥夺的权利时，会产生一些法律问题。 我不可能得到法院禁令，要求我戒烟。 我不可能与一个跳伞运动的飞机驾驶员签约，让他把我推下飞机。 我不可能事先授权我的心理医生在出现我们共同指定的情况下违背我的意愿将我收入医院。 我不可能与减肥中心签约，在违背我的意愿的情况下仍然扣留我，直到我的体重降下来一些数量；只要我要求离开，他们就不得不让我离开[如果我们很聪明的话，我们可以作出如下安排：我可以去一个偏远的减肥中心，在这个减肥中心要叫一辆车的话需要提前二十四小时通知，当我订过车后又重新下决心减肥时，我可以取消这个订车通知。 我听说游轮之所以不敢提供这种预订服务，一个原因就是游轮无力防止船员走私额外的卡路里（extra calories）在黑市销售]。

禁止在教工食堂陈列和销售高糖甜点，或者禁止在工作场所吸烟，这提出了有趣的道德问题。 通常这种禁止的动机并不是防止别人吃得过量或吸烟，而是防止我们自己屈从于诱惑，或者至少减轻诱惑带来的痛苦。 马萨诸塞州现在有一项法律标准（Legal Test），来确定尼古丁上瘾是否属于受保护的残疾类型，以及个人是否有权在工作场所吸烟来减轻痛苦。

最严重的例子自然是涉及夺取你自己的性命（无论是采用什么方式，也无论是主动还是被动）——在你的多个自我中，有一个想取你的性命。 而法律则站在不想死的自我一边。 某个长期受到自杀倾向困扰的人可能在自己沮丧时请求别人帮助自己自杀，但是法律是禁止别人这么做的，所以这个受自杀倾向困扰的人完全可以欢迎这样的法律。 有些人可能感觉生命是不可承受之重，但是又无法下定决心来结束生命，于是就有可能求助于帮手，但是法律是禁止这么做的。 一个四肢瘫痪的妇女希望选择死亡并请求所在的医院帮助自己饿死，但是加利福尼亚的法官裁决禁止这么做。 该法官要求强制喂食，依据则是"我们的社会重视生命"。

除了法律问题，还存在一些规制政策。 尼古丁口香糖成为了一种处方药。 美国国家科学院曾提议开发低焦油、高尼古丁的香烟，来观察如果人们能够更容易得到尼古丁的满足，是否会规制他们在焦油、一氧化碳和其他气体方面的吸入。 男性暴力性侵犯者如果自愿接受治疗，则会给他们服用女性荷尔蒙。

现在司法部门可以使用附着在假释犯身上的远程监控器来进行监控，这些监控器在设定的时间会通过在假释犯的电话上的附加装置传输加密信息，这样司法部门就可以知道假释犯是否遵守宵禁规定了。 但是他也可以自愿受到朋友、配偶或其他监护人的监督；我要提醒你的是，电击驯狗项圈可以对不当行为施加震慑。 设计一个无法移除的血液酒精浓度监测器，并且使监测器能发送无线电信号，甚至是施加令人痛苦的电击，这些都不存在技术上的困难。

存在着危险。 如果你知道人们可以作出明显自愿的可执行的承诺，你就可以设想出许多自我约束或自我强制的措施，这些措施可以用作招聘、竞选公务员、借款，或取得假释或缓刑的条件。 测谎仪则是一个例子，绝育则是另外一个例子。

许多海洛因成瘾者同时也是酒鬼。 对一些海洛因成瘾者来说，美沙酮是可以合法得到的；美沙酮可以作为海洛因的替代品。 酗酒者可以合法地得到安塔布司（Antabuse，用于治疗慢性酒精中毒），这种药物与酒精相互作用会产生极度的作呕感，因此有助于戒酒。 美沙酮是吸引人的，至少在海洛因无法得到时是如此，但是在能喝到酒时安塔布司则是很不吸引人的。 有些治疗专家只有在病人当面服用了安塔布司之后才会给病人美沙酮。[1]

自控和理性消费者

我们怎样才能将这种策略性自我挫折（self-frustration）现象纳入理性消费者模型中进行分析呢？ 首先我们需要回答的问题是，是否这里只存在单一的现象，即现象可以简单被归结为上瘾、食欲或痛苦。 亚当·斯密（Adam Simth）在《道德情操论》一书中有一章专门讨论自控。他所强调的自控与我有些不同，包括了勇气、慷慨和其他美德。 如果你已经拥有了亚当·斯密所指的自控，那么你就无需再进行我所描述的自控。 如果你已经能够完全控制自己的偏好，你就没必要再实施自控技巧来应对偏好的变化。 我实在忍不住想引用该书的一段话，我想这段话亚当·斯密肯定希望有机会能再修改一下："我们尊敬能坚强不屈地忍受痛苦甚至是折磨的人。 如果一个人在痛苦和折磨面前退缩，发出无谓的哭喊和柔弱的哀嚎，我们则不可能对他有一丝敬意。"

存在许多不同的自控类型和自控情形，在此有必要再细述一下。这些自控类型和情形的共同点在于它们都会引致预期的自我控制（anticipatory self-command）。 许多自控类型和情形都是很普通的。

首先我们来看看当一个人疲劳、困倦、喝醉了或从沉睡中醒来可以预期的行为。 或者先看一下熟睡时的情形：人们在睡眠中确实会发生不当行为。 他们会搔痒；他们会除去伤口的敷药；他们会采用整形外科医师不会推荐的睡姿。 戴手套来防止搔痒或在屋里放上几个闹钟都是我们非常熟悉的自控技巧。

急切的饥渴、惊慌、痛苦和愤怒则颇为不同；一些运动员使用吸管喝水来防止猛咽，许多人都放弃在家里放置枪支的好处以防他们不慎使用枪支。

有些事物是令人着迷的，例如书籍、谜题、电视、辩论、白日梦等等，人们可能早先下决心不对这些事物着迷，但是却无法抗拒它们的魔力。 让你的头脑本身不会出现不当行为和让你的头脑不会作出错误决策还是有些不一样的。 如果你的头脑未经允许而溜入幻想，或者你的头脑不停地考虑某个逻辑悖论，那只能说你的头脑真的陷入狂热，而失去了秩序。

人们还可能患有恐惧症——对如下事物的明确无端的恐惧反应：高点、封闭状态、人群、观众、血、针、爬行动物、水蛭、污秽以及黑暗等。 这些恐惧有时看似也像是头脑出现了不当行为；有些恐惧可以通过闭上眼睛加以一些控制。 当需要使用 10 厘米的针来排除膝盖的脓时，不仅仅只有儿科医师建议把脸转过去了。 我经常看到人们提及我小时候也经历过的一个现象——如果你闭上眼睛，尤其是在被褥下闭上眼睛，黑暗就没有那么可怕了。

有些人对脸和手指甲有强迫性的个人习惯，这些习惯难以有效控制，因为我们不可能去旅游一趟就将我们的表皮留下了。

有些疾病会产生长期的抑郁。由于一个人年纪大时很难再有变化了，他试图现在就作出决策，但是在预期的手术后抑郁期间，他可能无法作出某些决策。"偏见(a jaundiced view)"一词并非空穴来风：肝炎确实对人的人生观有很大影响。药物治疗能改变一个人的价值观；自我服用一些药物、兴奋剂和镇静剂也属有意改变一个人的有效偏好，不经意地也会改变一个人的价值观。酒精能使一个人在需要勇敢时变得勇敢，也能使一个人在无法承受莽撞行动时变得莽撞。对于那些因用药而导致不可避免地经常性情绪变化的人，我们不应当认为他们不属于理论假定所代表的理性消费者。

有些行为，例如入睡，可能不太像消费者的选择，原因在于我们通常不将这样的行为视为市场行为，而且有些行为可能根本不是自愿的。这些行为告诉我们，实现自控的努力是很常见的，并不一定是不正常的，而当其表现为不正常时，也不是很罕见的。

我们不得不承认，有许多这种行为确实看起来像消费者选择：吸烟、饮水、暴食、拖延、锻炼、赌博、合法药物和非法药物、疯狂购物。请记住，我所谈论的人仅限于那些希望在以后拒绝自己接触食物、药物、赌博、性机会、合伙犯罪或者疯狂购物，这些人自己也意识到对于上述事物他们存在自控问题。任何乐于对尼古丁、苯丙胺、安定、巧克力、海洛因或赛马上瘾的人都不是我讨论的对象。另外，那些虽然并不是乐于上瘾、但是却无意选择痛苦地放弃的人，也不是我所讨论的对象。我所关注的并非香烟或高热量甜食是否对你健康不利，我所关心的是如下事实：有些人是如此希望避免类似香烟或高热量甜食的商品，以至于如果他们能做到，他们会将这些商品置于自己无法触及的地方。

对于这些自控活动来说，并不存在恒定不变的普遍接受的好行为或坏行为标准。 有些减肥者希望将体重减至健康水平以下。 有些人则对绝对禁酒者、成功的减肥者、强迫性的慢跑者，或从来不发火的人感到不满。 某人可能请求你帮助他夺取他自己的性命，但是他又有可能请求你在他想自杀时你不要听他的话，这就使你面临两难了：到底该接受哪一种请求。 还有一些人采取措施防止自己背叛某个宗教信仰。

我前面列举的所有例子，从搔痒到宗教信仰的转变，都属于自控的范畴，但并不是所有例子都需要理性决策理论来解释的。 我们可以认为不希望起床的人不是完全理性决策的人；有些化学物质会抑制脑活动，使人嗜睡，除非新陈代谢作用排出了这些化学抑制物，这个嗜睡的人的大脑才能正常运作。 这个例子可能也代表了重要决策，但不是我们的理论所关注的决策。 如果你本人都不理性，你不可能作出理性决策，而且你应当理性地阻止你自己作出决策。 在你无法触及的地方设置吵闹的闹铃代表了一个理性选择。

我们所能做的就是列出各种不符合理性消费者的情形，在这些情形下，消费者的决策很可能是错误的。 这些情形也适用于普通消费者，如果他们不能防止这些情形发生在他们的身上，事先采取措施阻止自己作出任何决策，或事先安排好使自己的决策无效。 消费者的重要任务不仅仅是家务管理，还包括自我管理——将自己视为有时可能存在不当行为的仆人。 通过这种方式，我们可以将反常的行为和理性行为分离开来。 在消费者的多个自我中，哪个自我真实地代表了其价值观，我们就支持哪个自我，而且我们可以研究正常的自我（straight self）和不正常的自我（wayward self）之间策略互动的各种方式。 我们可以采用一些政策，只要这些政策不会带来其他方面的问题（例如干涉了公民自由），来帮助消费者在其处于理性时对另一个不正常的自我加以控制，并且使重要决策不至于由不正常的自我作出。

但是如果一个人已经戒烟6个月了，而在用餐后又忍不住点了一根烟，显然他的头脑又完全是理性的，要在6个月前，甚至是6个小时前他都愿意付出代价来确保在他忍不住想抽时却无法得到香烟，对于这样的人，又当如何对待呢？ 如果他只是强烈地渴望喝水，或者深受停止服用鸦片之苦，那么我们可以认为他的决策不是理性的：他的头脑是缺乏条理的，部分头脑无法处理一些原始的欲望。 但是点了那根烟的人并不像头脑不清的样子。

至此，我想得出的结论是：不同偏好之间的理性策略互动现象是大多数人的决策和福利中的一个重要部分，我们在分析消费者行为时不能忽略了这一点。 如果我们坚持认为一个消费者的价值观和偏好在任何时候（甚至在短期内）都是一样的，那么我们就忽视了许多重要的有目的性的行为。

为进一步说明问题的严重性，我们以吸烟为例。 现在已经有 3 500万美国人戒烟了。 他们中的大多数至少要正式尝试三次才能戒掉。 在这 3 500 万人中，有 500 万存在复发的危险，200 万会再次吸烟并感到后悔。 大多数人还会尝试戒烟，但是四分之三的人下一次尝试会失败。 美国有 5 500 万吸烟者，其中约 4 000 万到 4 500 万人曾尝试过戒烟，而其中几乎一半的吸烟者已经尝试戒烟三次以上。 在过去的一年中，约 2 000 万吸烟者进行了正式的戒烟尝试，但是失败了。 一半以上的年轻吸烟者，包括男性和女性，在过去的一年中都尝试戒烟但未成功。 三分之一的年轻吸烟者有过三次以上的不成功的戒烟尝试。 他们也知道吸烟有害健康，会减少预期寿命。 仅吸烟这一种行为就构成了消费者福利的主要决定因素。 对于吸烟行为，基于稳定偏好和理性选择的理论如果不进行一些修正就无法加以解释，而吸烟行为只是这种不好解释的行为之一。

有些学者研究了时间偏好（time preferences）是如何随时间而改变的——一个人在 20 世纪 90 年代和随后的 10 年间所偏好的资源配置是如何在 1980 年到 1990 年之间发生变化的。 我想这一方面的学术思想主要由以下学者提出：罗伯特·史托斯（Robert Strotz, 1956），埃德蒙德·菲尔普斯和罗伯特·波拉克（Edmund Phelps and Robert Pollak，1968），波拉克（Pollak，1968），以及乔恩·埃尔斯特（Jon Elster，1977，1979）。 我们听说过一个政治上激进的二十岁年轻人的故事，这个年轻人的保守的父亲将一笔钱存在信托基金，年轻人可以将这笔钱用作政治献金，但是条件是年轻人必须到了四十岁这个不再激进的年纪才有权动用这笔钱，这个要求令年轻人很恼火。我建议我们不仅考虑随时间的单向变化，还应当考虑每隔几年、几个月、几周、几天、几小时，甚至几分钟的来回反复变化，这些变化不仅要求单向策略，也要求双向策略。[2]

可以使用几种不同的方式来阐述。两个或更多的价值观集合轮流互替；或者是一组不变的价值观，只是在不同的时间从中选择不同的价值观，就像不同的软件有着不同的搜索和比较规则、进入内存的不同位置，具有不同的夸大、扭曲或抑制倾向。我们知道，看见一碗金光闪闪的花生可以触发无意的记忆搜索和检索，有些只是潜意识的，甚至是触发大脑化学环境的变化。使用通用的语言来描述就是，一个人并不总是他通常的自我；而且如果我们并不明确支持我们认为通常的自我或异常的自我，此时看起来就像是不同的自我轮流控制，每个自我都希望自己的价值观能够控制其他自我的行为，具体包括饮食、纹身、表达思想或自杀等。

战略和战术

通过以上视角我们可以直接考察不同的自我在争夺控制权时所使用的战略战术。下面列举了我所想到的一些战略。[3]

· 授权给其他人：让其他人持有你的车钥匙。

· 承诺或签约：预订午餐。

· 使自己丧失能力或离位：把车钥匙扔到黑暗的地方；使自己生病。

· 远离有害的资源：不在家里储藏酒或安眠药；订一个没有电视的宾馆房间。

- 接受监控。
- 监禁自己：让某个人将你丢在一个没有电视也没有电话的便宜汽车旅馆，等八小时工作以后再来叫你。〔当乔治·斯丹纳（George Steiner）到乔治·卢卡奇（Georg Lukacs）家中拜访时，吃惊地发现卢卡奇近期发表了大量研究成果，可谓著作等身，而卢卡奇一直都处于政治监禁中。卢卡奇也颇为兴奋，解释说："你想知道一个人怎样才能完成大量工作吗？本宅软禁（house arrest），斯丹纳，本宅软禁啊！"〕
- 设定奖惩：只要你吸烟（除了提前二十四小时通知），就要求你自己应向你所鄙视的政治候选人支付 100 美元，这时你就不能想当然地认为一支烟本身并没有什么害处了。[4]
- 重订生活时间表：早餐后就去采购食品。
- 留意先兆：如果咖啡、酒精或甜点使你无法抗拒香烟，也许你能抵抗那些补充的食品和饮料，从而避免香烟。
- 安排延迟：在到期前危机可能已经结束了。
- 依靠朋友和团队：一起锻炼，彼此互相帮助订午餐。
- 自动执行行为：我所希望的自动执行是一种监督脑溢血的工具，如果中风很严重，生存对病人来说比死亡还可怕，那么在任何人能干预之前就让病人死亡。

最后，为你自己设定可以执行的规则。使用明确的界线和清晰的定义，如果可能，使用定性的上下限而非定量的上下限。安排仪式来开始行动。如果你存在拖延问题，可以设定分阶段目标。制定明确的延迟规则，在再次出现延迟之前要求提醒，提醒也可以撤销。不允许例外发生。[5]

对福利评价的含义

这两个自我（如果你允许我将它们称为自我）的一个不寻常特点在于

二者很难相容。 这两个自我不同时存在。 如果没有内部调停者，双方的妥协是非常有限的。 我想两个自我雇用了不同的律师，或者同意使用一个共同的仲裁人。 如果本文开始提到的那个妇产科医生比病人所要求他做到的更慎重对待分娩的痛苦，我们可以看到在两个自我之间会因仲裁而形成妥协。

因此，与两个自我希望达成的交易相比，妥协的结果可能有时看起来不是帕累托最优的：

· 如果家中没有存放酒或高热量食物，两个自我作为好客主人的声誉都会受损；

· 如果家中没有安眠药，两个自我有时候都会患失眠；

· 家中没有电视的话，两个自我都看不成早间新闻。

虽然我们使用两个自我这种方式比较容易分析自我控制的策略，但是这么处理也是有代价的——会影响到我们的消费者模型所强调的重点。 当我们确认一个消费者试图对他自己的未来行为施加控制时，去否定一些他自己的未来偏好，实际上等于我们在这个人身上加了一个对立方（我认为几乎是完全相对立的），然后我们可以进行人际间的效用比较。 每个自我都代表了一组价值观；尽管这些自我所代表的价值观中大部分是相同的，但是对于某些特定的问题，它们的价值观就存在根本差异了，我们就无法比较它们的效用增加，也无法确定哪种行为最大化了不同的自我的总体效用。

这里我有必要指出的是，只有在和经济学家交流时，我才感觉比较放心地使用"自我"一词。 哲学家和精神病学家对自我有着自己的定义。 而法律学者则可能抵制多个自我的概念，因为多个自我会带来如下的问题：到底是哪个"自我"犯了罪或签署了协议，被审讯的自我是否是无辜的，我们是否应当在"另一个自我"出现后再进行审讯、判决，或监禁。 只有在经济学中，个体被模型化为一个始终如一的偏好集和健全的认知官能。 经济学家当然可以否定我所讨论的现象，但是如果他们认可这一现象的话，使用多个自我来分析这种现象对他们来说还是很容易的。

那个拒绝自己使用麻醉的产妇在这次分娩时又请求使用麻醉，而在下次分娩时又再次拒绝麻醉，对她我们该怎么看呢？如果一个人跳伞来到荒野待一个月，他拥有一套生存工具，但是不能吸烟，不能暴饮暴食，也不能睡过了返回文明世界的时间，在这一个月间他总是诅咒那个跳伞的自我，而当荒野生存考验结束后，他又对自己感觉很满意，这又该如何看待呢？有没有一种方式可以正式分析这种问题，个体做到效用最大化了吗？或者是否只能说，一个自我以牺牲另一个自我的利益为代价而提升了自己的效用？当我们问一个小时前正经历分娩痛苦的母亲是否很高兴没有对她使用麻醉时，我想她会回答很高兴。但是我看不出来这能说明什么问题。如果我们在她正处于分娩痛苦时问这个问题，我们会得到不同的答案。

我小时候看过一个关于伯德上将首次南极探险的电影，在该片中，小时候的伯德上将穿着衬衫到户外锻炼耐寒给我留下了深刻印象。然后我决定从我的床上撤去一条毛毯来锻炼自己耐寒。作出撤去一条毛毯的决策的人是一个享受温暖的男孩；而另一个在半夜被冻醒，甚至无力去寻找毛毯的男孩则开始咒骂那个撤去毛毯的男孩了，并且发誓第二天要重新在床上盖上毛毯。但是过了一天，我又变成享受温暖的男孩了，梦想着南极，又会作出撤去毛毯的决定。我至今仍不清楚，如果我的那些南极梦变成了现实，我是否能更好地抵御寒冷，以及两个男孩是否都很高兴接受，作出决策的男孩自己感觉不到寒冷的痛苦，而将痛苦施加给了另一个男孩。

我得说，早晨睡懒觉的人也不是头脑非常清醒的人。为什么睡懒觉也能算作他的非理性行为？原因是显然的：他未能完全清楚意识到上班迟到的后果。但是设置闹铃，并且安排一个网球伙伴将自己拉起床的那个自我能完全理解起床的不舒服吗？我的答案是肯定的。但是请注意：我并不在床上。我讲课时总是醒着的，那个希望待在床上的自我并没有被代表。

从另一个方面来看，我并不是完全客观中立的。人们的行为方式对我的利益也有影响。为了我自己的舒适和方便，我希望人们的行为都很文明，小心驾驶，当我在旁边时不会大发脾气，不打老婆孩子。我希望他们做好自己的工作。因为我自己不吸烟，我希望我身边的人也不吸烟。只要法律还在禁止药物滥用，人们最好还是别对违法的东西上瘾。用经济学的语言来说，这些行为产生了外部性，并使我们成为利益相关方。即使我相信某个可怜的受到限制的生物的真我（true self）仅在以下时刻出现，即当他醉到足以承认自己鄙视自己的妻子和孩子，并且以使妻子孩子感到恐惧为乐时，我也有自己的理由与这个受到抑制的并请求我让其保持清醒的自我合作，在他喝醉时限制他的行为，或者让他的妻子孩子安全地远离他。

考虑下面这种情况：一个人在夜间请求结束自己无法忍受的人间生活，而到第二天正午时又会因为前晚的悲观想法未被认真对待而释然。他会在白天解释夜间的自我的行为，以求人们不要相信夜间的自我，但是到了晚上他又会再次请求结束自己的生命。我们应当寻找真我吗？也许夜间的自我处于身心的痛苦中，而日间的自我则比较健忘。也许日间的自我生活在死亡的恐惧中，只能疯狂地或者并延续这种恐惧，压抑自己的记忆和对夜间更大恐惧的预期。或者夜间的自我可能对夜间悲观失望的新陈代谢反应过度，陷入了梦魇，而他并未意识到这个梦魇在黎明就会结束。

关于哪个自我才是真我的问题可能存在定义错误。两个自我都可以是真我。就像连体双胞胎，生死与共，但是却不分担痛苦，一个自我请求生，另一个请求死——对立而又统一的两个请求。如果连体双胞胎中的一个睡觉，另一个醒着，他们就像是日夜交替的两个自我。问题看起来应当是确定每个自我的控制范围，而不是确定哪个是真我。

几年前，我又一次看了原版的早期黑白有声电影《白鲸》。其中有一个场景（小说中没有的），船长亚哈（Ahab）在水中丢了一条腿，然后立即出现在船舱的毯子下面与三个船员一起吃一个苹果。铁匠进来，拿着一个烧红的烙铁烧灼残腿以防止感染。 亚哈请求不要烧灼。 当他大叫着吐出苹果的时候，船员们制住了他。 灼烧过后，青烟直冒。 后来亚哈脱离了痛苦，而且显然很高兴自己还活着。 他也没有对铁匠和灼烧过程中控制住他的船员们进行惩罚。

当我刚开始思考上面这段场景时，我认为这是一个无可争议的否定选择的自由和忽略显示偏好而带来效用增加的例子。 我怀疑亚哈是否告诉过铁匠，在船员出现严重伤口的情况下，铁匠有责任用烙铁来烧灼伤口，即使受伤的人是船长亚哈自己。 不管亚哈现在怎么求我们不要烧灼他的腿，事后他肯定会感谢我们的。 但是现在我想知道这到底能说明什么问题。

如果你们中的一位被烧灼从而能活下去，很可能会感谢实施烧灼的人。 如果你烧灼我让我可以继续活下去，我会在事后感谢你，但是前提条件是我已经感觉不到痛苦了，而且当我感谢你的时候我也没有预期任何痛苦。 假设我要被烧灼，在隔壁房间的亚哈也需要被烧灼，你们不顾我的请求而将我控制住，此时关于是否烧灼亚哈，你们会征询我的建议吗？ 而关于是否烧灼我，你们会征询亚哈的建议吗？

我们又怎能知道，一个小时的极端痛苦是否已经让生命不值得延续了？ 同样地，我们又如何能知道，一个小时的极端痛苦比死还好受一点？[6]我得出的结论只能是，我不知道，我不知道你的情况，我也不知道自己的情况。

我能感到肯定的是，如果我在上述情形下愿意忍受痛苦，我一定会依靠一些人，这些人意志足够坚定，能将我控制住，或至少能将我绑住。 如果违反船长的任何命令都将被视为叛变而处以死刑，那么你就不得不堵上亚哈的嘴，使他不能喊出"不要"，从而避免他自己遭受致命感染（当然，如果是船长本人主持对反叛者（这些反叛者在船长喊"停止"时仍控制住他）的审判，那么他们不会面临船长的愤怒。 因此，预期到自己的行为不仅会被赦免，而且还会得到感谢，船员们即使在船长喊"停止"时也会将其控制住）。

我发现，在谈及亚哈的受苦过程时，像我一样的人都支持违背他明确表达的意愿而烧灼他，不仅仅是不顾他的喊叫和拍打，而且不顾他的强烈请求。就我的理解，这意味着，像我一样的人如果处于类似的受伤情形，我们也希望自己被控制住并烧灼，即使我们那时请求不要这样。然而我们愿意考虑别人违背自己意愿而将自己控制住，也正说明了，我们并不比亚哈勇敢，在同样的情况下反应也和他相同。这也意味着，在那种受伤情况很不可能发生的时候，我们能更好地评价痛苦和死亡的相对价值。但是当我考察自己的态度时，我却总是得出相反的结论。如果我想像自己处于亚哈的境地，我发现自己满脑子想的都是马上面临的痛苦，而不是面临的死亡，所以我就和亚哈的反应一样了。[7]

如果我处在亚哈的境地，我现在选择被控制住并灼烧，这么做的唯一高明之处在于，在不完全清楚各种选择项的价值的情况下就作出选择。我要避免自己与那个可能被烧灼的人完全一致，即使我知道那个可能被烧灼的人也可以是我自己。同样地，在事后我会感谢你们，因为我与前不久被烧灼的我态度并不怎么一致。但是我也将知道，如果我不得不再经历一遍的话，我会选择死。很难比较两个不同时存在的自我的痛苦、欢乐和挫折。

在研究这一同一性问题时，我使用了一些想像试验：想像自己得到一个赚取一大笔钱的机会，比如说相当于一年的收入，但是需要经历极端痛苦的阶段，没有后遗症。当你听说痛苦的程度时，你拒绝了；也许把金额扩大一倍你会愿意经历一下。试验执行者感到尴尬了：他预期你会合作的，所以他实际已经开始对你做试验了，可能使用你喝的饮料。你感到了痛苦，并形成了明确的初始判断：你不会为了一年的收入来做这个试验的。当痛苦结束时，你从打击中恢复过来，你收下了钱。问题：当你试驾你的新保时捷时看到试验执行者走在路边，你会因为他上次的可怕错误而感到高兴吗？

试验二：有些麻醉药会阻止痛觉神经脉冲信号的传播；另一些麻醉

药具有的特点是：病人对痛的反应似乎说明了他完全感到了痛，但是事后他却一点记忆都没有。 硫喷妥撒钠就是具有这种特征的一种麻醉药。 在我的假想试验中，我希望区分药物的效应和无记忆痛苦的效应。 我们希望有一个健康的受控试验对象，以及一些能产生痛苦的试验操作，当然还有所要使用的药物。 为了得到一笔可观的钱，你会处于昏迷中一到两个小时，然后你接受试验，试验完你可以回家。 你定期接受这样的试验，但是某个下午你提前了一点走进试验室，发现试验人员正在看某个录像带。 屏幕上出现的是一个正在挣扎的试验对象，虽然声音被调低了，但还是可以清楚听出是一个处于痛苦中的人的喊叫声。 当痛苦结束时，这个试验对象请求："请不要再做了。"

· 录像中的人就是你。

· 你在乎吗？

· 你会走进你的试验室，躺在长椅上，伸出手臂准备今天的注射吗？

· 我应当让你这么做吗？

注　释：

我要感谢拉塞尔·塞奇（Russell Sage）基金会和阿尔弗雷德·P.斯隆（Alfred P. Sloan）基金会对本研究的大力支持。

[1] 在评价自愿引致的强制时（甚至是非自愿的），我们有时必须考虑一种"互作用效应"。 内科医师向心脏病患者和肺病患者警告吸烟问题，精神病医生治疗入院的海洛因上瘾者，他们都报告了一个常见现象。 相比于可以花钱通过一定手段得到烟或海洛因的医院，如果一个机构的警卫和员工绝对无法买通，也不存在地下市场，那么在这样的机构中，上瘾者会感到显著较少的戒瘾不适。 心脏病和肺病患者如果被直接告知，要想在下一年好好生活，必须立即彻底戒烟，这么做比起告知病人要尽可能地戒烟，或者实在不行，量减少一点或换个香烟品牌有两点好处：第一为戒烟者的比例更高，第二为与海洛因的例子类似，成功戒瘾者所感受到的戒瘾不适要小得多。

[2] 乔治·艾思斯利（George Ainslie，1975）对本章的主题进行了创造性的全面分析，还包括了与动物行为的比较。 埃尔斯特（Elster，1977，1979）使用了吸引人的哲学方法。在经济学领域，有学者试图将自我控制纳入经济学传统，也有一些试图用非传统经济学方法来分析。 在努力将自我控制纳入经济学传统方面最为知名的要数乔治·斯蒂格勒和加里·贝克尔（George Stigler and Gary Becker，1977）；他们的研究否认了我所讨论的现象。 基本接近传统经济学分析方法的有 C.C.冯·魏扎克（C.C. von Weizsacker，1971）和罗杰·麦凯恩（Roger McCain，1979）。 超出经济学的传统、将消费者视为复杂人而非简单人的研究包括阿马蒂亚·森（Amartya Sen，1977），高登·温斯顿（Gordon Winston，1980），理查德·泰勒和 H.M.谢福林（Richard Thaler and H.M. Shefrin，1981），以及霍华德·玛格里斯（Howard Margolis，1982）。 温斯顿、泰勒-谢福林和玛格里斯（Winston、

Thaler-Shefrin and Margolis)确认了一个裁判或超我，或计划者—行动者二分法，这是我所没有看到的。 我还不确定这种差别到底是感知理解方面的，还是方法方面的。 我所知道的由经济学家进行的最相关跨学科研究是由提勃尔·西托夫斯基（Tibor Scitovsky, 1976）所撰写的一本小而精的书。 关于我的早期相关研究,可以参看我 1984 年的书。

[3] 这些策略排除了"寻求专业帮助"，甚至"有一本好书"。 存在着一些补救：一些书是基于相当统一的理论，还有一些书则是多种理论的折中。 具有折中特点的代表性著作包括用作大学教科书的 K.丹尼尔·奥列里和泰伦斯·威尔森（K. Daniel O'Leary and G. Terrence Wilson, 1975），以及大卫·沃森和罗兰·萨普（David Watson and Roland Tharp, 1981），还包括作为大众读物的严肃作品雷·霍奇森和彼得·米勒（Ray Hodgson and Peter Miller, 1982）。 许多我提到的策略都出现在上述书中。 内森·阿兹林和 R.格利戈里·纳恩（Nathan Azrin and R. Gregory Nunn, 1977）是一本所讨论问题比较集中的适于自学的书，但是现在已经绝版了。 该书主要讨论了"打扮"和其他个人习惯。

[4] 在丹佛市，有一家治疗可卡因上瘾的诊所，该诊所使用自我敲诈（self-blackmail）作为治疗的一部分。 病人可以写一封自诉（self-incriminating）信，然后放到保险箱中，如果在抽查时发现该病人使用了可卡因，那么这封信就会被寄给收信人。 例如，一个医生写信给医学检查官全国委员会，承认他违反了州法律和职业道德而使用了可卡因，理当被吊销从医执照。 自我敲诈在这里是基于正式协议的，不仅仅是一种强有力的震慑工具，而且以这样一种仪式表达了自己的决心。

[5] 在我的平装书中列出了每天需要做的练习。 我相信其中一些练习一周做两三次就可以了。 但是作者知道，"一周两三次"的时间表安排不利于培养自我约束。 我的牙周病医师告诉我，如果病人被告知每天做清洗术一般病人会执行得比较好，但是如果告知他们可以一周只做两三次，他们就会变成每两三周才做两三次；而且还很难让他们再每天做一次了。

[6] 对自杀的矛盾心理的讨论，特别是对那些患有不治之症的人，常常可以与船长亚哈的例子进行比较。 这种矛盾心理与其说是对生与死的偏好之间的交替转换，不如说是对死的偏好和对垂死的恐惧之间的交替转换。 死亡是一种永久性的状态；而垂死是趋向死亡的行为，垂死可能是令人敬畏的、可怕的、痛苦的。 只要经历一个短暂的可怕的烧灼事件，亚哈就可以享受生命（只是少了一条腿），同样地，经历一个短暂可怕的时刻，也可以实现永久的解脱，尤其是当那些救治人员不帮助或不允许帮助时。

[7] 如果我处于与亚哈类似的情境，但是面临的选择是立即开始痛苦的烧灼过程，享受余生，或是将这种痛苦推迟到以后再说，很难说我会作出什么样的选择。 在我看来，能够选择烧灼痛苦的人都会倾向于立即接受这种痛苦。 未来的痛苦可以进行贴现，但是过去的痛苦贴得更多。 当面临短暂的可怕痛苦时，人们往往会努力尽快结束这种痛苦。

参考文献

Ainslie，George， "Specious Reward：A Behavioral Theory of Impulsiveness and Impulse Control"，*Psychological Bulletin*，July 1975，82，463—496.

Arin，Nathan H. and Nunn，R. Gregory，*Habit Control in a Day*，New York：Simon and Schuster，1977.

Elster，Jon， "Ulysses and the Sirens：A Theory of Imperfect Rationality"，*Social Science Information*，1977，41，469—526.

——，*Ulysses and the Sirens*，Cambridge：Cambridge University Press，1979.

Hodgson， Ray， and Miller， Peter，*Self-Watching—Addictions，Habits，Compulsions：What to Do About Them*，New York：Facts on File，1982.

McCain，Roger A.， "Reflections on the Cultivation of Tastes"，*Journal of Cultural Economics*，June 1979，3，30—52.

Margolis，Howard，*Selfishness，Altruism，and Rationality*，Cambridge：Cambridge University Press，1982.

O'Leary，K. Daniel and Wilson，G. Terrence，*Behavior Theory：Application and*

Outcome, Englewood Cliffs: Prentice Hall, 1975.

Phelps, Edmund S. and Pollak, R. A., "On Second-Best National Saving and Game-Theoretic Equilibrium Growth", *Review of Economic Studies*, April 1968, 35, 185—199.

Pollak, R. A., "Consisten Planning", *Review of Economic Studies*, April 1968, 35, 201—208.

Schelling, Thomas C, "The Intimate Contest for Self-Command", in Schelling, *Choice and Consequence*, Cambridge: Harvard University Press, 1984, 57—82.

——, "Ethics, Law, and the Exercise of Self-Command", in *Choice and Consequence*, 83—112.

——, "The mind as a Consuming Organ", in *Choice and Consequence*, 328—346.

Scitovsky, Tibor, *The Joyless Economy: An Inquiry into Human Satisfaction and Consumer Dissatisfaction*, New York: Oxford University Press, 1976.

Sen, Amartya K., "Rational Fools: A Critique of the Behavioral Foundations of Economic Theory", *Philosophy and Public Affairs*, Summer 1977, 6, 317—345.

Smith, Adam, "Of Self-Command", in *The Theory of Moral Sentiments*, Section Ⅲ, Part Ⅵ, 1759.

Stigler, George J. and Becker, Gary S., "De Gustibus Non Est Disputandum", *American Economic Review*, March 1977, 67, 76—90.

Strotz, Robert H., "Myopia and Inconsistency in Dynamic Utility Maximization", *Review of Economic Studies*, no.3, 1956, 23, 165—180.

Thaler, Richard H. and Shefrin, H. M., "An Economic Theory of Self-Control", *Journal of Political Economy*, April 1981, 89, 392—406.

Von Weizsacker, C. C., "Notes on Endogenous Changes of Tastes", *Journal of Economic Theory*, December 1971, 3, 345—372.

Watson, David L. and Tharp, Roland G., *Self-Directed Behavior: Self-Modification for Personal Adjustment*, Monterey: Brooks/Cole Publishing, 1981.

Winston, Gordon C., "Addiction and Backsliding", *Journal of Economic Behavior and Organization*, 1980, 1, 295—324.

第六章　理性处理非理性问题

　　一个人三个月前戒烟了。 在最初戒烟的六到八个星期里，他常因烟瘾发作而备受煎熬，但是最近的这三四周已经感觉不到什么不适了，他也乐观地认为可以永久地戒除香烟了。 某个下午一位朋友过来谈一个生意。 生意谈好了，这个已经戒烟的人送朋友到门口，回到客厅时他发现茶几上放着一包打开的香烟。 他赶紧拿起这包烟，快速赶到门口，发现朋友的车已经消失在转角了。 因为他还是要与朋友会面的，到时可以返还香烟，于是他将烟放在自己的夹克衫口袋里，并将夹克衫挂在壁橱里。 然后他一边喝着餐前饮料，一边看着电视新闻。 看了二十分钟新闻之后，他走到挂着夹克衫的壁橱前，从夹克衫口袋里取出香烟，注视着这盒香烟一分钟时间，然后走进卫生间，将香烟全部倒入马桶，冲入下水道。 接着他才又回去喝饮料看新闻。

　　我们都看到了什么了呢？ 我想我们可以自信地推测，我们的研究对象（即这个戒烟者）已经预期到如果存在着一包香烟，就可能发生他不希望发生的事情；而通过将香烟都处理掉，就不会有不希望的事情发生了。 浪费了朋友几美元的香烟是代价不高的保险措施。 这个戒烟者理性地处理了存在重新吸烟的风险，在他将烟冲入下水道的时刻，他是不希望自己在以后会吸烟的。

　　我将更详细地分析什么事情可能被阻止了，但是暂时我们只需将这个戒烟者的行动理解为，试图防止因香烟的存在而可能引发的非最优行为。 我们可以初步假定这个戒烟者会对其行为作出这样的解释：他在自己仍然"理性的"情况下采取行动阻止了预期会发生的某种"非理性行为"。

我的兴趣通常在于，人们是如何真正实施战略战术，不管成功与否，来对他们自己的未来行为加以约束的。 通常人们试图约束自己未来行为的方式类似于他们试图约束其他人的行为的方式。 也就是说，将"未来的自我"视为另一个人。 如果我们前面提到的戒烟者从来没有吸过烟，吸烟的是他的妻子。 他的妻子近来因戒烟而感到非常不适，难以下决心彻底戒除，这时他的商业伙伴丢下了一包烟，他一定会在妻子回到家之前将这包烟处理掉。 因此，他将十点钟的自己视为"另一个自我"，或者是将十点钟的自己视为另外一个人的自我，都没有什么实质差别。

大多数研究这一主题的经济学和哲学文献都关注明显的偏好变化。 在五点钟的时候，这个男人还不想吸烟；在五点钟的时候，他也不想在十点钟吸烟。 但是到了十点钟的时候，他可能想吸烟了，而且清晰地记得五个小时前他并不想自己在十点钟吸烟，而三个月前他已经决定完全戒烟了。 当这个男人点燃一支香烟，而就在刚才他还希望自己不吸烟，要描述他的举动并不容易。 使用经典的理性选择范式很难回答，在十点钟这个男人实施自己不可剥夺的权利来满足吸烟的欲望是否是"理性的"。 从神经学的角度可能可以回答这一问题，但是我想暂时搁置在十点钟重新吸烟是否理性这一问题。 我想我们可以将其称为"在五点钟是非最优的"；我想这个男人如果愿意，他可以将自己预期到的重新吸烟行为称为"非理性"。 至少，在五点钟的时候，在他看来是"非理性的"。

这种明显的随时间变化而发生的偏好变化，或由事件驱动的偏好变化，是有重要意义的——可能最重要的意义就在于"偏离理性（lapses from rationality）"。 偏离理性的行为包括了对合法和非法药物（海洛因、尼古丁、安定、咖啡因等）的上瘾；饥渴和性；还有一些难以管理控制的行为，例如赌博和电子游戏。

有一点需要强调清楚：我并不认为注射海洛因或吸入尼古丁本身会产生理性问题。 只有当海洛因或尼古丁的使用者努力想戒除而又存在困难时，因偶尔的复发而感到痛苦，或瘾发作时的折磨而痛苦，也许这时他试图改变自己的环境或自己面临的激励，这样就出现了如下问题：是否有些偏好是"真实的"，有些偏好只是"临时闯入者"？ 是否实现其中一个偏好是理性的，而实现另一个偏好则是非理性的？

但是，我已经说过，我想暂时不讨论这些互相对立的偏好。 我希望引入一些条件和行为，对于这些条件和行为，关于"非理性"的判断并不成为问题。 不管这些条件和行为比药物上瘾、暴食或花癫更重要还是更不重要，至少它们提供了一个范围，可以纳入更严重的上瘾和强制行为。 更严重的上瘾和强制行为由此可被视为一族的成员，在这个族中，并不是所有的成员都难以理解。

待讨论条件和行为的简要列表

熟睡的

困倦的

抑郁的

欣快的

喝醉的

极端的动机（extremes of motivation）

痛苦

害怕

惊慌

愤怒

渴

恐惧症

强迫性冲动（compulsions）

着迷

神经交互作用（nervous interaction）

咯咯笑

尴尬

头脑失常（misbehaving minds）

诱惑

睡　眠

我们先来讨论睡眠。　许多人在睡觉时所做的事情是他醒的时候所不愿意做的。　儿童会吸吮大拇指和尿床；儿童和成人都会抓伤口或拉绷带。　人们趴着睡觉，这一睡姿是背部医生所反对的，或者人们平躺着睡打鼾（我年轻的时候梦游是很常见的现象；我不清楚梦游的情况后来发生了怎样的变化）。　也许我们不能将拉绷带称为"非理性"，睡眠本身并不适于讨论理性问题。　但是儿童会急切希望自己停止吸吮大拇指，而成年男性则急切希望自己不再平躺睡眠而发出鼾声。　儿童可以理性地在睡时戴上厚手套；而打鼾的成年人则可以将一个厚重的物体绑在自己背上。　这些应对行为不会让人对当事人的"真实"意图产生疑问。

噩梦也是一个问题。　可以请一个警觉的伙伴帮助叫醒自己。　要注意避免某些睡前活动，以及某些食品。　另外你还可以尝试镇定剂。

当然还存在睡得过久的问题。　我们可以设置闹铃。

困倦的

有时甚至闹铃也解决不了问题。　于是人们将闹铃放在房间的对角，如果不起床就无法终止闹铃。　遇到重要的事情，人们会打电话请求朋友在早晨多次打电话叫自己起床（如果我人在外地没有闹铃，我可以在黄页中找到叫醒服务，然后预订这项服务。　我会准时接到电话叫我起床；五分钟后我会再接到一次电话，再过五分钟还会接到一次）。当闹钟响的时候还不起床是"非理性的"吗？有些人错过了重要的约会，还有些人则不得不省略了修胡须和吃早饭。对额外半个小时睡眠的强烈偏好这种说法并不是很合理，我们更希望说，处于困倦中的人头脑并不是完全清醒的。他的新陈代谢水平降低了，他的大脑仍为"睡眠"所控制。如果按照这个人前晚设置闹铃时的状态标准，以及按照这个人诅咒自己上班迟到时状态标准，闹铃响后还躺在床上就是"非理性的"。

入睡是一个问题。实际上入睡存在两方面的问题，但是我暂时不讨论失眠这一问题。警惕的士兵可能在坐着时将下巴抵在刺刀上，一旦因困倦而使脑袋耷拉下来，刺刀带来的疼痛就能让他清醒过来。卡车司机可以购买噪音发生器，当按钮一被放松就会发出噪音。如果卡车司机打盹了，就会放松按钮，巨大的噪音就会将司机惊醒。如果睡着了会带来麻烦，那么入睡是"非理性的"吗？从描述的角度看，对此问题的回答可能取决于我们将一个人视为"屈服于"强烈诱惑——人们有时确实难以抵挡诱惑——还是认为这个人的头脑本身"关闭"了。但是我认为这种区分并不重要：真正重要的是，人们需要处理，而且常常能够理性地处理不适宜的打盹。

疲劳、睡眠不足、用药、饮酒等都可导致困倦。而预防措施则包括咖啡、小憩和不饮酒。

当人们困倦时，除了昏昏入睡，还可表现为注意力不集中——忘了关炉火，忽略了电话信息，没有听到婴儿的哭声。当一个人预期到自己会困倦，他可以努力来避免困倦，也可以提醒其他人自己可能过于困倦而无法负责，或者避免承担预期无法完成的责任。

抑郁的

由于受到抑郁的影响，人们所说所做和所决定的事情是他们在事前不赞成、而在事后感到后悔的事情。 有些抑郁情况是可以预见的，例如外科手术后的病人、产后的妇女。 与某些疾病（尤其是肝炎）一样，一些药物也能导致抑郁。 有些抑郁症可以通过膳食补充剂或药物来治疗，另一些［比如季节性情绪失调（seasonal affective disorder，SAD）］可以使用光来治疗。

有些与抑郁有关的行为是可以预防的。 如果一个孕妇在怀孕期间戒绝烟酒，已经坚持到孩子出生，而她现在仍希望保持不吸烟的状态，这时我们需要告知她，产后抑郁的发作可能会导致烟瘾复发，她的丈夫最好不要在家里放香烟。 这时如果丈夫能戒烟则更好，即使只是坚持几周时间。 心脏病人容易产生术后抑郁，这时就需要医生坚决劝阻心脏病人吸烟。

当抑郁严重时，可能有必要清除家中能够用于自杀的工具——枪支、安眠药，甚至汽车钥匙，或者与警惕的朋友或电话热线保持交流。

欣快的

与抑郁症相对的是欣快症，尽管欣快症相对更罕见。 人们在成功或遇到好运时会立马变得大方起来，据说赢了大钱的赌博者立即就变得挥金如土。 在《告密者》一片中，吉波（Jeppo）是个暴发户，身边围着一大批溜须拍马者，他一个晚上就花光了 20 英镑的酬劳，这笔钱本来是要用于购买离开爱尔兰的汽船票的。

喝醉的

人们总是在试图抗拒美酒的诱惑，但是这里我要谈的不是戒酒问题，而是令人后悔的行为，这种行为人们事前希望避免，而事后又感到后悔。 如果一个人喜爱喝酒，而又无意戒酒，那么可能需要采取一些措施，来防止发生当时看来很理性，但是第二天想起来觉得愚蠢的行为。 最经典的例子就是一个人在酒精的作用下，认为自己还可以安全驾车。 解决的办法，要么把车放在家，打"的"出去，要么把车钥匙留给主人，并告诉主人有权在认为合适的情况下不返还车钥匙。

有些人在喝醉的情况下会虐待配偶和孩子，侮辱朋友或老板，打架、以大笔资金打赌或发生其他狂暴行为。 这些人为了避免自己喝醉时的行为对别人造成伤害，需要预先将自己的孩子转移、将钱留在家里、喝酒时远离那些可能引致恶劣行为的人。

醉酒后的不顾后果可以使一个人陷入麻烦，有时也可使一个人打破压抑，表现出"酒后之勇"，说出一些清醒时不敢说的话，做一些清醒时不敢做的事，比如求婚、或提出离婚，要求晋升、或辞职，补偿孩子失去亲情的岁月，或者与孩子脱离关系等等。 正如有时人们主动理性地饮酒来克服怯场或乘飞机的恐惧感，或出于同样的目的由别人提供饮料，他们也可以理性地饮酒来应对要发生的情况。 他们的理性饮酒到底是实现了理性呢（如果在这种情况下不说出自己平时想表达而不敢表达的想法，则是非理性的），还是实现了非理性（不计后果也是非理性的），这个问题我留给读者思考。

极端的动机

痛苦

美国产妇往往要求不使用麻醉，她们希望完全有意识，不希望新生儿受到麻醉药影响，她们希望表现出爱的勇气。 妇科医生可能会回答，产房提供笑气，产妇可自己使用，除非遇到紧急情况由医生施加麻醉。 产妇又会提出，产房不提供任何麻醉品——如果能够得到麻醉品的话，她将会在后面提出要求并得到麻醉，但是现在她不希望医生照顾她的麻醉请求。 也就是说，即使她提出麻醉请求，她也不希望得到麻醉（这里除了存在医学上的问题，还存在法律和道德问题；而且如果丈夫在产房的话，医生和丈夫对产妇的话的理解还会存在分歧）。

产妇可能会自我否定，不希望"非理性"地接受某个较低的痛苦水平，而无法实现清晰思维和清晰记忆。 但是我们的大脑在过去进化时一直告诉我们要避免痛苦，而不是欢迎痛苦；于是对痛苦的本能反应可能推翻产妇先前不用麻醉的决定（这一决定可能是大脑新近进化部分作出的），甚至令产妇无法记起先前不用麻醉的决定或该决定的原因。

害怕

在此我想引用我最喜欢的棒球书（Doppett，1967）的第一章第一段话。

"害怕。"

第一段就这一个词。 第二段的起始句为："害怕是决定击打的基本因素，而用球棒击球是棒球的基本动作。"如果一个人在充分意识到危险的基础上，将身体侧向投手板，摆好持棒姿势，等待以时速 145 千米迎面飞来的棒球，如果在最后时刻他有闪避动作，则他可能是"不理性的"。 或者不闪避才是不理性的。

理性可能与自由自愿交织在一起。 如果在球扑面而来的第五分之三秒的时间里，打棒球的人改变了自己的想法而闪避，这么做可能是非理性的——这与他早先在完全知道危险情况下的决定相冲突。 如果一个人可能由于条件反射，出现了非自控的退缩和避让，这一行为也许可以被理解为"超理性"。 当然如果这个人只是眨一下眼睛，肯定不能算作非理性，躲避敌人时打个喷嚏也可以不算，但是更严重的行为就要算非理性了。

在一部二战影片中，一个军官在伦敦移除未爆炸炸弹的引信。 他戴着一副耳机，在耳机里面他写下了每一个步骤，这样一旦他遭遇不幸可以留下记录。 他的这个工作要求非常严格：手指头不可以抖动。 在训练时，没有人会在拆除引信时发生抖动；但是只有在面临一个真实的炸弹时，一个人才能知道自己是否合格。 镇静剂是不能使用的，因为会降低手指的敏感性。 也许一个完全理性的人无法控制自己手指的抖动；也许异常冷静的人才有"不对劲的地方"。 我们再次面临这样的问题：当一个人理性地了解不发生抖动才更安全时，到底怎样做才是"理性的"？

假设在移除炸弹引信的过程中手指颤抖会极容易引爆炸弹，而表现平稳的手则基本可以肯定安全移除引信。 现在我能够理性地使自己相信不存在危险（除非手指不必要的抖动才会出现危险）并且不发生手指抖动吗？ 我可能正确地相信拆除引信操作是安全的（因为我没有颤抖），然后就不会发生颤抖，这是一个理性的反应；我也可能正确地相信这个操作是极端危险的（因为我在颤抖），然后我的手指就会颤抖。 这代表了两对"均衡的"信念和行为。

小时候我了解到，如果我见到狗害怕了，狗可以闻出我的这种恐惧（我认为是肾上腺素或某种类似荷尔蒙影响了我的呼吸或排汗的化学变化）。 而且据说狗如果嗅出恐惧，会感到愤怒，并变得（非理性地？）具有攻击性。 数十载过去了，当我在偶尔慢跑时有狗跟在后面时，我都能记起来。 实际上，我从来都没有特别怕狗；但是由于记起小时候所了解的狗的信息，我意识到我可能会害怕狗。 我试图"理性"对待，也就是不怕狗，因为根本没有什么好害怕的。 但是我又受控于潜在的"理性的"意识，即一旦我对狗感到害怕了，这种状况就真的让我很害怕了！这又是两个"理性的（？）"均衡。

在后面我将论及恐惧症。 这里问题是，合理的恐惧是否能战胜一个人去面对恐惧的决心，为了不至于放弃，是否需要预先采取些措施？ 在战场上，战士们会通过饮酒来防止胆小害怕（也许我要喝点酒，也会让那些狗保持平静的）。 恐惧达到一定水平，会在需要行动时导致无法动作，还可能导致灾难性的逃跑。 这又自然过渡到我们的下一个主题。

惊慌

许多人都知道，当汽车在雪地打滑时，最不应当做的事情就是猛踩刹车，但是他们还是会猛踩刹车。现在科技已经解决了雪地打滑问题，而在此之前，只有通过雪地练习来帮助人们克服冲动。新手在遇到打滑时，即使知道是错的仍然会做错事。有些人甚至看着自己做错事却无能为力。

美洲狮又回到科罗拉多州了，有人在步行小路边看到过它们，甚至在小镇附近也能见到它们的踪迹。提示牌告诉人们遇到美洲狮时的正确行为。有些建议听起来还比较明智：不断制造噪音，例如，随身带个小铃铛，总是叮当响。美洲狮听见了声音，就不会出现在你面前了。也有让我感到惊恐的建议：不要掉头就跑！

发怒和脾气

愤怒有时是一种勇气的表现，而且常常是能量之源。但是愤怒通常会破坏一个人的判断力，并引发冲动行为，这些行为要么是没有意义的、破坏性的，要么是令人难堪的。发脾气比愤怒要稍微温和一些。我对愤怒控制的培训项目没有什么了解，但是我知道有一种传统的愤怒预防办法——在说话前先从一数到十。如果我太愤怒了，根本顾及不了我的行为，那我怎么会去数十？但实际上人们能够做到，而且很有帮助。那么我怎么能理性地数到十，而同时却不能足够理性地控制我的怒火呢？也许我们的头脑并不是铁板一块：当我看到自己无法控制地发脾气时，我开始有控制地数到十，然后看到自己重新控制了自己的脾气。

当愤怒或发脾气是可以预见的时候，你通常是可以避免引起怒火的刺激或场合的。我所在的系里有这么一个人，一点不会说话，一说话就让我情绪很差，并产生无谓的争执。最后我学会了一招，只要他开始说话了，我就去上卫生间。这样我就避免了发脾气，对此我没有什么可后悔的。

渴

如果一个人胃部有伤，在四十八小时内不能喝水，而且无法使用静脉注射技术，那么就不能在这个人身边放一杯水。最终，我们被告知，这个人将因喝水而死。在海上航行的人会喝海水而死；在沙漠的人则会喝到毒水而死。我认为我们不可轻易得出人们宁可为了立即解决口渴问题而放弃长期生命这一结论，但是我们应当知道，由于数百万年的进化，他的中枢神经系统已经被设定为，不惜一切代价，解决极端口渴。数小时过去了，胃部受伤的人的口渴越来越强烈，他的头脑思考饮水后果的能力持续减弱，而越来越觉得需要解渴。他并没有"决定"即使没有命也要喝水：他的大脑只知道脱水可以是致命的，而不知道饮水同样也会致命。

那么饮水是非理性的吗？我认为饮水既不是理性的，也不是非理性的。只有当一个人有理性行动能力且饮水是正确的事情时，饮水才是理性的；只有当一个人有理性行动能力且饮水是错误的事情时，饮水才是非理性的。而处于脱水状态的神经系统没有理性选择的能力：这里没有选择，只有对水的绝对需求。也许我们可以指出，这里起作用的是"原始理性"。根据进化经历，喝水是正确的事情；只有当为了生存一定水平的大脑活动被关闭时，喝水才是错误的事情。

大多数人并不会在沙漠或海上迷失方向，或者在有胃伤时无法进行静脉注射。但是口渴这个例子对于理解极端情况下（当人们不再听从理性的头脑，而由更原始的大脑掌控人的思维时）的选择的性质十分有用。我认为对口渴的分析也适用于前面讨论过的极端痛苦。

恐惧症

词典都将恐惧症解释为非理性的，或至少受到恐惧症影响的行为是非理性的。恐惧症常被定义为没有理由或证据的恐惧，或者被放大的恐惧。 "恐惧"这个定义可能太局限了：有些恐惧症表现为情感突变，有些可以导致作呕、晕厥、或瘫痪。 希区柯克的影片《迷魂记》围绕着吉米·斯图尔特（Jimmy Stewart）的恐高症；霍华德·休斯（Howard Hughes）晚年惯用杀菌剂据说也是一种恐惧症。

存在多种形式的恐惧症，而且还有自己的希腊或拉丁名字：恐高症（acrophobia）、幽闭恐惧症（claustrophobia）、广场恐惧症（agoraphobia），以及出现在 1990 年的一部电影中的蜘蛛恐惧症（arachnophobia）。 除了有高度、封闭空间、开放空间和爬虫方面的恐惧症外，还有对针、血、爬行动物、污秽、排泄物、内脏、水蛭以及黑暗的恐惧。 有些人害怕没入水中，有些人则害怕为别人所喜爱的毛皮动物。 怯场也可以算作恐惧症的一种。 有些恐惧症是由伤痛的经历所引起的，还有一些则被认为是天生的。 恐高症患者有时会有既吸引又排斥的身体感觉，并且这种感觉与"恐惧"关系不大。 有些猴子在遇到爬行动物时会表现出惊恐，据报道，如果去除猴子的一片大脑额叶并给猴子的一只眼睛戴上眼罩，这时如果笼子里有一条蛇的话，根据未用眼罩的那只眼是对完整的脑半球作出反应，还是对缺了一个额叶的脑半球作出反应，猴子可能会表现出惊恐至极，也可能会平静地从蛇的旁边走过去拿香蕉。

大部分恐惧症都被认为是不正常的、不健康的。 有些广场恐惧症患者无法离开家门，休斯（Hughes）的生活据说为强迫性的杀菌所困扰。但是恐高症患者通常都是正常人，除了对高度过于敏感。 一个在陆军流动外科医院住院的士兵性骚扰一名护士，于是护士惩罚他，倒掉了他的血样并告诉他第二天还要抽他的血。 这个士兵通常都是很勇敢的，但是他在明天要挨针扎的恐惧中度过了一个不眠之夜。

高处、针，甚至是对黑暗的恐惧常常让人闭上眼睛，但是如果一个人要通过悬崖的话，闭上眼睛就不可取了。 有些人明明知道害怕乘飞机是非理性的，它们仍然会感到害怕，也许他们只是无法控制自己的想像，或者神经过于紧张，把每一次微小的摇晃都看成了危险的信号。晕机和晕船也因无法区分危险信号与噪音而加重了。

有些恐惧可以作为潜在的疗法。厌恶条件作用（aversive conditioning）有时能成功地对付尼古丁上瘾：吸烟者被要求过量吸烟，从而引起头痛；将湿烟头放在开口的容器，释放出难闻的气味；等等。显然，如果恐惧可以被成功引发出来，它们会具有极大潜力。

有一些"自然的"或正常的厌恶与恐惧症有区别，但也不是完全不同。有些人无法杀死蜘蛛，有些人无法将小猫淹入水中，有些人不能杀死断了腿的马。无法对生物施加痛苦可能是人类近期文明演化的结果。

无法自制的行为

"修饰（grooming）行为"属于一类无法自制的行为。这些行为包括咬指甲、揭痂、拔头发和胡子、捏耳垂、咬嘴唇，以及其他与脸、头和手有关的不雅或引起疼痛的行为（修饰意味着除去表面不完美之处）。人们把车丢在家里就可以避免醉酒驾车了，把钱和信用卡放在家里就可以避免疯狂购物了，但是却无法将表皮、眉毛和脸颊丢在家里。具有这种强制性修饰行为的美国人人数估计超过两千万。这类行为部分是有意识的、部分是无意识的，而如果是处于有意识的时候，可能是个人难以抵挡这种行为的发生。

应对这种无法自制行为的一个有趣（之所以有趣，部分原因在于它还可以应用于其他不好的行为）方法是确定先行事件（precursor），即发生在无法自制行为前的行为（在吸烟复发前，人们往往会喝酒；如果一个人难以戒烟，但是戒酒却不那么难，那么戒酒一段时间可以有助于防止烟瘾复发）。阿兹林和纳恩（Azrin and Nunn，1977）解释说，许多引发无法自制"修饰行为"的令人不快的面部特征（如刮胡刀漏掉的一根腮须、游离的眉毛、一小块痂）都是在手闲着没事摸脸时被"发现"的。一旦这些小缺陷被发现，对其处理就是不可自制的；但是如果一个人从来没有用手发现这种小缺陷，那么就不会引起不快，也不会注意到。手摸脸这种习惯并不是不可自制的。如果一个人可以学会将手离脸远一点——消除这一先行行为——他就可能防止不可自制的修饰行为。不用手摸脸只是改变一个习惯，而不是抵挡不可自制的冲动。

对于表皮和指甲，笔者建议专业的指甲护理，直到不可自制的习惯消退为止。

着　迷

许多人可以浪费大量的宝贵时间看古老神秘片或西部故事片，这些片子常常是我们无意去看的，只有在我们无聊换台时才偶尔看上一眼的。对于大多数人来说，要应对的先行事件并不困难，即别打开电视机。就像不要开口吃花生或薯条，不扫一眼警察追匪徒也就不会待在电视机前直到节目结束。但是要抵挡新闻（或某个"真正"值得一看的节目）的诱惑并不总是容易的，电视机被打开了，一个小时又会被浪费了。我通常都希望旅馆里没有电视节目；我甚至乐于为没有电视的房间支付额外费用。

对于一些人来说，阅读也像电视那么上瘾，一个拙劣的神秘故事花一到两个小时还看不完。谜题也让人上瘾，没有那么多时间来解谜的人发现他们很难将未解开的谜题放在那里，或很难不思考它们。

神经交互作用

前面我已经提到过与狗的交互作用，这一交互作用可以让我产生"非理性的"害怕，而且可能让狗产生非理性的攻击性。更为常见的是人与人之间的交互作用，导致不愉快的感觉和行为。打哈欠和咳嗽就是常见的例子，咯咯笑和尴尬也是。

咯咯笑

从来都不是一个人在那里咯咯傻笑。你可能会发现两个年轻人，或是十几岁的孩子在那里不停地咯咯笑。如果批评他们的话，他们会停下来，但是只要他们彼此对视一下，就会又笑个不停。为了控制他们傻笑，必须防止他们对视——让他们背对背坐着，或者坐在不同的房间里。数年前，当我与一群学者一起研究电视对美国文化的影响时，我看了一集《玛丽·泰勒·摩尔秀》，题为《小丑查克斯之死》。该集开始时，一个为人所喜爱的小丑去世了，每个人都感觉应当悲伤才是，但是一提到查克斯，人人都忍不住笑出声来。该集的高潮在葬礼上，所有参加葬礼的人都无法控制地咯咯傻笑，主持葬礼的牧师最后只好说查克斯若看到人们无法自控地笑也会感到高兴的。当我们看了十五分钟节目后，与我在一起的一群学者也无法自制地笑起来了。这是神经性的笑，有自我意识的笑，参与的笑。每当我们已经设法停下来时，因有人在抑制发笑时发出了声响，导致我们又笑得前仰后合。我相信，如果只是我一个人在房间里看这个节目，我会保持镇静，这样我也就无法见识这个节目引人发笑的真实威力了。

尴尬

尴尬是一个交互作用的现象：需要两个人才会使某人感到尴尬，通常是双方都感到尴尬。一个人独自待在月球上的宇航员是不会让自己感到尴尬的。

［"考虑下面这个问题。假设你发现自己待在没有生命的月球上，不能返回地球，也不能和地球通信。再假设你脑子里想着做坏事。那么你会怎么做？"（Braybrooke，1965：73）］

举个令人尴尬的例子。我与一个朋友驾车到另一个朋友家去，和我同车的朋友开始抱怨匿名审稿人对他的稿件的评价。在他列举匿名审稿人的报告中的错误时，我认出了手稿：我就是那个匿名审稿人。当时作者的名字是被隐去的，我也没想到作者可能是我的朋友。他认为我完全支持他的观点，因为这一手稿的风格和方法与我先前告诉他我所欣赏的一个手稿相一致。

我面临着选择。我可以立即承认匿名审稿人是我，于是彼此都感到尴尬；或者我可以假装同情，但是一旦他发现我不仅是匿名审稿人，而且还欺骗了他，则会带来更大的尴尬。于是我选择不告诉他，他从未发现那个匿名审稿人是我，我们都未感到尴尬。

假设他发现了真相。他可能会引用匿名审稿人报告中的一些内容，他认为这些内容与我没什么关系，但是我就坐在他的旁边，进一步交流他就会不可避免地发现这个报告就是我写的。当他发现我的肮脏秘密时，他可能会吃惊地看着我。由于我告诉他我欣赏先前的那个手稿，我的谎言变得更大了。当我们互相对视时，他知道我知道他知道我就是那个匿名审稿人，关于我的行为的"共识（common knowledge）"使得我们俩永远都感到尴尬。

现在假设他在对我诉说时发现了匿名审稿人就是我，但是他意识到如果挑明的话我们彼此都会感到尴尬，于是他选择不告诉我他已经知道我的秘密了，于是我们都免于尴尬。如果我清楚意识到，他发现了真相但是并不声张，我也应当假装不知道他知道了。重要的在于，避免"承认"双方都知道的一个事实：我就是那个匿名审稿人。"承认（ratification）"是高夫曼（Goffman）所使用的词汇（Goffman，1955）。"镇定（poise）"也是高夫曼使用的一个词，用来指掩饰或隐藏自己的尴尬来切断某人自己的尴尬和别人的尴尬之间的正反馈的技能，或者轻描淡写地回避掉尴尬情形的能力。

因此，人们可以使用理性的方式来降低尴尬发生的可能性和强度，但是尴尬本身是理性的还是非理性的，或者两者都不是，则很难予以评价。通常，尴尬是由于双方都意识到了某个事情，从而引起了不快。如果我们同意，除了双方同时意识到某个事情，没有什么不愉快的，我们也许可以理性地同意忽略掉引起我们不快的东西。 如果我知道只要我不尴尬，双方的尴尬就不存在了，我应当理性地让自己不感到尴尬吗？ 如同在怕狗循环中存在两个均衡——理性地害怕狗，由此有了害怕的理由；或者理性地不怕狗，也就没有了怕狗的理由——对于相互的尴尬也存在两个可能的均衡，即感到尴尬，并由此使双方有理由尴尬；或者不感到尴尬，于是双方也就没有理由尴尬了。 我不知道这是否让尴尬变得"非理性"了。

头脑失常

理性是否应当包括对自己头脑的控制，或者需要多大程度的控制，这是一个有意义的问题。 负疚和后悔、令人不快的记忆、担心要到来的痛苦经历，甚至在脑海中不停弹奏的一个曲子，这些都难以通过理性的行为来去除。 一个人有时可以通过完全投入到一个事情中而实现"忘却"——担心明天考试的学生可以看一场令人兴奋的电影而化解焦虑——但是要教会头脑沉没成本原理是很困难的。

能够在合适的时间入睡是很有帮助的，但是许多人却经常性的或偶尔忽略了舒适的睡眠。 失眠是一种顽固现象：意识到失眠的存在，记得自己是失眠的，都会加重失眠。 有些人报告说他们对于自己的失眠过于敏感，每当他们将要进入梦乡时，他们就想起了失眠，于是又让自己清醒了。 失眠的最好解药就是忘记自己存在失眠。

我喜欢吃生鱼片。 数年前，我读文章了解到，生鱼体内可能存在活的蠕虫，虽然发生的可能性很小。 蠕虫在咀嚼鱼和消化鱼时都无法消灭。 存在两种这样的蠕虫，其中一个由于能伤及肠而带来严重后果；另外一个没有这么严重的影响，但是却更让人恶心：这种蠕虫可以通过反刍而爬出人的嘴巴。 我知道发生蠕虫情况的概率很小，几乎与到一家日本饭店的路上遇车祸死亡的可能性差不多。 但是很长时间，我都不能不想到可怕的蠕虫，想到它可能从我的嘴里爬出来，我就不知道我是否还会再吃生鱼片了。

白日梦，或称之为幻想，是矛盾的非理性（ambivalent irrational）。设想一个成年人在自己的脑海中空想一些场景，例如发现了大量金钱、英勇地救下了一个孩子、热情地做爱、发表令观众痴迷的演说，那么这个人到底在做什么？ 存在两种有趣的可能性：这个人在不知不觉地浪费宝贵时间，在无聊地花费成本进行头脑游戏；这个人也可能在花费极低的物质成本通过接近于真实事件的头脑模拟而获得真实的快感。 不管是哪种情况，都存在某种形式的自我欺骗。 来自自发的幻想和"自创的"幻想的奇怪快感都取决于所想像的事情的真实程度。 也许我描述得不够清楚，但是我想知道如何更真实地表述白日梦到底是怎么回事。

一个作家正在写一本书，读者们很关心在书的最后一章到底发生了些什么，有比这更不理性的吗？ 你告诉我某人正在写一个刺激的小说的结局部分，但是还没有决定女主角被绑架的女儿是否在结局时能活下去。 你问我是否关心结局情况。 最后一章内容目前只是磁盘上的二进制数字，最终将变成书本上的文字；改变这些文字，女主角的女儿就被杀害了，再改变一下就又得救了。 这只是书本上的文字；根本没有这样一个女儿存在！ 但是如果我读了该书，我就会关心了；如果这个女儿没有活下来我可能会伤心落泪。 落泪是我欣赏该书的一部分，表明了我完全非理性地参与到该书情节中去了。 这只是一种幻想，但是却是我无法控制的幻想，而作者则能控制。 精彩的在下面：如果我能约束自己进行理性思考，并将这个女儿还原为磁盘上的数字，我可能失去文艺世界的精彩部分。 我的无法自控的非理性头脑让我做噩梦，想着生鱼片中的蠕虫、过去的尴尬事情和对未来事情的恐惧；但是同时它又使我与戏剧或小说中的人物产生共鸣，至少能让我短暂地体验金钱所买不到的感觉。

我们还学习一些技巧来应对心不在焉和健忘。 健忘，或者拥有错误的记忆，可能都被视为一种非理性，有些像计算错误或推理错误。如果一个人知道自己健忘，或者知道自己有些事情记错了，这个人可以采取一些应对措施。 例如，如果你知道你可能会把人名字弄错，就不要以名字称呼别人。 你可以写下你泊车的地点。

诱　惑

读者可能已经注意到，我已经描述的条件大部分，或至少有部分可以被称作"偏离理性"，可能是"正常地、有理由地偏离理性"。遇到美洲狮掉头就跑，或者当手上的伤口需要烙铁灼烧时我把手收了回去，我知道这么做是错误的，但是在当时不知怎么的就是难以自制。 我寻求应对这种行为的策略和手段，但是对这种行为我无需道歉。

其实在本章的开始我就举了一个"诱惑"情形或现象的例子，大家还记得将香烟冲入下水道的戒烟者吧。 我所考虑的诱惑是人们希望抵挡而又难以抵挡的，常常是下了很大决心来抵挡而又无功而返，有时会产生严重后果。 有别于老生常谈的吸毒者，我这里所讨论的陷入诱惑的人的显著特点在于，通常他们在陷入诱惑时是能够意识到他已经违反了先前抵挡诱惑的决心，并且最终会后悔陷入诱惑，以及随后的长期复发（注意，我感兴趣的仅仅是人们希望抵挡的"诱惑"；泰然享受的暴食者、瘾君子，或慕男狂都不在我讨论的范围内）。

我对人们控制自己的行为，使自己能抵挡诱惑的方式尤为感兴趣，人们会避免机会和刺激，控制自己的激励和能力，或者影响自己神经系统的功能（香烟的例子只是一个代表，我们将进一步分析）。 有些策略要求理解理性背离的性质；有些只需了解如何防止理性背离。 我知道如果茶几上有花生，我最终还是会开始吃花生，只有将花生移开，我才不会吃它们。 当我实在忍不住开始吃一个花生的时候，我完全可以意识到我本不想也无意去吃花生，而且过后会后悔吃了花生，但是我并不能描述此时我的头脑是如何运行的。

许多行为表现出了这种矛盾状况：一个并没有狂热上瘾、有充分意识，而且显然是"自愿地"做某事的人同时也完全意识到他不应当做这件事。 抓挠麻疹、毒葛或水痘总是会加重灼热和搔痒，而抓挠的人也清楚知道这一点，当他在抓挠的时候也奇怪自己为什么这么做。 一个相信手淫是邪恶的、有害的，有违上帝旨意的男孩在看着自己手淫时仍然相信这些。 相信不忠诚的性行为不仅充满风险，而且会有严重后果的男人和女人在通奸时仍然是相信这些的。 这一现象很令人费解，它与极度口渴的饮水者、逃避痛苦的烙铁烧灼的船长、或因遇到美洲狮而惊慌失措的人的情形完全不同。 一个人就是这样看着自己做他自己也知道不应该做的事情；这里不存在不了解后果，只是头脑中的一部分将控制权交给了另一部分。

上　瘾

成瘾物质起到了"诱惑"的核心作用。 我理解不同职业的人——精神病学家、律师、药理学家、立法者、心理学家、神经学家——出于不同的需要对上瘾（addiction）下了各自的专业化定义，但是我相信对理性背离（当某人陷入诱惑时）性质的理解可以通过比较以下一系列的行为而加深：赌博、吃、喝、吸烟、吸鼻子、吸气、注射、手淫，或看电视。 在我来看，对如下现象还很难予以科学解释：已经戒酒的人接受了酒精饮料，已经戒烟的人在商店关门前跑去买烟，戒了糖果的人伸手去拿桌上的丹麦酥皮饼，深信手淫是邪恶的男孩进行手淫［我认为在内省报告（introspective report）方面的关注太少了］。

为了说明我的想法，我们再回过来看在本章开始时的那个将朋友的香烟冲入下水道的戒烟者。 我认为(估计也不会有人提出争议)这个人的行为可以被理解为理性行为，很可能是他预期到自己在后面会出现理性背离而采取的行动。 这种预期性的提前制止(anticipatory preemption)很容易描述。 难以描述的是在后面他可能发生的行为，即他希望避免的行为，到底代表了什么？ 在后面如果他又吸烟了，他的"理性"状态会变成什么样？ 或者当他仅是可能再吸烟但是却没有真的发生时(实际上，他可能会再吸的；他的预先避免行动可能并没有那么坚决)，他的理性状态在后面这个时点又变成什么样？

一个有趣的问题为，当这个戒烟者在处理掉剩下的香烟时，他是否很好地理解了他在后面将出现的心理状态。 如果我们问他的话，他可能告诉我们到底他想防止出现什么样的心理或情感情境吗？

对此，存在着多种可能性。

各种可能情形

一种可能情形为，这个戒烟者预期到自己会饮酒，根据以往经验，他知道饮酒会削弱他的判断力，导致在可以得到香烟的情况下，他会禁不住香烟的诱惑。 如果这个人相信，酒精会扰乱或削弱一些理性思维功能，我们可以将这种情形称为"预期的非理性"，前面我们已经讨论过这种情况。

这一饮酒情形又可以分为两种情况。 其中较简单一点的情况为，即使饮酒会削弱一定的"理性"，他也会在晚上放松地喝一点，因为这对他当晚计划要做的事情没有影响。 如果不喝酒的话，他可以控制自己的烟瘾，但是以一包烟的成本(即毁掉这一包烟)，他可以选择喝酒。

第二种可能情形为，他不仅希望不抽烟，而且希望不喝酒，但是他有酒瘾，他知道自己今晚很可能无法控制饮酒，所以为安全起见(为了不吸烟，而不是为了不喝酒），他毁掉了香烟。在此我们需要说明一下，为什么他不将酒也冲入下水道呢？也许他晚上要出去，会遇到饮酒机会，预期到自己可能会失去一些理性判断，或者与朋友在一起时盛情难却而喝上一些，他担心回到家时，由于理性被削弱了，若看到茶几上的香烟会无法控制自己的烟瘾。（如果出现下面的情况，我们的戒烟者的故事就更有意思了：当他发现了朋友丢下的香烟时，他盯着这包香烟看了一会，然后将香烟重新放回到茶几上，走到食品室，将威士忌都倒入水槽中！）

前两种情形都与饮酒有关，第三种情形为，香烟的存在——看到香烟、闻到香烟味，或只是无法忘记家里有香烟——都会刺激吸烟的欲望，如果没有得到满足，就会表现出不适和精力不集中。这一情形又可具体分为三种情况。

第一种情况为，吸烟的欲望导致了不适和精力不集中，这会使得整个晚上一事无成。为避免出现沉闷而无所事事的夜晚，即使面临烟瘾复发的危险，吸上两口烟也可以是理性的。香烟的出现就是一个刺激物，如果不移除的话，吸烟就是理性的（一个酗酒者在经历某个痛苦过程之前喝酒可能被认为是理性的，酒瘾复发的风险相对于要经历的痛苦只是小巫见大巫）。

第二种吸烟欲望的情况为（也就是第四个可能性），戒烟者知道自己不会禁不住诱惑——不会出现理性背离情况——但是香烟的存在会分散注意力，因此有必要将香烟处理掉。同样地，到上班时间时，他会关掉电视机，不是因为他预期自己会禁不住看电视节目，而是因为闪动的电视屏幕会扰乱他的注意力。

第三种吸烟欲望的情况我发现是最难理解的（第五种情形），尽管不是最难识别的。他预期到自己会"非理性地"难抵诱惑，不只是分散注意力的问题，也不是注意力如此不集中以至于吸上一口烟会更好，而是根本无法维护自己戒烟的决心。他现在希望以后不管欲望多强烈也不吸烟，但是他无法相信自己的大脑在有烟的刺激下能够"理性地"运作(前面提到的极端口渴的例子就是一个明证)。 他宁愿将自己铐在房间里的暖气片上，也不愿意自由地重新吸烟。 当然他其实并不必将自己铐在暖气片上；香烟的存在，或者知道香烟的存在，是引起他大脑化学反应变化的因素，那么他只需要将香烟冲入下水道就能解决这一因素了。 类似地，人们常常从会议桌上或附近的小吃桌上移去花生或丹麦酥皮饼，这么做可能是由于害怕会忍不住吃起来，也可能只是想除去这一分散注意力的东西(临床医生告诉我，正在戒毒的海洛因成瘾者待在明知不能得到海洛因的地方比待在可能能得到海洛因的地方所感到的毒瘾发作的痛苦要小得多)。

第六种可能情形是，吸烟的欲望与烟是否存在没有关系。 戒烟者知道，深夜里的疲劳(或深夜里醒来)或某种脑化学的生理节奏变化会产生对香烟的不可抑制的渴望。 不管香烟是摆在外面、放在柜子里，还是在五里外的售货机里，这种渴望都是一样的强烈。 将香烟处理掉对他的吸烟选择没有影响，影响的只是得到烟的难易。

这里我们同样区分两种情况。 第一种情况为，以合理成本无法从他处得到香烟。 店铺都关门了；街上也没有行人了，因此也无法向别人讨一根烟，或者这个戒烟者住在郊外，自己没有小汽车，而公共汽车也都停驶了。 这时将朋友丢下的香烟扔掉就能完全否定自己吸烟的选择了。

另外一种情况(也是第七种情形)为，香烟是否存在对于吸烟的欲望没有影响，但是会影响他避免再次吸烟的能力。 我可以想到两个原因。 第一个原因为，强烈的欲望可能控制这个戒烟者一到两分钟，但是无法控制一个小时，在他拿着车钥匙，开车出去，一直到到达商店所花的时间范围内，他已经恢复到正常戒烟思维了，他也就不会买烟吸烟了(也许当他知道自己会空手返回时，就不会开车出去了)。 或者，在自我约束方面，有些要求执行比另一些更严格：如果外界条件提供了机会，他可能允许自己"只抽一根烟"，而开车出去买烟则严重违反了他的自律规则，由此将带来的自尊的损伤足以阻止自己出去买烟。

第八种情形为，这个人只是相信如果香烟出现在面前他就会吸烟。他的这一信念来自哪里可能并没有什么关系。 如果他的问题是酒瘾，而不是烟瘾，我们则很容易认为，有个权威人士告诉了他，只要房间里有酒，他就会喝或很可能会喝。 应对烟瘾的疗法并不会明确说明，在有烟的夜晚，一定会出现什么样的结果。 当然这个戒烟者也可能得到了类似的强有力的提醒，并且认真对待之，尽管他自己并不是很清楚在有烟的情况下烟瘾是如何发作而难以控制的。 如果他的这一信念是基于他以前戒烟的经验，那么这一信念就是关于他可以回顾分析的行为现象的。

如果香烟出现在面前他就会吸烟，这一信念可能是正确的，并且使他有足够的理由将香烟毁掉。 这一信念也可能是错误的，于是他浪费了他朋友价值几美元的香烟。 还存在第三种可能。 如果香烟是可得的，他不可避免地会在夜晚吸烟这一说法对相信的人来说就是正确的，对不相信的人来说就是错误的。 那些"知道"只要有香烟在身边，他就会在午夜前吸烟的人知道，当午夜临近时，他会有无可辩驳的理由不等到午夜就开始吸烟的。

与信念有些接近的一个概念是悬念（suspense）。 悬念会让人产生不适和焦虑。 如果一个人整晚盯着自己，琢磨自己是否会陷入诱惑，那么有可能出现两种情况。 一种情况是，整个夜晚过得极不舒适；另一种情况则是，当吸了一根烟以后折磨人的悬念就不存在了。 除非点燃了一支烟，否则这个人会一直担心自己会点一支烟，这使他很不舒服；点燃香烟就是一种解脱。 这个人有什么地方表现得不理性吗？ 整个夜晚都不确定我是否会吸烟是令人痛苦的，抽了一支烟就驱除了这种令人痛苦的不确定性了。 那么戒烟失败这种确定性是否比不知会不会吸烟的不确定性更令人舒适些呢（如果是酒的话，所带来的麻醉感可能会让人更舒服些）？

到现在为止，我们差不多已经讨论了九到十一种不同情形，就看我们怎么计算分解出来的情形了。 但是这些情形都是这个戒烟者在"理性地"处理掉香烟时头脑中可能想到的。 这是我们所讨论的主题的重要部分，而且有几个情形足以解释如果香烟没有消失的话，稍后可能发生的事情。

要点回顾

酗酒情形：

（1）想喝酒，知道他自己可能会吸烟；

（2）不想喝酒，知道他自己可能会喝酒，然后可能吸烟。 于是倒掉威士忌酒。

香烟的出现而引致的强烈吸烟欲望：

（3）十分不适，吸烟可以是理性的；

（4）感到不适，浪费掉数美元是值得的；

（5）欲望是如此强烈，他将失去自控而吸烟。 类似于口渴的例子。

吸烟的欲望与香烟出现与否无关：

（6）如果能得到烟就会吸，得不到也就没法吸了；

（7）近距离无法得到香烟会影响抵抗诱惑的能力；

　　（7a）只是短暂地失去自控，在未得到香烟前已经恢复自控；

　　（7b）不可抗力对严重违反自律规则。

相信在香烟存在的情况下吸烟是不可避免的：

（8）这一信念是正确的；处理掉香烟是合适的；

（9）这一信念是错误的；他浪费了一包烟；

（10）当且仅当他相信时，这一信念才是正确的。

悬念：

（11）不是强烈吸烟欲望，也不是相信吸烟不可避免，只是存在吸烟的悬念是如此让人难受，他会迫切感到有必要去除这种悬念。

附　言

在描述方面存在困难的是第三种"强烈欲望"情形：没有酒精或其他外部化学影响，头脑中也没有形成吸烟不可避免这一信念，只是预期到戒烟的决心将被，或可能被吸烟的欲望所替代（在完全意识时，他是不想吸烟的）而吸起烟来。通常这种预期是正确的：所预期的事情会真的发生。但是所发生的到底是什么仍然无法描述清楚。

参考文献

Azrin，N. H. and Nunn，R. G.，*Habit Control in a Day*，New York：Simon and Schuster，1977.

Braybrooke，D.，*Philosophical Problems of the Social Sciences*，Macmillan，1965，73.

Goffman，E. On Face-Work，*Psychiatry：Journal for the Study of Interpersonal Processes*，1955.

Koppett，L.，*A Thinking Man's Guide to Baseball*，New York：E. P. Dutton，1967.

第七章　反倒退

数年前，艾伯特·赫希曼（Albert Hirschman）发现，技术落后的国家在航线维护方面比路基维护好得多。 这必须从激励角度来理解：你可以低成本铺路面，然后路基逐年损耗，这种损耗是无法看见的，但是飞机的损耗就不是看不见的了。 如果赫希曼考察了发达国家的城市经济，他可能对纽约的消防车和下水道作出类似的比较评论。 个体也表现出类似的行为：如果一个男人时间匆忙的话，他会刮一下胡子而不刷牙了。

本章主要讨论倒退（backsliding）的理论和实践。 作为一种现象和一个问题，倒退现象可以发生于个体、群体，甚至是政府。 家庭和政府一般而言也会出现倒退现象，有时候还会出现一些特定的倒退现象。 经常轻易被提高的联邦政府的法定债务上限和经常被提出的宪法平衡预算修正案属于广为人知的克己（self-denying）法案，因为这一问题同样涉及许多的家庭。 许多家长时不时地希望采用非常规的更严厉惩罚手段。 对于丈夫和总统来说，小谎言和小秘密累积起来就和环境污染一样严重。 知道并能复述格言"不要在坏项目上浪费好资源"的"赌徒"到了赌场根本就无法遵守格言，在修坏汽车时也是如此，甚至陷入越战泥沼也是如此。

"为了防止我们忘却历史"，我们为那些冒着生命危险甚至牺牲自己生命为国家作出贡献的人树纪念碑。 但是作为一个国家，作为有共同"难忘"经历的亲密朋友，我们仍然会忘记，于是我们希望在10年后庆祝周年纪念。 在公务员系统中优先照顾老兵的做法也是防止我们对他们的事迹的淡忘，给予他们的这点优先权在 30 年后他们很可能已经因年龄大了而无法享有了。

集体的自我约束比个体自我约束涉及面要更广。 集体中存在更多类型的不信任。

我们中的每个人可能会怀疑自己的决心是否坚定，也只关心自己的决心，但是加入集体后则可能要求每日锻炼或放弃甜点。 这相当于使用某种集体权威(通常不是我们所想像的"政府"权威)来使我们按照自己的决心行事，将有时被称作的"自我父爱主义(self-paternalism)"转变为真正的父爱主义，集体权威使我们按照它(我们)认为好的方式行事。 这并不是赫希曼所考虑的情况，但是我们已经在讨论集体自我约束这一主题，那就不妨讨论一下不同的动机和情形。

集体约束的第二个动机尤其与政府相关，它就是在过去数十年里广为人知的"多人囚徒困境"这样的激励结构。 在多人囚徒困境情形下，每个人都希望其他人作为或不作为(perform or abstain)，但是每个人都想搭便车，而且知道其他人也都想搭便车。 如果存在一个可实施的合约，所有人的福利都会更好，在没有这种合约的情况下，也可以借助于政府的权威。 这是通过法令来实现集体约束的最常见动机，它是如此常见，以至于缺乏了反倒退措施所具有的矛盾特性。 多人囚徒困境情形可以与赫希曼的航线与道路的例子联系起来，只要磨损路面的人主要是那些使用并依靠道路的人，而且这些人驾驶着超重汽车或停靠在路肩上，或做其他便宜方便的事情，他们意识到别人也会这么做，于是道路就被破坏了，而路面保护的规定无法被执行。 但是这种情况不属于倒退，在此我只是提一下就不再赘言了。

存在一种重要的可能情形：我们不怀疑自己的责任感的持久性，但是却并不完全相信对方。 我们已经确认了一些我们决心去抵抗的诱惑，例如刚刚绞死了一个无辜的人或者几乎被一次奇袭所击垮，我知道我将永远不会忘记这样深刻的教训，而且再也不会陷入诱惑，但是你们中的一些人仍然会认为我是可能再次犯错的人（大学里的各个系常常难以抵挡降低标准的诱惑，这些标准涉及考试、招生、任命和纪律，除非"我们"采取一些预防措施，每个人都承认"他"会在未来某个时候降低标准）。

一个较不对称的动机为，我们是由相互作用的人组成的一个系统。只要我身边的人没有犯迷糊、没有发脾气，没有禁不住诱惑，我就可以相信我自己。我可以开慢车、控制我的脾气、不吃甜点、保持评分标准、在火警响起来的时候迅速离开，只要大家都这么做。但是当整个系统松弛的时候，我也和你一样变得意志消沉。我们每个人的倒退影响了其他人的倒退，当我们自己丧失士气时，也会打击别人的士气，我们必须想办法防止这种趋势。

这种相互作用的情形可以是双方的，也可以是多方的。以出席系工作会议或参加立法会议为例，我们每个人都清楚，如果出席的决心不够坚定，最终会导致会议室空无一人，从而有害于大家的集体利益。再以戒烟为例，每个人都只关心自己戒烟是否能成功，但是每个人又都构成别人吸烟外部环境的一部分，因此，每个人戒烟成功与否取决于整个集体环境，多个个体利益结合在一起就形成了工作场所禁止吸烟的规定。

有时当这种相互作用反馈具有正确的导向时，形成一个集体就能加强每个人的意志：四个人决定在午餐时间一起慢跑，一周三次，作为一个团队，这一活动可以持续数年。如果是在不同时间分开慢跑，他们可能都早就停止了。S.L.A.马歇尔（S. L. A. Marshall）在《战火中的士兵》（Magnolia，Mass.：Peter Smith，rpt. 1985）一书中讨论了下面这一现象：在第二次世界大战的所有部队中，大多数个体士兵从来没有开过步枪——不管战斗持续多长时间、士兵本人有多勇敢，也不管可以射击的对象是什么，但是需要两个或三个士兵联合行动的武器，例如将子弹带放入机关枪，或装入炮弹并瞄准，这些武器通常都会发射火力。

通常集体的自我约束并不是特别针对意志力或控制力的下降（集体

成员在一段心绪不宁的时期，或因年龄增长而改变了价值观，会导致意志力或控制力的下降），而是针对集体的后续新成员。 我们希望集体中的后代成员遵守我们当前的价值观。 这里的后代成员可以是人口统计学意义上的后代，也可以指我们退休或离任后替代我们的人。 例如，美国宪法第一修正案一定不是国会议员所希冀的，也非用来限制他们的自由、阻止他们立法建立宗教或者阻止他们限制言论自由，尽管当时修正案通过的时候他们也不开心；而是用来限制后代草率的行动，他们缺乏殖民地依附的经历，也没有经历过国父们对宪法的激烈争论。

同样，对于个人、夫妇或扩展家庭也存在类似情况。 在过去人寿保险和退休金男女不平衡的时候，学者们通常认为丈夫可能希望对这些收益进行规划，使得以后寡居的妻子不能冲动地使用这些资源或进行不明智的投资。 但有时甚至是考虑退休的丈夫也被建议要防止自己大手大脚花钱，可以将自己的资源投入年金，甚至准备节余一些钱用于未来的丧葬费或给孙辈留下一些遗产。 长子继承权的一个特点在于继承了遗产的子孙可以合法地允许他的后代处置土地和财产，但是他自己不能将其变现，这样每一位继承者都会对他自己的继承者施加同样的约束。这有些像立法方面的原则：立法机构成员的加薪在下次选举之后才正式实施。

拖延是一种简单有效的战术。 规定拖延的规则本身也可以施加拖延，只要这些规则本身受制于相同的拖延或者其宪法地位要求比一般立法更大比例的人同意才能改变规则。 有些议会的宪法规则规定，一项法案在正式通过前必须经过两次，甚至三次"审阅"。

有些禁止性的规定，例如拖延规则，本身拥有宪法地位（constitutional status），要求更大比例的多数投票，或者要求更多层次的批准，例如要求美国四分之三的州赞成。 与法定债务上限相比，平衡预算修正案意在利用废止一项修正案存在的极端困难，而到目前为止该修正案的失败也反映了那些建国者成功使得修正案数量极少，且很难通过。 大学里的系也常使用类似于宪法的约束，包括拖延，来防止自己冲动行事或降低标准，或更能抵住强制压力。 个体也使用强制的拖延（至少在有些时候是成功的）来防止倒退，因为有时香烟、食物或酒的诱惑力太大，以至于你会忘记饭后抽根烟有什么不对。 规则可以是这样的：你只要愿意可以随时改变自己的想法，并且可以抽烟，但是必须过二十四小时后才可以。 实际上在这段时间里，你又可以回到原来状态，不想抽烟了。 这一规则在发挥作用时具有不成文基本规约的性质——"饭后一支烟"之所以具有巨大破坏力就在于它违反了并威胁到以前那个吸烟者自己的基本规约。

对倒退的预防通常都是一视同仁的。 一个宪法规定适用于所有的州，而不管是否需要对某些州施加更多约束。 但是由于设计上的原因，或历史发展的原因，两院制通常对于两院的倒退采取有区别的防范措施。 参议员6年的任期比众议员两年的任期使得参议院能更好地避免短暂的冲动。 当倒退以行动的形式，而不是不行动的形式出现时，则需要唯一的坚定的议院。

但是当我们为了自身利益，使用自我控制手段来防止出现倒退的时候，动机就具有潜在的区别性了。 对于以下规则我可能是十分乐意遵守的：能防止我赌博或挥霍遗产的、防止我酒后驾快车的、防止我吸烟或忘记锻炼的，甚至防止我在激烈争论的会议上说得太多的。 但是我不会关心你是否吸烟或大肆挥霍，或不参加应参加的会议而浪费了别人的时间。 此外，有些约束规则是可以用于区别对待的，而有些则只能用于统一执行。 我可能想在我的教工餐厅禁止高卡路里甜点，因为知道有这样的甜点，特别是看到了这样的甜点，我的决心就被摧毁了。但是如果我们有两个餐厅，而且当我在选择餐厅时我不吃甜点的决心还是很强的，而当上甜点的时间快到时我的决心就瓦解了，那么我们对甜点的禁止只适用于自愿者。 我的车牌可能使我放弃了拒绝酒测的权利，或者使我的车速限额比别的驾驶员低。 现代科技可以通过监控植入我们体内或附着在我们身上的信号发送设备来实现对我们的宵禁或禁止我们进入饮酒场所。 我们得注意了：我所在的州禁止销售或提供酒精饮料，这是符合宪法的；但是让我周末只能待在家里，或者不允许我进入对公众开放的酒吧，就不符合宪法了，即使我自愿给予他们这种权力也不行，因为我的有些权力是不可让与的。

我已经谈到过立法机构针对倒退的防范措施。 行政部门和政府部门、军事单位、学校、法院，甚至媒体和教堂都需要采取一定方法防止自己出现倒退。 对有些政府来说，最棘手的问题在于如何防止本国再次遭到突然袭击，如美国的珍珠港事件和以色列的赎罪日战争。 显然，被设计用来防止突然袭击的常规例行方式并没有发挥作用。 在过去5年里，我所执教的学校里发生过许多次假火警警报；许多老师都会停下讲课，要求我们立即走向出口。 也许假警报的次数很多，我们已经不太考虑正确的行为是什么，但是我们仍然不能无视警报的存在。在我的学校，我还注意到"禁止将食物饮料带入教室"这一指示语经常被人无视，尽管禁止将食物饮料带入教室这一规定生效时所有教员都是支持的。

艾尔芬·詹尼斯（Irving Janis）所提出的"群体思维"（groupthink）是一种很难发现解药的顽疾，即使团体中的人都意识到集体决策存在群体思维问题（*Groupthink*，Boston：Houghton Mifflin，1983）。 运动队的队员很难有效提醒自己不要过于自信。 我参加过许多次系高级会议，每次都是花费一个小时四十五分钟时间处理琐事，然后才来讨论重要的事情，比如新的终身教职任命，但是发现根本没时间来讨论重要事情了。 每个人都记得上次会议也是这样，上上次会议也是，于是希望下次会议时琐事能放在会议最后进行，但同时又意识到琐事的重要特征为，它们看起来总是像很快就能处理完的事情。

机构与人一样，担心自己变老，变得保守，失去了探索和创新的能力；机构与人一样，担心自己过于臃肿，过于固守成规；机构与人一样，应当考虑当历史使命已经完成后如何实现完美谢幕。

第八章　成瘾物：香烟方面的经验

在美国，曾经吸烟的男性中有一半都戒烟了，女性的这一比例也接近一半。二战结束时，四分之三的年轻男性都吸烟，现在这一比例已经小于三分之一，而且还在下降。5 000 万美国人已经戒烟了，另有5 000 万从 1945 年以来可能成为吸烟者的人却没有吸烟。

这种对威胁生命的吸烟行为的戒绝完全是自愿的。直到最近，还没有哪一级政府对吸烟进行规制。在 20 世纪 80 年代末随着吸烟行为发生了巨大变化，政府规制方面也出现了很大变化。

调查发现，大众已经意识到吸烟存在危害。[1]当被问到吸烟是否会导致癌症和心脏病时，90% 以上的人回答是。而实际数字也是令人印象深刻的。在 1982 年，美国卫生部长估计因癌症而早亡的人数为130 000 人，1983 年死于心脏病的人数为 170 000 人，1984 年死于肺部疾病的人数为 50 000 人。[2]总数后来升至 400 000 人以上。

人们是通过什么渠道了解到吸烟的危害的呢？报纸会刊登卫生部长的年度报告，但是吸烟本身很少有新闻价值，只是最近出现的城市法令、飞机上禁止吸烟、责任诉讼、禁播香烟广告，以及消费税才使香烟偶尔成为头版新闻。杂志更是极少提及吸烟的危害；一些最流行的杂志 25% 以上的广告收入来自烟草。

只有广告牌、某些杂志和报纸上的公益广告对吸烟危害加以反复强调。过去 20 年里吸烟方面的主题一直是焦油和尼古丁，而且所发送的信息为，淡一些的烟更安全，但是大众所接收到的信息肯定也包括了吸烟是有害的。 每个人可能都会猜测，这些宣传的综合效果到底是诱惑人们去吸烟并保持吸烟习惯，还是让人们了解了焦油和尼古丁的巨大危害。

没有一位卫生部长公开宣传过低焦油和低尼古丁的好处，但是香烟中的焦油和尼古丁含量已经减半了。 吸烟者可以推断出，如果焦油和尼古丁含量没有下降，政府是不会要求在烟盒上标明的。

30 年前，吸烟与社会阶层没有什么太大联系。 但是现在有很大联系了。 在 1980 年，四分之一的男性专业技术人员吸烟，三分之一的白领男性吸烟，几乎二分之一的蓝领男性吸烟（总体有 40% 的男性吸烟）；女性烟民的比例与男性接近（总体有 30% 的女性吸烟）[3] 在 20 世纪 80 年代的高中毕业班学生中，不上大学的学生里一天吸半包烟以上的学生比例达到 20% 以上，而在要上大学的学生中这一比例小于 10%。[4]

近 5 000 万人已经戒烟了和近 5 000 万人仍在吸烟，而且他们中的大多数知道吸烟存在致命危害，这二者哪一个更令人吃惊呢？ 为什么这些吸烟者不努力戒烟呢？ 实际上他们也在努力戒烟。 在 1980 年，五分之二的烟民说自己有过三次以上正式戒烟。 在最年轻的年龄组中，有超过一半的人说自己在前一年时间里做过一次戒烟尝试。 事实上，在 1980 年的烟民中，三分之一的男性和五分之二的女性承认在前一年时间里做过一次戒烟尝试。[5]

戒烟显然是吸引人的，但是显然也是很困难的。 是不是有些人能够戒掉而且已经戒掉了，而另一些人则永远也戒不了？ 可能并不是这样。 在 1970 年、1975 年和 1980 年，以前的吸烟者，不论男女，每日吸烟数量与当前吸烟者一样多。[6] 在 1980 年仍然在吸烟的人中有五分之二尝试过三次以上戒烟，均以失败告终，但是根据 1975 年的一个问题（这个问题在 1980 年没有问）的回答，一半以上的老烟民宣称在戒烟成功前都做过三次以上的戒烟尝试。[7]

戒烟过程对于那些已经成功戒烟的和还在努力戒烟的人都是很难的。 为什么这么难？ 在回答这个问题前，我想先回顾一下有关历史。在 20 世纪 80 年代的后半期吸烟的环境发生了巨大变化，对吸烟施加了更多的限制，这也正是想戒烟的人希望看到的。 军队不仅取消了香烟战地配给品的地位，而且在大多数建筑物和车辆内禁止吸烟。 总务管理局（The General Services Administration）也在自己辖下的联邦建筑物内控制吸烟。 大城市对公共场所和工作场所吸烟也实施了严格限制。所有国内航班上都禁止吸烟。 在 20 世纪 80 年代早期，全美国最大的公司中只有 10% 到 12% 的公司对吸烟进行限制，其目的也主要是防止火灾和污染；而到了 20 世纪 80 年代末期，这一比例就超过一半了，原因在于吸烟有害健康的大力宣传，以及对令人厌恶的二手烟的投诉。[8]

1986 年卫生部长的报告进一步推动了禁烟趋势，该报告指出，二手烟可能造成呼吸道癌，并且会加重儿童的呼吸困难（由二手烟造成的死亡估计数字比一手烟要低两个数量级，但是这并没有影响到这一新报告的影响力）。 国家科学院的两个委员会表达了对二手烟问题的关注，尤其是吸烟对客机内空气的污染。

你可能会对过去二三十年里美国吸烟行为的巨大变化而感到振奋，也可能会对仍有 4 500 万顽固的吸烟者（这些吸烟者中大多数都尝试过戒烟，但都失败了）而感到失望。 这两个现象都令人印象深刻。 我们可以期望吸烟越来越不流行吗？ 如果是这样的话，我们能预见吸烟这一危险而又有些令人反感的行为在美国彻底终止吗？

现在就宣告限制吸烟取得了胜利还为时尚早。 但是在各行各业和各个社会阶层吸烟的人数确实减少了。 毫不奇怪，那些有更好生活前景的人，例如大学毕业生，对于影响未来道德观的行为方面的信息更为敏感，而期望寿命较低、经济社会地位也较低的人在戒烟方面的意识和行动则会落后一二十年。

为什么戒烟这么难？ 尼古丁与其他药物比较有什么特点？

在美国，香烟一直很便宜，直到前一段时间，按照联邦最低工资计算，一包烟的代价还不到半小时的工资。 香烟很容易，很快就能到手。 吸烟也不需要什么设备，只要一根火柴就可以了。 香烟易于携带和储存，衬衫口袋就可以放下一包烟，而且还不需要冷冻保存。 香烟是商品，而且有自己的品牌，因而质量控制也不是问题。吸烟也不必担心过量的问题，尼古丁需要很大的数量才有毒性作用，吸烟者在吸入危险的尼古丁数量前会感到不适的。

在前几年政府和企业开始对吸烟加以限制以前，吸烟习惯几乎是完全自由的。人们可以在任何地点吸烟，不管室内室外，工作时还是娱乐时，独自一人还是与别人一起，也不管在接电话、骑马、喝咖啡、软饮料或酒，无论日夜，任何时间都可以吸烟。以前的吸烟者根本不存在吸烟可能不合适的概念，而且每日都有各种场合和活动会引起吸烟行为和吸烟想法。

香烟并没有减弱人的能力。不存在中毒症状、不会引起口齿不清或失去平衡，视觉能力也没有损失。可能除了咖啡因以外，香烟是唯一的飞行员使用后不会对乘客安全有影响的瘾性物质。

一直以来，几乎没有社会规范告诉人们在何时、何地、与谁在一起时吸烟才是合适的，直到前几年香烟开始有了坏名声。人们在参加下午会议时，不会想到要喝汤、马提尼酒，甚至也不会想到要吃点三明治或一块糖，但是吸烟从来都未被视为不礼貌。可能最有力的吸烟行为规范就是，在点自己的烟之前要打根烟给同伴。

吸烟是有助于社交的。人们若想保持镇静有风度，只需抽出一根烟来，点着、吸上一口，然后稳稳地夹着烟。这种效果跟有没有尼古丁可能没有关系。每个吸烟者对吸烟的动作都很在行。

至于吸烟的危害，需要很长的时间才会显现。因吸烟而导致患上癌症、肺部疾病或心脏疾病的人通常要在吸了三十多年烟以后才会出现症状。

尼古丁上瘾

香烟是很容易上瘾的。大多数吸烟者都上瘾了，一年以上的烟民基本上很难戒烟了。 复吸率（relapse rate）可能还无法度量烟瘾的强度，因为在不吸烟期间存在着很大的不适、痛苦和困扰，香烟确实是最难戒除的上瘾物之一。 许多研究表明，每次尝试戒烟，成功率（至少两年不吸烟）为五分之一（美国一半的吸烟者最终能戒烟成功也正是多次尝试的结果）。 卫生部长在 1988 年的年度报告中整篇讨论行为和化学标准，根据这些标准，尼古丁是高度上瘾的物质。

吸烟时吸入的尼古丁很快就能产生反应，在不到十秒中的时间里，该反应就能到达大脑，并产生短暂快感。 不同于其他上瘾物或对精神起显著作用的物质，香烟产生的快感持续的时间等于香烟燃烧的时间。再循环的时间较短，一般小于一个小时。 可能除了苯丙胺，没有任何上瘾物使用的频率有香烟这么高；一天一包烟的话一年就是 7 500 支，等于吸入 75 000 口烟。

一般认为，在香烟中，尼古丁是主要的化学上瘾物。 卫生部长的报告也将尼古丁视为唯一的上瘾诱因。 实际上还有两个因素可能让人上瘾。 一个就是香烟的口味。 没有尼古丁的话，吸烟者可能不会上瘾，但是当吸过成千上万根烟以后，尼古丁与香烟口味的结合可能使得香烟口味也具有令人上瘾的特征。 香烟的口味是有烟瘾者可以感知的东西，如果没有香烟口味的话，尼古丁上瘾者吸烟时除了感到断瘾症状的缓解，就没有其他什么想头了。

另一个使人上瘾的因素可能在情绪控制方面。 一个人可能在某一时间以吸烟来寻求平静，而在另一时间以吸烟来感受兴奋[只有香烟具有这种自我平衡（homeostasis）功能；大多数药物要么是兴奋剂，要么是镇静剂，不可能同时二者兼有]。 一旦一个人已经吸烟数千次来减压或增加兴奋度，吸烟可能就成为一种习惯了，即使已经达到饱和状态，吸烟者仍会持续点烟，而此时吸烟已经没有任何效果了。 许多吸烟者因吸烟量过大而难以得到一点快感，除非有一两个小时都吸不到烟，这时他们才能避免吸烟过量，从而能获得吸烟快感。

就我所知，大多数药物的使用者，包括处方药和零售药，都清楚自己想要达到的效果，尤其是那些能带来某种快感的药物。 而大多数吸烟者却无法描述吸烟达到的效果，他们一般可能只会说出香烟在口腔、鼻腔和肺里的"味道"。 对香烟上瘾更像对巧克力上瘾，而不太类似于那些更强有力的成瘾物质，更像是午餐酒的风味，而不是酒精内容。 如前面提到的，确实有些人依靠香烟来寻求平静的心情，但是没有烟的吸烟者感到自己所需要的通常不是平静，而是香烟的味道。 我强调这一点是因为这反映了尼古丁的一个重要特点，香烟是人们渴望的东西，而尼古丁总是通过香烟被吸入的，而其他药物则不需要像香烟这样的媒介(也许嚼古柯叶或槟榔叶的人对树叶本身感兴趣，而不只是为了医药功效)。

对长期使用某些上瘾物质的人来说，要达到一定的效果则需要增大使用剂量。 大多数吸烟者在最初的几年里吸烟数量都稳定在一定水平，每日的吸烟量大多在十二支到四十八支之间。 而咖啡、酒精、大麻、致瘾麻醉品和医用药物的使用者之间剂量差别则更大。

但是吸烟者在克服断瘾症状，尤其是克服对香烟的渴望方面所花费的时间存在着很大差异。 对某些戒烟者来说，最糟糕的情形三天就可以结束了，而另一些人则需要三个星期、三个月，甚至是三年。 这种差异有多少是由于生理原因造成的，有多少是由于环境因素造成的，我们很难作出推断。

极少有吸烟者试图减少他们的吸烟量。 对于广泛宣传的吸烟危害，有两种应对：努力戒烟和转吸低焦油和低尼古丁的香烟。

有实验证据显示，那些转吸低尼古丁含量香烟的人会采取一些补偿方式，比如更深的吸入、将烟在肺中保留更长的时间、吸更多的烟或每支烟烟头留得更短，甚至适用减少空气进入香烟(降低尼古丁的稀释)的持烟方式。 他们有可能吸入的焦油和尼古丁的总量比原来的少，但是并不是成比例地降低，除非他们吸的是尼古丁含量极低的香烟(他们可能吸入更多一氧化碳)。

有证据显示，许多人使用药物的习惯会随着生活方式的成熟而改

变，由其他的乐趣取代了药物的使用。 结婚、工作或为人父母都使得
继续使用药物不再合适。 但是几乎没有人因为生活方式的成熟而戒
烟。 吸烟者戒烟并不能靠对吸烟失去兴趣；戒烟需要极大的决心。

　　一些医用药物能显著抑制经历断瘾症状的人对香烟的渴望。 有
趣的是，尼古丁也可以作为医用药物之一。 一些年来，商标名为
Nicorette(尼古丁)的口香糖可以作为处方药而得到。 通过可控的咀
嚼，尼古丁被释放出来，然后通过嘴来吸收，使血液中尼古丁的含量维
持在一个稳定的水平。 这种口香糖的用法是在 90 天的时间里用量逐渐
减少。 据报告，这种口香糖能降低断瘾不适，但是不能提供快感；它
降低了对香烟的渴望，但是本身却并不为人所渴望。 这点类似于美沙
酮，美沙酮能降低海洛因上瘾者的断瘾不适，但是一点也不能提供海洛
因可以带来的快感。 当然还有其他一些更简便的方法可以用于在断瘾
期间自我服用尼古丁(Nicorette 口香糖需要大量咀嚼，足以使下颚感到
疲倦)。

　　有一些关于 Nicorette 口香糖功效的报告：永久戒烟成功率可高达
三分之一以上，这是通常成功戒烟估计值的两倍。 如果这些报告属实
的话，用量逐日减少的纯尼古丁自我服用就是第一个成功推向市场的主
要戒烟技术。

　　尼古丁可能并不能享有全部功劳。 Nicorette 口香糖只能作为处方
药。 每个使用者都由一位医生监督，医生也起了重要的作用。 实际
上，每天只要隔一段固定时间就让吸烟者做点事情，就可能构成一种有
效的戒烟方案了。 我们必须记住，尼古丁的使用者都是自我选择的，而
且限于看医生的人，要么是寻求戒烟帮助，要么是与吸烟主题有关的。

　　还有一种完全不同的方法，即并不减少吸烟者想得到的尼古丁数
量，使吸烟者能得到通常的满足，但是又能降低危害。 于是有人建议
开发高尼古丁低焦油的香烟。 这本身并不容易实现；在烟叶中尼古丁
和焦油成分是混合在一起的。 一种解决的办法就是在低焦油低尼古丁
的香烟中增加尼古丁含量。 就非烟草公司的一般人所知，这一方法并

未使用。

烟草公司曾试过极端的处理方式。 雷诺烟草公司(R. J. Reynolds, RJR)花费了约10亿美元开发了一种纯尼古丁服用工具，并在三个城市进行了试验，这个工具主要由一个玻璃试管构成，大小与香烟差不多，带有燃烧的木炭，可以加热通过试管的空气，并以一种可控的方式将尼古丁汽化。 在这个器具中还增加了一些甘油，目的只是为了制造"烟雾"，另外还含有一点烟丝(烟丝是为了增添风味，还是为了使这个器具更像个"香烟"，而不只是个尼古丁服用工具，我们对此并不清楚)。 人们一度努力让联邦贸易委员会来管理这一"非香烟"器具。 关心吸烟的组织都一致反对引入这种器具。 这一器具在试验了几个月之后就被撤下了。 报纸报道说该器具未能引起吸烟者的兴趣。 也许雷诺公司会对风味进行一些改进，然后再次尝试推广。 据说使用这种器具不会引起呼吸道癌或口腔癌的危险，而且大多数肺科疾病也可能消除。 这种器具可以作为香烟的替代品，或至少在不许吸烟的地方作为替代品使用(交通部需要确定在飞机上使用这一器具是否属于"吸烟"行为)。

还没有明确的理由说明，对这种器具的使用应当持支持态度还是反对态度。 但是一直以来人们都是持反对态度的，正如关心吸烟问题和健康的组织总是贬抑低焦油和低尼古丁含量的香烟。 如果有的吸烟者想戒烟但是却戒不掉，那么反对纯尼古丁的使用实际上等于宣判这些人在满足自己的需要时只能同时吸入致癌的焦油和有毒气体。 反对的理由往往是，吸烟者有可能戒烟成功，而这一器具反而给了他们吸入纯尼古丁的借口。

教训和观察

一个令人振奋的观察结论是，人们正在向着戒烟的方向大力前进。这种变化一直是在没有政府或其他社会机构介入的情况下发生的。 人们的大规模行为变化最终是与态度、期望和社会规范的变化相联系的。当戒烟的力量大到足以引起注意的时候，就会创造出一个支持戒烟的社会环境。但是这种变化是个长期过程，不可能一蹴而就的。

另一个相关的观察结论就不那么振奋人心了。在所有的社会经济群体中都广泛存在吸烟的习惯（原来两性在吸烟方面还存在差异，这一差异也逐渐在消失了），但是吸烟习惯与较低教育水平和工作状态越来越相关。那些希望长寿并且能更好地接受和理解健康信息的人有最强的戒烟动力。在成瘾物质中，香烟的显著特点在于症状出现的潜伏期很长。在数十年的大力宣传吸烟的危害之后，吸烟行为主要集中于社会中的弱势群体，其他的上瘾药物可能也是如此。这可能对禁止政治（politics of prohibition）产生巨大影响。

吸烟对健康的影响方面的信息来自一个可信度一直很高的信息源。每年，卫生部长的报告都会汇总生物医学和其他方面的证据和结论，这些结论从来没有任何权威人士或机构提出过质疑。而且有一位明星式卫生部长以自己的风格赢得广泛信任。与此相比较，孩子们得到的关于大麻和其他成瘾物质的信息则显得没有那么高可信度。当然，卫生部长提供的信息是平实而无夸大的。

从香烟的经验中似乎可以推出，只要服用一种化学物质的行为结果仅伤及服用者本人，那么"社会"是可以容忍对化学物质上瘾的。成瘾物质政策文献说明了，对任何药物的上瘾都是道德堕落、丧失体面的表现。一直以来，极少有美国人认为广泛的吸烟行为是与道德相抵触的，或者认为吸烟是社会堕落的表现，直到近期才有所变化。吸烟者和不吸烟者的唯一行为差别就在于吸烟。越来越多的关于尼古丁是成瘾物质的公开宣传、越来越多的不吸烟者反对别人在自己跟前吸烟以及越来越多的人认为吸烟属于较低社会阶层的行为，这些都可能成功使尼古丁上瘾本身变成应当反对的事情。

甚至最年轻的成人吸烟者们也被劝说试图戒烟了。除了处于社会最底层的人，激励人们戒烟已经不成为问题了。问题在于复发。应对复发问题包括了两方面工作。

第一个方面是避免复发。真正戒烟的人不会认为戒烟太辛苦，还不如继续吸烟。而大多数复发的人，在复发的前一天也并没有继续吸烟的意图。

第二个方面是复发后再恢复戒烟状态。当某个人确实没有坚持住而吸了一两支烟，这通常并不是戒烟计划中的一个小插曲，而是戒烟计划的终止。

复发是非常常见的，其中一个原因就在于香烟太容易得到了（大多数已经戒烟的人在五分钟内就能得到香烟），稍微意志不坚决就吸起来了。如果你必须等到第二天才能得到香烟，在此期间烟的刺激就会发生许多变化，而且有很多的机会实现自我控制。你在第二天醒来时，会庆幸因为前一天晚上无法得到香烟而没有吸烟。

此外，前面已经提到过，对于早些时候的吸烟者来说，吸烟在任何场合和时候都是合适的，而且他们每天都会遇到各种场合和活动，这些场合和活动会促使吸烟，而且仍然会让人想起吸烟。[9]

注　释：

［1］1985 年的一份盖洛普民意调查《对吸烟态度的调查》报告说，94%的美国人相信吸烟是有害健康的（American Lung Association，*News*，5 December，1985）。

［2］卫生部长报告：《吸烟对健康的影响：癌症》（U.S. Government Printing Office ［GPO］，Washington，DC，1982）；卫生部长报告：《吸烟对健康的影响：心血管疾病》（GPO，Washington，DC，1983）；卫生部长报告：《吸烟对健康的影响：慢性阻塞性肺疾病》（GPO，Washington，DC，1984）。

［3］卫生部长报告：《吸烟对健康的影响：工作场所的癌症和慢性肺病》（GPO，Washington，DC，1985），p.25，table 2。

［4］L.D.约翰斯顿等：《成瘾物与美国高中生》（L. D. Johnston et. al.，*Drugs and American High School Students*）1975，GPO，Washington，DC，1984，p.12。

［5］卫生部长报告：《吸烟对健康的影响：癌症》（GPO，Washington，DC，1982），372—373，tables 5 and 6。

［6］同上，p.369，table 2。

［7］同上，p.372，table 5。

［8］关于对吸烟的私人和公共规制，可参阅卫生部长报告：《降低吸烟对健康的影响：25 年的发展》（GPO，Washington，DC，1989），chap.7，465—644。

［9］摘自一项兰德药物政策研究中心的研究报告，该研究得到了 Alfred P. Sloan 基金会的资助。

社会和生活

第九章　生命、自由或对快乐的追求

在美国，个人自由的历史是个不断胜利前进的历史（尽管其中的道路并不是一帆风顺的）。这种前进表现在各个方面，包括了个体尊严、自由参与市场和自由参政议政。

此外，个人自由发展的实际结果与人权的改善一样受到欢迎。我们中的大多数人不仅信奉少数民族不应在工作场所受到歧视这一原则，而且希望他们能挣得更多，参与得更多，并且家庭成员身体更健康。大多数人希望得到避孕方面的信息，不仅仅是因为压制这方面信息是人们所无法容忍的，而且因为我们相信人们应当能够计划和控制自己的怀孕。

但是社会目标和公民自由并不总是步调一致的。预防性的拘留可以减少犯罪，但是同时也减少了自由；窃听可以帮助查出恐怖分子，但是也侵犯了隐私；对枪支的控制可以减少因偶发事故而死亡以及凶杀案，但是却否定了某些人所认为的宪法赋予的权利。这些都是直接的矛盾。一个人必须权衡得失，并且选择其中一个方面，或者选择一个折中方案。

但并不是所有的矛盾都这么直接。个体的权利不仅仅与社会目标相冲突，而且发生得越来越多的情况是这些个体权利之间互相冲突。对色情作品的宪法保护据称就违反了妇女的权利。父母有权决定对有严重缺陷的新生儿的医学治疗，这也与新生儿所具有的不受父母决策影响的权利相冲突，甚至与医生护士凭道德心行医的权利相矛盾。一个人有权在事先头脑完全理性时决定在以后头脑不太理性时采用什么样的治疗方式，但这一权利与这个人在以后（尽管头脑不完全理性）的治疗方式选择权相矛盾。流产则涉及胎儿出生的权利和妇女控制自己身体功能和家庭规模的权利（有时甚至是同一胎儿不出生的权利）之间的冲突。在以下问题方面，道德的、宗教的价值观与公民权利相矛盾：流产、安乐死、不能成活的生产，以及怀孕和生育新技术。1983 年加利福尼亚州的一位四肢瘫痪的妇女希望选择死亡，并请求医院帮助自己饿死，但是法官裁决不支持这一诉求。法官下令强制喂食，并且提到："我们的社会重视生命。"死亡的权利显然与法官所代表的社会价值观相矛盾，甚至受到社会价值观的否决；它与深入人心的宗教价值观相冲突，而这些宗教价值观则与降低晚期病人（有些病人只能是但愿自己的疾病到晚期了）的痛苦、恐惧、尊严的丧失，甚至是医疗费用的社会目标相冲突。

对于初中是否应开展避孕教育这一问题，社会目标、个人权利和道德宗教价值观也是存在争锋的。孩子们获得知识的权利与父母控制孩子所了解知识内容的权利或以父母自己的方式提供知识的权利相冲突。对许多美国人来说，唆使过早性行为的道德问题与一些社会目标相冲突，例如减少女学生的怀孕、控制性病、防止少年儿童罹患艾滋病，以及防止所有人受到流行传染病爆发的危害。但是，人们常常并不认可社会目标本身，或者为实现社会目标的项目的有效性：有些人认为，或自称，更安全的性行为——可有效防止怀孕、传统性病和艾滋病的性行为——可能会增加性行为的发生，并因此加重性教育试图减轻的问题。

为了详细说明个人权利、价值观和社会目标相冲突的一些方式，本章只能随意选择重点主题加以讨论。潜在的可以讨论的主题是很广泛的，包括了基因工程、人体器官市场、代孕母亲、临终患者、同性婚姻、死刑、动物试验，以及在公共场所吸烟。每一主题都对应一组议题、问题和价值观。

本章集中讨论一个主题，即死亡的权利。死亡的权利是许多颇具争议的问题之一，由于医学技术的进步以及随之而来的人口构成的极大变化，死亡的权利这一问题引起了广泛关注。 肺炎和其他烈性传染病过去常常执行受欢迎的安乐死，这与任何人的价值观和每个州的法律都不冲突。 现在因中风而瘫痪的病人只能永远呆呆地盯着天花板，靠抗生素和鼻腔与静脉输液管抵挡致命的感染。 这一问题像50年前《读者文摘》杂志揭露出来的梅毒一样，不可避免地将引起越来越多的美国人关注，这不仅仅是个政治、社会和道德问题，而且涉及亲密的个人关系。

医学技术在过去的数十年里取得了惊人进步，使病人在不舒服、无尊严和绝望中继续维持生命变得更容易（代价也越来越高），这引起各方（法院、立法部门、媒体、伦理学家以及患者和家属）关注如下的问题：这些延续生命的医学手段是否可以避免使用？ 在什么情况下可以不使用？ 由谁来作出决定？ 对于刚出生的患儿和临终病人（或者得了不治之症的人）都存在相类似的问题。

本书的读者都比较熟悉凯伦·安·昆兰（Karen Ann Quinlan）这个名字，以及2005年后的特丽·夏沃（Terri Schiavo），而且大多数读者在一年内都读到不止一个关于死亡权利的司法判决。 许多年纪较大的读者已经在"生命意愿书（Living Will）"上签字了。 在20世纪70年代末，美国各州都不存在任何形式的生命意愿书立法；现在几乎所有的州和哥伦比亚特区都对生命意愿书作出了法律规定，允许一定符合条件的"死亡权利"。

为了对有限死亡权利作出明确界定，有必要指明一系列涉及死亡权利行使的情形，并且明确，当这些情形出现时，哪些行为是允许的，哪些是超出许可范围的。 我将按照道德复杂程度（道德模糊程度）在下面列出来。

死亡的、无意识的和机能不健全的

首先要回答的问题为什么是死亡。 当病人死亡后，身体是否能仍然存活？ 这一问题既是纯粹哲学问题，也是一个科学问题。 此时，这个问题与病人已经没有什么关系了，但是病人的"利益"仍然需要考虑——公开信息、器官捐赠，尤其是家庭成员所感到的压力，葬礼是不能令这些家庭成员止住悲伤的，更不用说高昂医疗费用了（如果医疗保险未能完全支付费用的话）。 将死亡的定义从心脏停止跳动和停止呼吸改为脑活动停止，有些可能希望自己在处于脑活动停止状态时拥有死亡权利的病人就可以直接被宣布已经死亡。

另一个需要明确区分的情形是病人处于永久性昏迷状态。 根据合理的定义，病人并未死亡，尽管许多人在这种情况下可能更希望自己被视为已经死亡——不再喂食、不再进行人工呼吸、不再使用抗生素。这种情形是法庭一直以来疲于应付的边界情形，需要确定两个重要方面：谁有权利或义务来作出决定；在病人无法沟通的情况下，如何确定病人的愿望。

第三种情形是最难处理的：病人仍然活着，但是却是机能不健全的，可能因神经方面损伤而无法说话，或者能说话，却无法理解，也可能是存在身体缺陷，如眼瞎、耳聋、丧失说话或写作能力。 与处于昏迷中的病人不同，这些人的痛苦只有死亡才能彻底解脱（如果他们没有明显感到痛苦和沮丧，让他们安乐死的问题就不会出现了）。

与昏迷中的人不同，这些病人可能对事情有自己的偏好，尽管对于一个有想法和感觉但是却没有理解力的人来说，很难明确"偏好"到底意味着什么。 但是有些问题是法庭、在法庭上作证的专业人员，以及医药和伦理方面的杂志撰稿人所十分关注的，这些问题包括：设想病人在能给出答案时会给出的答案；在病人能理解所面临的选择时，他会所作出的决定；应采纳谁的证词；病人之前对家庭、医生、律师或牧师所做的声明，可能是在有证人的情况下亲自签名的书面声明，是否具有决定作用？

有一个问题已经由法律学者和伦理学者提出来了，但是我们在这里并不打算回答，这个问题就是，如果一个正式明确的指令是在有证人的情况下签了字的，并且发送给有关各方，那么这个指令是否有约束力？也就是说，一个机能健全的人是否有权事先决定，当他机能不健全时需要采取的行动？为自己作出决策的权利是否永远都不能放弃？对于病人当前状态下可能作出的选择决策，先前的指令是否只有证据的地位？

无法死亡的机能健全病人

第四个需要区分的情形是，病人是机能健全的，他宁愿选择死也不愿继续活下去，但是在没有别人被动或主动帮助的情况下，他没法死。法庭对此也是意见不一，有些法庭裁决病人有权拒绝使用非常规方式"人为地"延续自己的生命，但是病人必须得到食物、呼吸和药物，至少是不那么剧烈的药物。

当然，要确定一个病人机能到底有多健全也是个很复杂的问题。有些人甚至认为，一个人只要想结束自己的生命就证明了他机能不健全。最难办的情况可能是，病人不断表达自己的偏好，但是他的偏好会发生变化。有时病人会请求去除生命支持，有时又会希望维持生命。即使病人一直都请求允许他去死，不愿意同意的人总是能给出这样的理由：只要最终决定被推迟，病人很可能会改变主意。

近年来，法庭判决对病人的愿望越来越表现出同情，允许临终病人有权不进食，不使用人工呼吸。

到目前为止，我们所讨论的病人都是无法夺取自己生命的。有些病人尝试自杀，如拔除静脉和鼻腔输液管，但是通常都会有人立即将输液管重新插好。病人可以提出哪些请求，或者可以代表病人提出哪些请求——去除生命维持系统的主要部件——是正处于"被动安乐死"和"主动安乐死"的边界上。"被动安乐死"通常是指不采取某个延续生命的行动；而"主动安乐死"则是实施某个缩短生命的行动。去除生命支持有时被理解为实施某个缩短生命的行动，有时仅被视为返回没有实施生命支持的状态(只是让病人"自然"死亡,而不是加速死亡)。

未被请求的安乐死

这里不考虑病人并没有请求、也没有别人请求的安乐死("出于仁慈之心,使人无痛苦死亡的行为")。 无论无痛苦地杀死一个还想活的人有什么样的优点和道德价值,即使这个人愿意活仅仅是出于对死亡本身的恐惧,也有法律和其他实际原因使我们在此不讨论这种情形。 这种情形值得注意,也引起了注意(一个男人射杀了患绝症的妻子的案例曾在电视网上播放过),但是由杀人者发起的安乐死在这里最好还是被视为轻度杀人。

协助自杀和安乐死

最后我们来讨论两个必须一起讨论的行为或情形。 一个是应要求而提供的主动类型安乐死;另一个是协助自杀。 这两个行为必须一起讨论是因为有时它们很难区分(非协助的自杀在美国不再受到法律制裁,这个"权利"可自由行使,除了一些重要特殊情形,我们将在后面讨论)。

当我十四岁大的狗的后腿无法再支撑其身体时,我带它见了兽医,兽医在狗的前肢注射了一定剂量的液体。 约过了五秒钟,什么也没发生,医生解释说,狗的年纪大了,循环有些慢。 狗然后抖了下身体就放松了,然后就死去了。 我并没有感到精神创伤,我反倒羡慕它。

我的狗所经历的就是主动安乐死。 在美国,如果这种注射是对人进行的,就变成谋杀了。 无论病人是否请求注射,都是谋杀。 法律可以做一些调整,规定一些条件和程序,就能让这种安乐死成为合法的医疗实践了。

世界上只有荷兰这一个国家允许机能健全的临终病人请求死亡并接受医生的协助。 荷兰规定了正式的程序，以确保安乐死的决定是病人自己作出的，且病人已经充分知晓所患疾病的性质和预后。 实施过程可以在医院进行，也可以在家中进行。 引致死亡的医学程序可以几乎与我的狗所经历的过程一样简单。[1]

绝症病人往往无力自我实施静脉注射，但是原则上来说，医生可以将注射器递给病人，然后由病人自己注射；或者医生可以开个处方，病人配偶可以按照处方配药剂；医生也可以只是建议几种药以及最佳用药方法；或者医生可以在报纸的健康版写个专栏，介绍相关信息。 通过"协助自杀"来实现的主动安乐死逐渐发展为只提供相关医学信息，而不再协助自杀。

到目前为止，我们只讨论了安乐死和自杀的生理方面或技术方面，有些道德和心理方面的协助对病人也是很重要的，尽管这些协助更少受到法律的制约。 病人需要这些协助来作出令自己满意的负责的决定、不失庄重与尊严地安排自己的事务、减轻亲友的心理创伤、减低参与安乐死决定的人的负疚感、保护参与决定的人免于怀疑，或被控告有胁迫行为或过于草率的行为。

由于可能面临刑法制裁和医疗事故控告，医生一般都对参与安乐死而感到极为紧张，通常也都不愿意参与，并且他们几乎总是不愿意公开承认自己参与了这个过程或者说明他们是怎么做的。 大多数管辖区内的法院都没有明确区分医学建议和自杀协助。 通常可以认为，许多医生都想给予帮助，但是都非常谨慎、间接，不明确表态。

在美国，无痛苦自杀的方法可以通过邮件发布和传播。 海姆洛克协会（National Hemlock Society）已经做了这方面的工作。 在英国，由类似协会编撰的一本无痛苦自杀方面的书不允许作为商品销售，但是可以合法地分发给该协会会员，只要会员支付了入会费。 在法国，这类书的私印本在非法传播，公开出版发行是不允许的。

在美国出版了这类书说明了一点,医生直接帮助病人选择所使用的药物是非常重要的。 病人的病历,包括用药的历史,与选择合适药品有很大关系,通常合适的药品都同时包括了引致迅速昏迷的药品和引致适时死亡的药品。

公众对此持何态度也颇耐人寻味。 一项 1986 年的洛普民意调查(Roper Poll)问题为,当深受疾病痛苦的临终病人提出请求时,法律是否应当允许医生来终止病人的生命? 调查结果是令人吃惊的! 10%参与问卷调查的美国人不清楚或没有给予答案;另外 90%的人都给予了答案,其中回答应当允许的超过了回答应当不允许的人数两倍,62%回答应当允许,27%回答应当不允许。 当对这些答案根据回答者的宗教信仰(新教徒、天主教徒、犹太教徒、其他教派及无宗教信仰)进行归类时发现,每一类型的回答者中绝大多数都支持医生的协助,甚至天主教徒中支持的比例都达到 59%,反对的为 31%,另外 10%的人没有回答或者不清楚。

教育水平对回答没有什么影响:在大学毕业生这个群体中和高中没毕业这个群体中,回答支持的比例都是回答反对的比例两倍多。 民主党人、共和党人和无党派人士的差别也很小,就像"保守派"、"温和派"和"自由派"一样。 美国四大地理区域的问题反馈也没有什么差异。 男性和女性的回答基本相同。 在黑人中支持的比例最低,为46%,反对的比例为 39%,另有 15%表示无所谓。 年龄对结果没有什么影响。 收入有一些影响,高收入回答者中支持者人数与反对者人数之比高于三比一,而在最低收入的回答者中,支持者人数与反对者人数之比只是接近二比一。 按照职业类型分类,支持率最低的是蓝领,但即使是蓝领,支持者人数与反对者人数之比也大于二比一。[2]

这是一个令人震惊的发现。

前面已经提到过,大多数州都采用了一定形式的生命意愿书立法。标准形式的生命意愿书已经出现许多年了;人们可以自由免费地从《临终关怀》得到标准形式的生命意愿书。 生命意愿书的相关问题也常常在

《赫斯汀斯中心报告》中讨论。 在生命意愿书中可常见以下重要陈述：

> 当我不能再为我的未来作出决定的时候,我头脑清醒时所作出的如下陈述如实地表达了我的意愿。如果有一天我的身体和心理疾病极为严重,无望康复,我要求准许我死亡,而不使用医药、人工手段,或"英雄式的抢救措施"继续维持我的生命。我请求使用医药来减轻我的痛苦,即使这样做会缩短我的寿命。

这一陈述有署名、日期,并且有两位非直系亲属人员见证。 意愿书可能附加一个清单,明确规定不使用哪些治疗手段,还有可能指定一位决策人——意愿书的执行者。

在大多数司法管辖区,法庭一直都会考虑生命意愿书或机能不健全的人以前作出的相当于意愿书的陈述。 那么,对生命意愿书进行立法增加了什么新东西吗？ 显然,立法对那些负责不实施被禁止程序的人提供了道德支持。 立法可以减轻主治医生、护士和医院当局对赔偿金官司的担忧。 一些技术问题,例如人寿保单中自杀条款的适用性,也可以通过立法来解决。 最重要的是,要在全国范围内建立支持死亡权利的立法记录,这一记录可以鼓励医生在合适的安全措施下更积极大胆地从事自杀协助。

除了受专门机构监管的人,无协助自杀的权利是可以自由行使的。但是在有医生协助的情况下,则存在着非法参与自杀的嫌疑。 提供10克巴比妥,并且配一小杯酒和安定给病人,病人处于清醒状态,意识到自己喝的是什么,以及为什么要喝,这对于提供者来说感觉在实施仁慈的自杀协助。 但是静脉注射相类似的物质,尤其是当病人在睡眠时,尽管病人已经与各相关方做了讨论并作出了决定,仍然感觉像是在杀害病人。 如果是对下面两种方式作出选择,则感觉上的差异会更强烈：购买手枪和子弹给病人,在购买者离开后,病人自己朝脑袋开枪；或者当病人缺乏体力，或缺乏使用枪支的技巧，或者是缺乏足够的勇气时，向病人开枪。

受专门机构监管的人

当人们被捕入狱时，通常他们会交出可用于上吊或割伤自己的东西，甚至他们的眼镜片也要上交。法律不认可囚犯自杀的权利。除了避免让监护者难堪（或面临谋杀的指控），禁止囚犯自杀的理由似乎也不是很清晰。但是全国范围的监狱囚犯自杀发生率还是很高的，对许多人来说，突然入狱会造成心理创伤，短暂的沮丧可能会导致自杀行为。如果自杀能够被阻止的话，囚犯最终会高兴自己免于一死。

最后一种重要类型的病人的"死亡权利"通常也不被认可，但是这种病人的情况十分复杂，我们在此只能简要提及一下。我曾经问过一位公共卫生学院主任一个问题，哪种类型的病人——肺气肿、骨癌、虚幻肢体综合征、中风瘫痪——他认为最为悲惨，最适合协助安乐死。他迅速地给出了清晰的答案——国家精神病院中的病人。有些精神病人机能完全丧失，根本无法上吊或割腕或割喉，甚至不知道还可以自杀。还有些病人则机能还是足够健全的，只要他们没有受到约束或能得到简单的自杀工具，他们就会割腕或割喉、扼死自己或打死自己。为阻止这种情况发生，不让他们得到绳子、带子或利器。有时他们的身体会受到约束，有时他会被置于四周有软垫的房间。从法律的角度来说，他们没有为自己作出决策的能力，即使他们有能力执行这些决策。

这些病人与那些有可执行生命意愿书的病人，或死亡意愿得到认可的病人的最显著区别在于他们不是得了绝症。虽然他们很悲惨，很无助，但是使用最一般的医疗手段，他们都可以活上数十年。这些精神病院可能是最难确定合适死亡权利的地方。

枪支和医生

一个令人震惊的统计数字将死亡的权利与持枪的权利联系起来。一项关于 1978 年至 1983 年间华盛顿特区金斯（Kings）县西雅图地区因枪击死亡的 743 个案例研究发现，其中 333 例死亡属于开枪自杀。[3] 根据约瑟夫·弗莱彻（Joseph Fletcher）的说法，在全美范围内，57% 的自杀是开枪自杀。 以下是引用约瑟夫·弗莱彻的原话：

> "那些通常因健康恶化而寻求自我解脱的人常常会发现，很难得到足够致命剂量的药物，而窒息致死又不太舒服，而且还容易被别人发现而中断（例如，在封闭车库中使用一氧化碳）。开枪自杀则很迅速、独立、简单。除开枪自杀以外的自杀方法指南书已经出版了一些……但是到目前为止，一般人们都觉得这些书中推荐的方法过于复杂，难以实施。而枪支，尤其是手枪，则更为人们所熟悉，也更容易得到。"[4]

医师皮特·V.阿德默拉尔（Pieter V. Admiraal）曾在荷兰参与实施病人请求的安乐死，他的一次发言的结束语为："在我结束发言时，我想对大家提出一个诚挚的希望，我们这一代人在实现无条件接受安乐死为公认自然人权方面花费了太长的时间，下一代人会觉得不可思议。"[5]

阿德默拉尔的言论是有力量的，但是并不具有完全的说服力。 荷兰毕竟不是美国。 美国存在着一些策略考虑，这需要仔细地研究。

有些权利意味着责任，甚至是义务。 十七岁的青年在战争时有自愿参军的"权利"，这种权利就是一种责任感。 早退休的权利也可以被理解为年纪大的工人离职为年轻人提供机会的义务。 离开这个世界的权利至少会让垂死的病人考虑，是不是应该不再让自己成为关心自己的人的负担、麻烦、成本和焦虑的源泉。如果没有其他渠道，一个得了绝症的人只能和配偶共同承担负担；如果死亡是个可选项，则完全可以解除配偶所承担的负担。而且两人都会想到死亡这种选择，无论是否立即选择死亡。

如果一个人可以死亡并减轻妻子的负担和花费，那么妻子怎样才能使他相信自己真的希望他能继续活下去呢？反复说希望他活下去可能只会说明妻子自己意识到存在死亡的选择，并提醒了丈夫。如果这个人继续活下去只能是过着数年质量极低的生活，而且还让妻子也过着这样的生活，而如果他选择行使死亡的权利，妻子则可以自由地生活。一个朋友深知这一点的话，这个朋友又该如何理解对妻子的义务（包括有义务尊重妻子承担了她自认为是自己的责任）呢？这个病人每天早晨醒来时，自知又毁了妻子一天的生活，他又如何应对自己的负疚感呢？如果他为了妻子而选择死亡，他又该如何评价妻子的负疚感？

这些都是很现实的问题，而不是虚构的问题。我们必须设计程序和安全措施，并且确定符合合法协助安乐死的医学条件，这样我们就可以处理上述棘手问题。

这些问题不仅是法律问题和策略性问题，而且还是心理方面和政治方面的问题。立法者努力界定处于模棱两可状态的死亡权利范围，但是有可能使模糊区域进一步扩大了。关于安乐死的问题存在各种想法和感想，很难预测未来会发展成什么样。

堕胎和杀婴之间的界限主要还是由人们的观念和感觉主导的，而不仅仅是神经科学或法庭法律条文解释所决定的。同样地，自由实施的协助自杀和杀死病人之间的界限也是这样。

注 释：

[1] 皮特·V.阿德默拉尔：《积极自愿安乐死》，《海姆洛克协会季刊》（Dr. Pieter V. Admiraal, "Active Voluntary Euthanasia",）*Hemlock Quarterly*, no. 21（October

1985):3—6。

　　〔2〕《海姆洛克协会季刊》Hemlock Quarterly，no.24(July 1986):2—3。 路易斯·哈里斯：《走进美国》Louis Harris，Inside America（New York：Vintage Books，1987），154—158 报告了对 1973 年所提出的类似问题的类似反馈。 在被问到是否应当"给予绝症病人请求医生帮助自己解脱痛苦的权利"时，1973 年回答是的比例只有 37%，而到了 1985 年，这一比例为 61%。 在这 12 年间，回答反对的比例由 53%降为 36%。

　　〔3〕医学博士亚瑟·L.凯勒曼和医学博士唐纳德·T.瑞伊：《保护还是加害？》，《新英格兰医学杂志》(Arthur L. Kellerman，M.D.，and Donald T. Reay，M.D.，"Protection or Peril"，)New England Journal of Medicine 314，no.24(June 12，1986):1557—1560。

　　〔4〕约瑟夫·弗莱彻：《枪支与自杀：个人观点》，《海姆洛克协会季刊》(Joseph Fletcher，"Guns and Suicide: A Personal Opinion"，) Hemlock Quarterly，no. 24（July 1986):8。

　　〔5〕阿德默拉尔：《积极自愿安乐死》(Admiraal，"Active Voluntary Euthanasia"，6)。

第十章　应以人数多寡
决定援救对象吗？

　　问题：有两群（或数群）人同时面临相同程度的生命危险；救援工作是可以展开的，但是只能服务于其中的一群人，但是对这一群人的规模则没有限制。必须有人来决定到底救哪一群人，而让其他群的人自生自灭。群的规模对救援对象决策有决定性影响吗？或者更明确地说，规模最大的群就应当是被救援的群吗？

　　我们假设不存在这样的个人，其对社会的"价值"比别人高。例如，不存在这样的人，如果他自己得救了，他还能救许多其他人的生命。

　　这个问题是事后提出的。也就是说，已经有两群人因灾难而困在一个岛上，只有一群人可以安全撤离；或者有两辆有轨电车失控了，但是只有一辆可以被成功转入正轨，另一辆最终将坠毁。海岸警卫队队长、航空管制员、铁道扳道工都面临着立即决策，只能将抗生素药品送往一个受感染村庄的狗拉雪橇驾驶者也面临着立即决策。

　　我认为还有一种更有用的方式可以处理这一问题。即，事前提出。我们不是考虑当紧急情况出现时应当救谁这个问题，而是考虑在预期到这种紧急情况会出现时，我们应当采取什么样的规则。这将是一个一般规则，不是仅适用于飞机或有轨电车或被困在火山岛上的游客群体，而是适用于任何只能抢救部分人或物的紧急决策。这个一般规则不仅不区分紧急情况的性质，而且不区分遇到危险的人的身份。

　　不区分人的身份这一点很重要。如果两个处于危险中的群体中人数较少的一个群体是年轻人，或老年人、女人、男人、基督徒、犹太人、穆斯林、生病的人或健康的人、富人或穷人、老兵或逃避兵役的人、重罪犯或者守法的人，关于最应该救谁，我们的意见肯定迥异。因此我假定，当制定规则的时候，对于任何可能出现的不可预见的紧急情况，我们根本不清楚各群体到底是由什么人组成的。

我认为，采用一个规则应当是很容易的事情，应当采用的规则是拯救人数多的群体，而不是人数少的，并且我认为这一规则是各方都满意的，大家都愿意采纳的。

至少有两点基本动因支持采纳这样的规则。第一个就是自利。如果我事先不知道遇险的人中都有谁，可能有我，或我妻子、孩子、朋友或同事，那么从简单的概率角度看，我或我的妻子、孩子或朋友出现在人数更多的群体中的可能性比出现在人数少的群体中的可能性更大。这只是一个数字问题。如果有 150 个潜在的身份未知的人遇到危险，一组有 50 人，另一组有 100 人，没有人能知道谁在哪一组，那么我想救的任何一个人出现在 100 人组的可能性是出现在 50 人组的两倍。我们之所以不知道谁在哪一组，是因为我们选择了一个针对未来不确定情形的规则。如果让我选择接受或拒绝拯救多数人的规则，不管我倾向于救谁，我自己还是别人，我将选择拯救人较多的群体。

这一选择推理可能并不需要考虑道德价值观，民主价值观可能除外。关心在各种情形下获救的人可能会欢迎任何人获救可能性都最大的合约。如果所有人都希望自己能获救，或希望自己的家庭或邻居能得救，所有人可能都会喜欢这样的规则，这一规则不仅能满足自己的愿望，而且也能满足社会中所有其他人的愿望。

第二个基本动因则显得不那么自私了：我喜欢拯救那些最值得拯救的人，无论这样的人到底是谁。同样，这也只是一个数值上的判断问题。无论应当拯救的人是谁——如果存在比别人更值得拯救的人——都更可能会得救，只要我们选择人数最多的面临危险的群体。

因此无论我是出于自利的动机，与其他同样自利的社会成员一起投票选择救人的规则，还是出于无私的动机，希望拯救最值得救的人，或对社会最有价值的人，从概率的意义上看，如果我投票选择拯救更多的人这一规则都能实现我的目标。

我可以得出结论，任何明智的投票人希望(1)在遇到需要拯救人数多的群体和人数少的群体二者之一时，最大化自己或自己最珍视的人获救可能性，或(2)在遇到这样的情形时，最大化那些最值得救的人或对社会贡献最大的人获救的可能性，都会一致选择拯救人数更多的群体。

同样，这需要假定，对于群体的人数规模和有生存优先权个体或群体特征之间的相关性，不存在任何先验的预期。因为规则要适用于所有种类的情形，大多数情形是不可预见的，因此，上面的假定也算一个合理的条件。

这一规则属于约翰·罗尔斯(John Rawls)所使用的类型，包含了"无知的面纱"，但是其他方面均与约翰·罗尔斯的不同。

规则应当是什么这一问题，即我们应当预期人们一致采用什么样的规则这一问题是很有意义的。下面我将回答如何解决事后类型的问题。有人面临生命危险，而我们却没有规则。该如何做呢？

我个人认为这一问题在原则上容易回答。要解决的问题为，假设我们已经有了一个规则，这个规则会是什么样子呢？

我认为，通常当我们必须面临一个两难困境时，上面的问题就会产生一个答案。有时也会出现一些其他的有一定合理性的规则。但是在以数量决定应拯救谁的例子中，我认为只有一个令人满意的答案，即我在上面给出的答案。

因此，只要我们已经解决了事前的问题，事后的问题也可自然而然地解决。

这一"规则"的确立直接引起了决策的第二个维度，或第二个标准。在考虑事后标准确立的时候，这第二个标准通常不会提到，但是当我们考虑最有效的规则是什么时，第二个标准自然而然地就出现了。亦即，对规则的预期会导致最合适的行为，这样的规则是什么？

通常当人们考虑规则时，首先要考虑的是规则会导致什么样的行为。许多规则，甚至可以说大多数规则，都是对行为进行管理的。一个决定决策的规则与直接处理行为的规则有些不同，但是决定法庭判决的规则本质上也是关于某些特定行为的结果。如果一个规则说明，在紧急情况发生时，你必须靠近可以被拯救的地方，基本上等于告诉你，除非你靠近救援地点，否则你不会被救。前一个规则可能执行起来不同，但是二者都是针对相同类型的行为，并且都旨在鼓励这种行为。

因此，我们应当回答的问题是：拯救多数人群体的规则，还是拯救少数人群体的规则，将引导适当的行为？为了引导正确行为，答案显然是应当拯救人数更多的群体。

如果人们可以知道哪一个群体更安全，他们就可以作出个人判断，确定紧跟哪个群体。如果你跟着一个人数少的群体，你会被告知在遇到紧急危险情况时，你就无法得救。你可以衡量风险并作出选择。如果你特别害怕风险，那么你就待在能得到救助的地方，即待在人数更多的群体中。如果你因某种好处而更想待在小群体中，那么你就得到了预先警告。如果风险比较大，我们则希望人们能待在一起，而不是分散在小群体中而无法得救。如果风险极大，也许所有人都应待在一起。如果分开活动的价值很有吸引力，有些人应当参加小群体，但是最好不要许多人都加入小群体。南极洲的人们知道分开活动既有风险，也有好处，他们会在明确意识到风险的情况下分开活动。

在这种情况下，两个标准——(1)为了使人们最看重的人的生存几率最大化，应当一致采用何种决策规则，(2)哪种决策规则所引致的行为能最优化待在一起和分成小群体的选择——都支持相同的解决办法。

经济学和社会政策

第十一章　经济学家都了解些什么？

本章的标题最初是用于一个毕业典礼致辞的，50 年前我与剑桥大学杰出经济学家彼得·鲍尔(Peter Bauer)的一次交谈激发了我对这一问题的思考。那天我提前到了为他举行的晚宴上，在其他客人到来之前，他颇具挑衅意味地说，经济学家所知道的真实、重要且非显然的事情数目不超过一只手的手指头数。我很想听听那四五个真实、重要而又非显然的事情到底是什么，但是其他客人也到场了，我们的谈话被打断了。至今我也没有从他那里得到这个问题的答案。

我不时地会想起这个问题。我不清楚他所指的是所有经济学家总共只知道五件事情，还是知道许多重要事情，但是单个经济学家最多只知道五个。因此，我要做的工作就是理一下在经济学领域我知道哪些事情是真实、重要而又非显然的，然后看看总数是否为五。

当然，如果说我知道五件事情，这意味着这五件事情都是真实正确的；如果这五件事情是错误的，就不能说我知道它们。但是我可能错误地相信它们是真实的。鲍尔可能是指，经济学家们自以为知道许多事情，而实际上许多事情并非是真实的。我相信某个事情，那么在我看来这个事情就是真实的，但是对于更具质疑精神的人来说就并非如此了。

上面关于真实性的论述并不是玩弄文字游戏：有些重要事情真实的方式与其他事情不同。同样地，有些事情明显的方式也与其他事情不同；实际上，有些事情之所以被认为是真实的，正是因为它们变得明显了。 我说"变得明显",是因为我能想到的符合鲍尔所说的五件事都具有如下特征：乍看起来有悖常理，但一旦为人们所理解，就会被视为真实无疑了。

这些真实的事情有时被称为核算恒等式（accounting identities）。当我还是本科生时，它们常被贬称为"简单恒等式（mere identities）"。它们都是不可证伪的陈述，并且不能被算作科学真理。 这些陈述被认为是因为定义而具有真实正确性的。

事实上，所有科学命题的真实性取决于仔细的定义；但是所谓的恒等式的真实性则完全取决于仔细的定义。 这些恒等式不只是定义；如果它们只是定义的话，就应该是显然的。 但是如果定义是一致的话，恒等式可以由定义推导出来。

最简单的恒等式可能要算，在任一销售交易中，售出的物品的价值等于购入的物品的价值。 即使在这里也需要仔细的定义：如果存在一个销售税，我们则有必要将销售税处理为卖方所得或税收当局得到的旁支付（side payment）。 显而易见，即使是这么简单的恒等式也不总是明显的，例如，在1994年，美国股票交易所的市值下降了约10%。 那时，全国公共广播台有数次关于钱去了哪里的讨论。 人们显然急于将自己的投资组合变现，很有必要了解他们是如何处理变现后的资金的。

不那么明显的一个事实是，没有资金离开股市。 没有资金能够离开股市。 没有买方的话，谁也卖不出一股：不考虑税收和交易费，每有一美元变现，就必须有一美元的投资。 投资者个人当然可以卖出股票获得现金；但是所有投资者总体却无法这么做。 变现的资金用于何处可能是一个有意义的问题；但是同样有意义的是一个尚未提出的问题：所有的资金来自哪里？ 资金必须总体上收支相抵。

国民收入账户包含了许多重要的恒等式。 这些恒等式多为四式记账（quadruple-entry）合并损益表。 复式记账是针对个人的；但是对于每一笔物品或服务的销售，对卖方都要记两个分录，对买方也要记两个分录。 这些账户有助于我们理解，让消费者通过少花费而储蓄更多的做法是徒劳的。美国的私人储蓄率现在比以前低了，也比其他工业国家低。我们的居民没有实现足够的储蓄来提高生产力水平。有人提出，如果我们不使用信用卡购买许多不必要的消费品，我们可以实现更高一些的储蓄率。

一个并不明显的事实是，私人积累储蓄的唯一方式是消费得比他们的收入少，亦即，挣的钱比消费支出多。但是人们不可能都做到挣的比消费的多，除非通过生产相当的没有被消费的产品。总得有人购买这些产品。可以是国内投资、出口，或政府采购；如果这些方面没有增长，私人储蓄也不可能提高。我可以少理一次发，多储蓄 10 美元；但是理发师的收入降低了 10 美元，理发师的储蓄也降低了 10 美元，除非他也减少自己的开支，这样一来，为抵消我的 10 美元储蓄，形成了从理发师开始的链式反应。

本书的读者如果了解了上述真实情况，则这种情况就变得明显了；但是直到你学习了解了，它才会变得明显，对大多数人来说，上述真实情况并不是显然的，而在 20 世纪 40 年代初我进入伯克利学习时，真实情况对经济学家都不是显然的。

还存在着其他重要的核算真理（accounting truths）。许多银行家对自己的资产负债表理解得很充分；而大多数银行家所不知道的是，他们每贷出一次款，就增加了一次货币供给。他们不清楚这一点，是因为在他们看来，他们所贷出的钱都是已经存在的，即银行的准备金。这些银行家所没有看到的是，准备金仍然存在——它们只是转移到其他银行了——客户的资金也仍然存在，也只是发生了转移。

大多数不明显的核算命题只有在考察整体时是真命题，而对个体来说就不是真命题了。这些命题并不同于只贷出准备金的银行家，或放弃理发的消费者的情形。但是它们与守恒法则（能量守恒、质量守恒或动量守恒）一样有效。如果我们将一个壁球场发射到太空轨道，其重心的动量不会受到内部比赛的影响。在自然科学中，许多这样的核算恒等式（accounting identities）被冠以"法则"；与经济学中的恒等式一样，这些法则只有经过研究思考之后才会变得明显。 动量守恒——在不受外力的情况下，一个移动的物体将永远保持同方向匀速运动——已经成为明显的法则了，但是在太空飞行实现之前，该法则在宇宙的任何地方都无法观察到，因此要使该法则变得明显，必然需要实验室实验和科学研究。

有时，教科书或大部头著作中会指出，这些核算陈述（accounting statements）是无法证伪的，因而不能算作科学。 我才不管呢。 问题在于，我们是否能从这些核算陈述中了解重要的东西。 经济学的历史表明它们不是显而易见的。 将其贬称为"简单恒等式"至少证实了其真实与正确。 它们是宏观经济学的基础。 在物理学、化学、生物学、遗传学，以及经济学的姊妹学科人口统计学中都存在类似的恒等式。 有时，它们被称作"预算"，例如地球的能源预算、碳预算、水预算，甚至不可降解物质 DDT 的预算。

在经济学中，非显而易见的重要核算恒等式远不止五个。 我本可以提及国际收支平衡表或投入产出矩阵。 至于它们的重要性，以一到十来衡量，我并不清楚应该在五还是十。 有些核算恒等式鲍尔肯定是不知道的；我与鲍尔聚餐的时候，碳预算还不为人们所认识。

因此，如果允许我给出五个候选答案，则这五个都是核算恒等式。 我不指望我在二十分钟里就能说服你接受我的观点，但是我希望我引起你注意到这些核算恒等式，重视它们，并且在你仔细研究分析之前敢于将它们视为真实、重要而又非显然的事物，即使它们不算有经验证据、可证伪的科学假说。

作为结束语部分，我想简单探讨一下经济学家所知道的重要的非显然的、但是不真实的事物。 实际上，我想到了一些命题和原则，它们本身是真实正确的，但是这些命题或原则的描述方式无意间却否定了某些也是真实正确的东西，这就提出了如下问题：命题中所包含的真实正确内容和命题所否定的真实正确内容，哪一个更值得关注？

我举一个例子。 这个例子不仅在经济学家中流行，而且在那些喜欢引用经济学家的人中流行，这就是无可争议的绝对真理：天下没有免费的午餐。

我认为"天下没有免费的午餐"想表达的真理是：资源总是稀缺的，存在着互相竞争的多种用途和多个资源使用者，有利于某人的再分配一定是以牺牲别人利益为代价的，经济学里不存在炼金术：你可以循环利用，但是你很难找到像核增殖反应堆这样燃烧后所产生的燃料比燃烧消耗掉的燃料多。

也许是由于我对于经济学有较深理解，我更喜欢另一个真理：到处都有免费的午餐，只是有待于发现或创造。我想到了帕累托改进，或交易得益（gains from trade）。经济中到处可见非零和博弈，形成了无效率的均衡。

早期社会主义国家如果能建立可执行的合约、版权和专利制度或取消零租金住房和能源补贴，那么等待它们的不只是免费午餐，而是免费盛宴了。这些免费午餐是如何分配的具有影响作用；但是免费午餐确实存在。

无论你是经济学家、政府工作人员、学术研究人员，还是商界人士，你都会花费大量时间寻找机会来消除互利交易限制、克服市场失灵、在需要时创造市场、减少无谓损失，促进谈判一致。

这些也正是经济学家的工作，技术创新可以使生产边界向外拓展；经济学家则帮助确定我们在生产边界内部的位置，分析哪些因素导致我们离开生产边界，并提出制度改进建议，使我们能更接近生产边界。对于你们当中已经成为职业经济学家的人我想提出一点要求：努力去发现那些免费的午餐。

第十二章　为什么经济学
只解决简单问题？

本章标题略有些戏谑味道，我并无意贬低经济学科学（或艺术）本身，只是注意到经济分析对许多重要政策没有多大影响。我的观察结果都是来自美国的，在一些情况下，我确信这些观察结果是美国所特有的。我将使用经济分析来暗指政策分析，包括决策科学、系统分析、运筹学、统计学和计量经济学，以及"执行分析（implementation analysis）"。下面我将列举一系列问题，美国的政策分析对这些问题影响甚微，甚至根本没有影响。

一些重要例子

堕胎

堕胎直到35年前才成为引人注意的政治问题。堕胎问题迅速唤起公共意识，一些州对它们的反堕胎法律做了巨大改变，而法庭也突然转变了近一个世纪的传统，这些转变的原因还没有人能给予充分解释。如果当时只有堕胎的法律地位发生了转变，又会发生什么情况呢？我想对这个问题很难作出推测，但是在公费医疗背景下就出现了对堕胎也实行公费的问题。传统反堕胎的力量常常得不到法庭判决的支持，他们正好抓住公费堕胎问题进行反攻。最终会形成什么样的结局，目前还尚未可知。 一些实证研究已经提供了合理的分析结论,即公费堕胎并未使堕胎更容易,也未使堕胎发生的频率更高。 我曾看过的一篇研究显示,在美国,堕胎的价格和堕胎的医疗补贴对堕胎发生的数目都没有显著影响。 使用公共资金支付堕胎费用,甚至使用来自于国外援助项目的资金,成为支持堕胎和反对堕胎双方热议的问题,其原因可能与经济分析无关;但是也没人真正听取经济分析。

种族关系

至少从约翰·F.肯尼迪当选总统开始,在美国没有哪个政策问题比种族关系,尤其是"白人"和"黑人"之间的关系更易引起不和,承载着更多的希望和悲剧。 决定性的时刻可能要数 1954 年最高法院的决议,要求在公共学校内废除种族隔离。 在联邦合约、大学教育和劳动关系中到处可见某些人所称的"平权法案(affirmative action)",而另一些人则称之为"反向歧视(reverse discrimination)",近来这一现象遭到了严厉抨击。 种族问题与贫困、犯罪和单亲母亲家庭问题相交叠。 政策分析也曾有旗开得胜的时候,一个研究团队所提供的报告成功地为最高法院所采纳,该报告指出,种族隔离会损害教育成果,这一结论独立于学生的种族和学校质量之间的相关性。 从那时起,各级政府的政策选择就依据这一研究结果。 赫恩斯坦和默瑞(Hernstein and Murray,1994)所写的《钟形曲线》一书引起了轩然大波,他们的结论是否能禁得住批判尚存疑问。 另外,某些政策问题是否在分析解释时不会出现歇斯底里也存在疑问。

非法药物

针对非法药物的政策显然是另一个无视分析的领域。 关于减轻对拥有大麻的惩罚,已经有几十个州在数十年前就极大地放宽了法律规定。 有些研究虽然结论不是十分清晰,还是讨论了法律惩罚的放松是否会刺激大麻的消费。 这些研究从未在辩论中被引用。 还有一些学者研究了清洁针头项目对艾滋病传播的影响，早期的清洁针头成为对一个人是否重视药物问题的一个测试。 非法药物"合法化"并不是大多数支持非法药物的人所设想的方式。 如果一位政府高官在公开场合提出"合法化"问题，人们肯定会一致要求他下台。 这一政策领域根本没有政策分析的立足之地。

犯罪与惩罚

犯罪与惩罚在很大程度上也与毒品有关，它们是受到分析影响的。 有一个流行的建议，通常被称作"三振出局（three strikes and you're out）"，意即犯三次重罪将会被判终身监禁，而且不能假释。 有一些研究是关于将四十五岁的囚犯再关上35年或40年而产生的成本，包括医疗费用，并将这一成本与中年人和老年人犯重罪的可能性做比较。 但是在政策辩论中，没人关注这方面研究，甚至报纸都懒得报道研究结果。 一些设计巧妙的民意调查显示，支持死刑的人相信死刑的威慑力，而反对死刑的人则不相信其威慑力，双方关注的焦点都在于死刑是否有威慑力，但是双方都不关心证据。 枪支控制问题是一个与犯罪相关的问题，尽管有研究分析什么样的枪支控制政策会导致什么样的结果，但是枪支控制问题似乎与这些分析无关。 有意思的是，支持枪支控制的人往往反对对大麻的法律控制，因为大麻法律不可能被执行；而支持对服用大麻加以重罚的人通常反对枪支控制，理由则是禁止持枪的法律不可能被执行。

卫生保健

卫生保健政策看来是经济分析的用武之地。 政策内容涉及市场激励、人口统计学、对医学院的公共支持、对处方药的规制、对用人单位提供的健康保险征收所得税、工作场所的强制险等等。 美国经济学会（American Economic Association）的前会长维克托·福柯斯（Victor Fuchs)于1996年就职演说中说到，在过去30年里，医疗卫生经济学的博士数目增长了 13 倍。 但是，1993—1994 年美国的卫生保健辩论没有取得任何结果，反映了医疗卫生经济学家影响甚微。 后面我再详细讨论他对原因的解释。

预算政策

平衡预算牵扯了美国总统、参议员、国会议员、高级别预算官员和总统候选人大量的时间和精力。 这一问题可能导致了第一宪法修正案的产生；没有哪个国会议员候选人，更不要说总统候选人了，敢于对平衡联邦预算提出质疑。 为什么零赤字如此具有吸引力，这与经济分析根本没有关系。 就像反毒品战役中的清洁针头一样，在反赤字战役中，"少量赤字"会被理解为态度不端正，等于完全戒酒的人又喝了一小口。 在 20 世纪 90 年代初平衡预算问题出现时，即使在联邦政府以外的经济学家也对这一问题闭口不语，我想这是因为他们觉得在《纽约时报》上的整页广告宣传也不可能引起足够关注，因此，不值得花费这个版面费用。 在 1996 年的总统竞选中，史蒂夫·福布斯（Steve Forbes）的竞选政纲主题是单一税制（flat tax），该政纲一度赢得民意，而经济学界既没有支持，也没有反对该政纲，我想经济学家们一定是对该政纲感到惊讶。

最后，20 世纪 90 年代美国政治发生了"新革命"，联邦政府的责任不再增长，而是将更多的责任和权力转移给各个州。 这种权力下放做法的流行不仅仅是因为联邦政府常常被作为替罪羊而横遭指责，而且由于"显然的"原则：州政府更贴近人民，工作可以比联邦政府做得更好，而所需的上层建筑成本更低。 关于这一假说原则的正确性，考虑到其重要性，本应进行细致的历史、实证和理论的研究。 但是细致研究就太费时间了，政治领域的事情常常时不我待。 此外，我们也不清楚是否有人真正关心这一支持权力下放到州的原则说法的合理性。 这种说法缺乏深度的表现是，它总是强调州长希望做什么以及州长能做什么，而不是强调州立法机关。

在美国，有一个政策领域特别受到分析的影响。 这就是国防政策，我稍后来讨论。 福柯斯（Victor Fuchs）指出经济学对卫生保健辩论的影响甚微并给出了原因，我们先对此做一回顾，然后我们将他的分析推广到许多我前面提到的政策领域。

卫生政策

福柯斯向一些医疗卫生经济学家派发了调查问卷，"我认为这些医疗卫生经济学家都是该领域的顶尖人物，还有一些是很有潜力的近期刚获得博士学位的人。 有46个回复者（回复率88%）"（Fuchs, 1996：6—7）。 问卷中包括了20个问题，福柯斯请三个来自不同大学的专家确认这20个问题中，哪些是相对"无价值取向的"（"实证"问题），哪些是带有明显价值取向的（"政策价值取向"问题）。 福柯斯发现，三位专家独立地回答了该问题，一致将其中7个问题确定为"实证"问题，而将另13个问题确定为"政策价值取向问题"。 对每个问题，回答者只需要答是或否。

实证问题包括"在过去30年里，医疗卫生部门占GDP份额的增长的主要原因是医药领域的技术进步"，还包括"第三方支付导致了病人使用的医疗服务成本超过收益，而且超出部分至少占总卫生保健支出的5%"。 政策价值取向问题包括"美国应当通过有隐含补贴的广基税实现对穷困病人的全面医疗保障"，并且"保险公司应当被要求无论保险申请人的身体状况如何都应当提供保险，并且不可以对病情更重的人收取更高的保费"。

福柯斯发现，这些美国领先的医疗卫生经济学家虽然意见并不是完全相同，但对实证问题的答案基本是一致的，这一点可能也是我在当时无法估计到的。 对于我前面提到的两个实证问题，给予肯定答案的人分别占81%和84%。 而对于政策价值取向问题的答案，则没有这么高

的一致性了。 13 个政策价值取向问题中，只有一个问题，有三分之二
以上的医疗卫生经济学家给予了肯定答案。 几乎所有问题的答案，肯
定和否定的比例都接近一比一，或在二比一以内。

福柯斯解释说，政策判断取决于价值取向，即使职业训练和背景相
类似的人，比如医疗卫生经济学家在实证问题上能达到 80% 到 90% 的
一致性，但是在政策（价值取向）问题上也是意见相左。 价值取向问题
的表述总是规范性的：在 13 个政策价值取向问题中，有 9 个包含了
"应该"一词，另外 4 个包含了"不公平的""合意的""无效率
的"，或"超出社会最优水平"。

在美国，人们普遍认为，经济学家，尤其是"主流"经济学家，价
值取向是基本相同的，对假设前提的看法是相同的，对市场、效率和激
励使用的态度也是基本相同的。 对此，我并不表示反对。 而且，我所
认识的许多医疗卫生经济学家所使用的方法并没有背离传统，也没有与
主流不一致。 令我感到惊异的是，医疗卫生经济学家们对于实证问题
的回答非常一致（一些经济理论家也被问了相同的问题，但是他们的回
答至少在两个问题上有很大差异，这说明"正确的"答案并不是显然
的），但是对于政策价值取向问题的回答却差别很大。

在我听到福柯斯的演说之前，我准备得出如下结论：经济分析对许
多重大问题影响甚微的原因在于这些重大问题是由价值取向决定的，而
不是由分析决定的。 但是我还准备说，即使是在价值取向居主导的政
策问题上，经济分析也还有用武之地。 我带的一些本科生常常根据自
己预期的结果的价值来选择政策，而他们在预期结果时常常出错。 我
常常劝他们在进行分析时不要受到价值取向的影响；然后，当他们已经
有办法对结果进行正确预期时，则可以应用他们的价值取向了。 学生
们最初对如下问题有强烈的反应：租金控制、汽油配给、现金和实物援
助、最低工资法、电力规制、农产品价格补贴以及关税；他们（至少美
国学生）会常常因为一个政策是有利于还是不利于"穷人"而支持或反
对该政策。 如果我能让他们暂时不考虑价值判断，先研究理论分支问

题，发现谁获益了，谁损失了，数量是多少，然后他们可以再考虑自己的价值取向，这样就会作出更明智的选择了。

但是福柯斯提供了有力的证据，说明问题不是经济学家无法了解政策问题，而是经济学家们本身在政策价值取向方面存在差别。

我曾被要求讨论在环境政策方面政策分析的作用。 稍后我将说明，政策分析不仅影响甚微，而且常常公然被排斥在外。 但是首先我们还是来看看分析有影响的一个政策领域。

国防政策

我曾受邀演讲，谈谈学术界对美国国家安全政策的影响。 在准备这个演讲的过程中，我认识到，可能也算是美国特色的，学术研究对国防政策的影响远远大于其他政策领域。 我将描述一下这种影响，并给出可能的原因。

在二战以前，美国的军事政策，尤其是兵役本身，与学术界是完全绝缘的。 大学里基本不设军事战略课程。 二战之后，这种状况立即得到了改观。 空军在1946年建立了兰德公司的前身；它于1948年成为加利福尼亚州的一家非营利研究机构，对大笔研究预算有很独立的控制权，并且有意远离华盛顿地区，这样可以自己选择长期问题进行研究，而不是为华盛顿的短期问题提供快速答案。 当苏联人造卫星在1957年上天的时候，兰德公司是关于可能的地球卫星轨道的唯一信息源。

在20世纪50年代末，战略研究主要考虑核武器政策和欧洲联盟政策，这在许多大学和智囊机构中逐渐开展起来。 在整个60年代，学术思想和观点对美国的政策产生了巨大影响。 我先简单综述一下学术思想对政策产生影响的渠道。 学术观点大多数情况下是通过行政部门进入政策领域的，而不是通过国会，而对于大多数政策领域来说，只有行政部门采用学术观点还是不够的。 如果美国卫生与公众服务部、住房与城市发展部或交通部接受了来自学界的政策观点，国会还是有权忽略这些观点。 而国防部提出的政策观点国会则不太可能忽略，尤其是当文职高官和军队高官之间不存在分歧的时候。

人员

从 1961 年肯尼迪执政起，学术界对国防政策施加影响的有力渠道就建立起来了，这就是任命学术界人士担当高位。 总统约翰·F.肯尼迪的国家安全顾问是哈佛大学文理学院的院长麦克乔治·邦迪（McGeorge Bundy），邦迪的副手也是哈佛大学的教授。 肯尼迪的国防部长罗伯特·麦克纳马拉（Robert McNamara）拥有哈佛大学的 MBA 学位，并且任命了四位有学术背景的人为部长助理。 国务院政策规划小组（State Department Policy Planning Staff）的负责人为 MIT 的教授，而哈佛法学院的一位教授则是国务院的顾问。

这些人不仅带来了学术思想和观点，而且带来了学术界重视分析的文化传统。 他们是学术观点传播的渠道，而且他们在各个委员会中任命以前的同事。

肯尼迪当选的 8 年后，尼克松总统在电视上郑重介绍基辛格为新任国家安全顾问。 基辛格除了曾在军队做过一点工作，他的整个职业生涯都是与学术相关的。 一般来说，共和党执政时使用的学术界人士规模不及民主党，但是基辛格的副手布伦特·斯高克罗夫特（Brent Scowcroft）（后来成为总统乔治·H. W. 布什的国家安全顾问）是一位拥有国际关系博士学位的军官。

卡特总统的国家安全顾问和国防部长也都是来自学术界的。 在克林顿总统的第一个任期内，一位拥有博士学位的国会议员成为了国防部长，上任伊始，他就提名至少五位有学术背景的人担任部长助理或更高职位。 其中一位后来成为了中央情报局局长。

学术界人士居于政策部门高位，使得学术思想和观点能够渗入到美国国防政策中去，这也是美国政府的一个特点。

学院

学术界人士在政府部门就职并不是全部。 军方自己也开办了四所主要的"军事学院"，那些将成为将军的军官在这些学院中接受为期9个月的高等教育。 最高级的学院是位于华盛顿特区的国家军事学院。每年该学院从陆军、海军、空军和行政机构中各招收约50名学员，还从加拿大和其他北约国家招收一些学员。 课程主要包括政府和政策、外交、国际经济学和军事策略。 老师中有一半到三分之二的人为非军方人士，这些老师有长期的，也有的是请来执教一到两年的。 其余的师资则来自于杰出学员。 学院会邀请政府官员和学术界人士来讲课。此外，陆海空三军都有自己的同等规模的军事学院。

这些军事学院都有浓厚的学术氛围。 我的首次经历是1959年在空军军事学院讲课。 那时班上的上校学员都是中学毕业后或大学辍学加入了美国陆军航空队的。 1959年的班上几乎没有人拥有学士学位。学生们对于一个从大学校园中出来的平民老师讲授战争、动员、军事经济学或联盟政治并不能完全接受。 数十年之后学员组成发生了自然变化，所有学生都拥有学士以上学位，至少有三分之一拥有管理学、经济学、国际关系或工程方面的硕士学位，有的甚至是博士学位。

军官们还有两个学习进修渠道。 一个是，上校军官可以被送往高等学习中心例如伦敦的战略研究国际研究院、纽约的对外关系委员会、哈佛的国际问题中心，或麻省理工的国际研究中心。 这些军官将在学术环境中学习一个学年。 另一个是博士课程计划，在陆军和空军中比在海军中更盛行。 我在哈佛大学的30年里，至少带出了30位年轻军官博士，所涉专业有政治经济学、政府和政治，以及经济学。

过去40年的上述发展变化使得五角大楼中的军方和非军方政策人员的分歧越来越小。 过去，从肯尼迪政府的早期一直延续到约翰逊政府，有报道称，国防部的高级军官与年轻些的非军方"神奇小子"们有文化冲突。 有幸的是，军方对军官们展开了培训，使得军官们可以和非军方同事能更好共事。

这里存在一个问题，为什么"价值取向"阻碍了医疗卫生经济学观点的一致，但是对核战略却没有这种影响? 我在此只能对答案进行猜测。 也许核问题是个新问题，大家都不太熟悉。 有必要简单回顾一下历史。 1961 年出现了三本书，预示着在军备控制问题方面大家的意见将基本一致。 每一本书都是集体共同努力的结晶，而且每一本书在写作时都引起了热议。 1960 年的夏天，赫德利·布尔（Hedley Bull）的手稿《军备竞赛的控制》（Bull， 1961）在战略研究学院传阅，作为对该学院第二个年度大会的准备工作。 同一年夏天一个研究团体在波士顿郊区聚会了，莫顿·哈尔普林（Morton Halperin）和我出了一本小书（Schelling and Halperin，1961），在 1960 年秋天的关于军备控制的哈佛—麻省理工研讨会期间，学者们在多个会议上对该书内容进行了广泛的讨论。 这反映了学者们对于问题的认识将取得一致，这也与伦敦战略研究院传阅讨论的布尔的手稿观点不谋而合。 同年唐纳德·布莱南（Donald Brennan）组织了一次会议，于是有了《军备控制、裁军和国家安全》（*Arms Control*，*Disarmament*，*and National Security*）一书（Brennan，1961）。 与会者包括新一届肯尼迪政府的白宫国家安全顾问、白宫科学顾问、负责国际安全事务的国防部长助理、国务院负责政策规划的副部长，以及其他许多政要。 1972 年签署的反导条约（the ABM Treaty）无疑是上述研究的直接成果。

如果说军事政策是最能接受政策分析和经济分析的领域，环境政策则可能是另一个极端。

环境政策

在环境规制方面，节约无疑是一大主题。 联邦政府预算成本和对农场、工业和地方政府加以规制的成本加在一起估计接近于每年2 500亿美元，这还不包括50年核材料生产所带来的巨大清理成本。对于待解决的问题排出优先次序是非常重要的。但是对于清理有毒垃圾的优先级问题，国防部、能源部和环境保护署意见迥异。

我认为，经济分析的两大贡献应为：设计成本收益（尤其是边际成本和收益）比较程序和设计激励机制，以替代直接的技术规制。为什么经济学家在四分之一世纪里都未能使这些思想观点原则上被接受？我想至少有两点原因：

第一个原因为，许多环境规制与工作场所的安全规制一样，都是关于防止生命危险的。许多人，包括立法者和行政人员都认为性命攸关的问题不应该过多考虑成本。

第二个原因为，大多数在美国的环境保护主义者，包括一些国会议员，一直将污染视为一种犯罪行为，而不是能够通过市场来管理的行为。排污收费被贬称为"污染许可"。

美国国会通过大量法律，使得规制者无法在行动的成本和收益之间建立合理的关系。最著名的例子为德莱尼（Delaney）修正案，是在《联邦食品、药品和化妆品法案》下颁布的，该修正案禁止在动物实验中使用任何剂量的任何致癌物质（除了烟草）。当食品和药物管理局宣布减肥可乐不能含有糖精时，曾引起一阵反对声，德莱尼修正案也是引来了一阵反对声，但是仍然获得了通过。在许多由环境保护组织发起的诉讼中，法院都会裁决，规制部门考虑成本的做法是不恰当的。

在清理有毒垃圾场方面，任何与风险有关的明显标准都是极端保守的。一个通常建议的标准为，"接触核辐射最多的人"死亡风险应为百万分之一。这一标准根本没有考虑成本。

关于激励问题，我有一个以前的学生在环境保护署外部研究办公室工作，在20世纪70年代末的时候他问过我一个问题。他想知道为什么几乎所有的经济学家都认为最有效率的环境规制应通过市场激励来进行，但是除了职业经济学家，其他人几乎都不这么认为，这些人包括立法者、行政官员，以及环境保护主义游说者。 于是我从他那里获得了经费，进行了四项研究，其中一项是观点调查。 研究者会见了国会工作人员、企业和环保游说组织的工作人员，以及华盛顿政府机构的一些行政人员。 该研究人员发现，企业游说者比环保游说者更喜欢市场激励，共和党人比民主党人更喜欢市场激励。 他发现，没有一方是从效率角度考虑的：反对市场激励的人只是想避免将污染合法化，而支持市场激励的人则是由于更喜欢非人格化的市场，而不是人治。

结束语

有一次我在挪威参加一个关于全球环境的会议，我参加了一个广播节目，在节目中一位女士问我美国人是怎么看"绿色税"的。 我告诉她大多数美国人可能还没听过绿色税这个词，但是如果美国人知道绿色税的含义的话，大多数环保主义者会反对绿色税。 我当时的回答主要基于 10 年前的观点调查，我现在认识到当时的答案我给错了。 具体原因我也不是很清楚，美国发生了思想转变，美国的环保主义者开始跟欧洲的环保主义者一样，相信市场激励往往是更优的机制。

同样地，生命是无价的观点也出现变化，人们开始意识到，在环境方面投入到人员健康和安全上的资源也是有限的，应当集中资源于效力发挥最大的地方。 但是许多时候还是需要立法的变化，使得每花百万美元拯救许多生命的项目优先于花费数百万美元拯救一个生命的项目合法化。

经济学正在逐渐渗入环境领域，但是花了 20 年的时间也不算短了。 也许在这 20 年间，经济学家们花费了过多的时间彼此交流，而花费太少的时间与大众做简单清晰的沟通。

参考文献

Brennan, Donald G., ed., *Arms Control, Disarmament, and National Security*, New York: Braziller, 1961.

Bull Hedley, *The Contorl of the Arms Race*, New York: Praeger, 1961.

Fuchs, Victor, "Economics, Values, and Health Care Reform", *American Economic Review* 86, no. 1(March 1996):1—24.

Herrnstein, Richard, and Charles Murray, *The Bell Curve*, New York: Free Press, 1994.

Schelling, Thomas, and Halperin, Morton, *Strategy and Arms Control*, New York: Twentieth Century Fund, 1961.

第十三章　作为规制工具的价格

如果一个人只是破坏了自己的土地，而不影响其他人的土地的排水；开着噪音很大的设备，但是别人都听不见，或者只是污染了自己的水源，那么这些都不算产生环境问题。如果铅和硫顺风飘荡，致人生病；泄漏的原油冲上了公共海滩；废矿的酸性排放物杀死了海洋中的生物；或者燃烧燃料改变了地区或全球气候，这时环境问题就产生了。环境影响超出了任何可确认的消费者或生产者的范围、成本核算及考虑的问题或责任。环境问题也超出了定价体系（除了一些赔偿诉讼可使环境污染活动成本高昂）。

对环境产生影响的活动多种多样。有许多对环境有有利影响的活动没有得到回报，也有许多有害于环境的活动没有付出成本，也没有受到惩罚。还有些活动是很自然的，比如清早儿童欢快的叫声，我们也想去抱怨。但是，摩托车的刺耳噪音就不值得同情了。有人将机油倒入雨水管，或者将烟头扔出车窗；有些企业，不管大小，将废物倾倒在地上、海里，排放到空气中。还有些活动，例如驾车和停车，如果规模不大，则不构成问题，但是一旦规模较大就会引起阻塞。还存在有害垃圾的非法处理，合法的但是危险的处理，以及在不知情的情况下对有害物质的处理。有些活动，例如火力发电，肯定是要持续下去的，问题只是活动的规模。另一些活动，例如使用某些除草剂或杀虫剂，则不必也不应该继续持续。有些有破坏性的活动好处要大于坏处，没有造成明显的"问题"；有些活动的好处和坏处孰大孰小还不确定；还有些活动则毫无疑问应当加以限制甚至制止。 当所有在环境问题上有利益关系或有权的人集中在一起，认为在环境方面的投资是不值得的时候，他们可能并没有考虑还没有出生的后代的利益。

我们中的大多数人在环境问题方面都是扮演多重角色的。 我们深受建筑工地和飞机噪音之苦，对路边广告感到不快，受到铅和水银中毒的威胁，因并排停靠的车辆而耽误时间。 我们的孩子光脚行走时会碰到碎玻璃，但是也会有人对我们孩子的光脚感到不快，而且如果玻璃瓶不是我们自己的，我们往往会视而不见，以至于玻璃瓶没有进入垃圾箱，而是打碎在路面上。 我们自己导致了圣诞节购物时的人员拥堵。就像十几岁的青少年所喜欢的说唱音乐让我们感觉烦扰一样，我们的室内乐也同样让她感到烦扰。 我们在粉刷自己的房子时，很少会询问邻居应使用什么颜色的颜料。 吸烟者在电梯里向其他人释放令人不快的或有毒物质。 还有些人则把烟戒了，改嚼口香糖了，但是味道闻起来跟香烟一样糟糕。 如果我们的汽车有完全防盗险，我们则可能会疏于看管，随意将车停放在空停车场使车更容易被盗。 我们抱怨高电价，而发电厂也在尽力避免昂贵的消除烟尘工作来减低成本。 我们惠顾便宜的洗衣店，而这样的洗衣店将化学物质直接倒入下水道。 我们吃牡蛎时要支付更高价格，但是我们却不知道牡蛎因污染而变得昂贵了，无论采捕牡蛎的人是否受到污染的危害。

要确定谁是受害者，谁是受益者，还是需要一定的分析。 当为了保护下风的农业和人的健康舒适生活，发电厂被要求对从大烟囱排出的热气做清洁工作时，谁来为这个清洁成本买单并不是很容易确定的。如果将所有的火力发电厂视为一个整体，清洁工作的成本不是由发电厂的股东承担的。 电费是由公共委员会确定的，公共委员会决定哪些成本是可扣除的，以及什么样的回报率是合适的，大部分的成本都转嫁给了消费者。 有些电力消费者是工业企业，它们也同样会将电费的增加部分转嫁给消费者。 如果工业企业用电量很大，那么企业也将承担一部分电力增长成本，于是工资的提高就会变得缓慢一些，或者财产税估价要略低一些；所有的结果都与确定电力或发电厂锅炉中的煤炭的税负归宿一样复杂。

这些复杂情况使我们了解到，保护或改善环境、预防危险、减轻土壤、森林和其他资源的退化问题都会涉及错综复杂的收益和损失，也涉及一系列的受益者和损失者。这些收益和损失的总规模是不清晰的，收益和损失在受益者和损失者中的分布情况也是不明确的。分布问题——按照收入规模或地区或职业划分的受益者或损失者——并不容易确定，有时甚至是与直觉相反的。甚至收益和损失（个体所得到的价值和为社会所有的价值）的相对规模大小也不容易估计。不仅分析者或观察者不清楚谁受到了影响，受影响的程度，是受益了还是受损了，而且与环境宽容政策的受益者一样，环境问题的受害者（和环境保护的受益者）可能并不清楚自己的受益或损失的大小程度——甚至都不知道自己与环境问题有关系。那些环保成本的最初承担者可能将自己夸大为环保政策的最终受害者，而它们自己也不清楚有多少环保成本转嫁给了消费者或供应商。

虽然这样的分析在实践中很难做，但是外部性方面的理论却发展得很成熟。从理论角度看，所讨论的外部性是否为环境问题并没有什么关系。但是，由于一些人的活动破坏了环境，从而侵犯了别人的福利，在评估这些福利损失方面，外部性理论也有一些问题无法处理。原因在于外部性理论对于活动和事件的道德意义不作评判，并且排除了最终无法估定的个人福利值。

准确来说，经济理论根据结果和受影响的人对结果的评价方式来评价行动，而不是根据行动本身的好坏或行动的本意来评价行动。然而，对许多关心环境问题的人而言，个体的得益和损失总起来也还不足以衡量行动。对某些人来说，没有人为某个濒危物种说话，或没有人为地球说话，并不意味着，由于没有哪个人的利益受到明显影响，就不存问题了。某些行动会对无辜的人或其他生物造成伤害，这些行动并不总是根据所有个体所受到的伤害大小来给予评估（或不予理会）。一

163

个过错可能是无法饶恕的，而不论其造成的后果如何。

环境问题总是很受重视，这是因为与气候问题一样，环境问题可能导致大量的不可挽回的损害，但是人们对可能的损害程度又观点不一。环境问题意味着会存在生化危机，而生化危机的后果则是最可怕的人类灾难、死亡和胎儿畸形。

外部性和社会控制

人们和企业所从事的活动消耗了稀缺的物品，而这些稀缺的物品并不属于他们，破坏了别人有合法利益的东西，或者直接对其他人造成危害。 或者他们只是做事的程度过分了些，如果规模能小一点，还是可以原谅的。 他们之所以这么做了，是因为他们不知道自己正在做危害别人的事情；或者他们知道但是并不在乎；或者他们知道而且也在乎，但是与自己的利益相矛盾；或者他们不知道该如何减轻活动的危害。这些人和企业可能希望保持匿名状态，以逃脱责任；他们也可能因无法确定自己行为的受害者并予以补偿而感到悔恨。 同理，有利于环境的行动也可能得不到报偿。

由此产生了对社会控制的需求，要采取一些手段来减少或抑制有害的活动或增加有利的活动。 "环境保护"一词意味着重点应放在应对有害活动上。

自我控制

因一时难以找到更合适的词，我们仅以社会控制来表示各种实施环境政策的方式。 社会控制这一术语必须包含自我控制，因为在社会政策中，许多地方要依靠自我控制。 社会控制还必须包括教育，教育能提高人们对行动后果的认识，或了解其他可替代的行动。 社会控制包括完全禁止、规制、收费、定价、税收激励，以及执行方法。 此外，社会控制还包括了通过私下谈判、民法，以及非正式合作安排所能解决的事情。

大部分环境保护工作无疑取决于行为准则、周全考虑和自我控制。有些最强有力的社会控制是通过习惯和礼节来起作用的。 四代人以前，随地吐痰是很常见的，甚至在室内也是如此，为了搞好卫生，只能在适当的地方放上痰盂；而到了近期，在电梯的出口处都置有白砂器皿，用来放燃烧的香烟。 三代人以前痰盂已经消失了，取而代之的是随处可见的"禁止随地吐痰"的标识，甚至有轨电车车身上都能见到。而对随地吐痰的惩罚则像今天对从车窗向外扔垃圾一样进行罚款。 一代人以前，随地乱吐现象已经基本禁绝了，这可能是由于尼古丁摄取技术进步了，由口嚼烟草变成了卷烟。 如此一来，烟头则成了问题，好在还有烟灰缸。 而到了今天，问题的重点已经由吸烟所造成的垃圾问题转变为吸烟本身。 在半个世纪的时间里，我们已经由"禁止随地吐痰"发展为"禁止吸烟"了。 75 年前，随地吐痰也经历一个这样的过程。 今天，人们不再向窗外扔垃圾，并不是因为害怕 50 美元的罚款。

周全考虑和自我控制是值得提倡的。 文明行为的风尚对于环境保护是至关重要的，公开的社会控制应当与个人的责任感相结合，特别是在人口稠密的地区，我们离不开广泛的个人责任感。

公开控制

公开控制可以采取各种形式。 比如，乘坐交通工具时禁止携带危险化学品，规定宿营地篝火的燃烧地点、允许噪音的时间、垃圾处理的方式、废气排放量、鹿的猎捕数量、杀虫剂成分、车速限制、噪音分贝量、公共场所不可以放置哪些危险物品。 执行手段包括罚款、下狱、税收惩罚、吊销许可证和特许权。

停车计时器、收费站和国家公园的入口处都要收费。 节能方面的支出可以享受税收抵扣，重型卡车根据不同重量交不同数目的许可证费、市政垃圾处理可以得到联邦政府的补贴，甚至对于捉到害虫和回收旧罐子都有奖励（在有些地方，对战争遗留炸药的发现者予以奖励）。如果有单位或个人存在合法或非法的破坏环境的行为，侵犯了其他公民的权利并造成了危害，我们的司法体系使得这些公民个体可以发起诉讼。 当政府本身对环境造成了破坏时，投票机制则成为社会控制的手段。

这些控制手段可以进行许多不同形式的分类。 有正式合法的或非正式自愿的；严格的或有弹性的；可执行的或只是提倡的；基于负面制裁或正面制裁的；针对行为、物质或损害的；一般性的或特别的；依赖公民执行或警察力量执行的不同程度。

本章重点讨论一组特别的社会控制手段——在有些背景下，这些手段看来比较熟悉，而在另一些背景下则不那么熟悉，甚至是完全陌生的。 这些控制手段有时被描述为经济激励，有时是通过价格体系而发挥作用的手段。 属于这一类的控制手段包括：费、补贴、报酬、赔偿、拍卖、赋予产权，以及创造市场。 我们比较熟悉的例子有停车计时器和瓶用押金，对家庭隔热系统的所得税抵扣、可回收纸市场，以及对太阳能家庭取暖系统的低息贷款。 还有一些控制手段是我们不太熟悉的，而且也更具争议的，比如对发电厂的硫排放、机场噪音，以及有害烟气的排放进行收费、罚款或课税。 近期还出现了一些创新手段，例如，如果新企业不排放一定数量的受规制物质就无法正常运营，它们可以在市场上向已有企业购买排放权。 再如，有人建议对新车应收取一笔押金，只要车主在车报废时将废车放在指定地点就可以取回押金。

价格体系

这些控制手段的显著特点并不只是根据损害程度、消耗掉的资源或环境利益而支付货币。 在本研究中，我排除了广泛宣传的罚款，例如对破坏地铁座位、将垃圾扔出车窗外，或者让宠物弄脏了人行道等进行罚款。 对向河流、池塘和空地非法倾倒有害物质的企业所进行的罚款或损害赔偿并不是我所指的价格，即使由于罚款的存在，企业有经济激励来遵守法律。 有人提供信息，帮助警方逮捕并判决森林纵火犯、破坏公共财物的人或夜里在路边倾倒有毒垃圾的人，对这些人的奖赏不论提供了多大的经济激励，这些奖赏都不是我这里所指的价格机制。

费和罚款之间的区别，或者说费与罚金之间的区别，可以做一个很好的说明。 对于费而言（无论费是对活动征收的还是对活动的结果征收的），通常费本身或收费的活动不涉及道德或法律上的偏见。 行为完全是自主的。 费提供了一个选择：付费，然后你可以将垃圾堆放在这里，否则你把垃圾放到其他地方去；付费你就可以在这里停车，否则请将车开到其他地方去；付费你就可以在公共海滩游泳，否则就请不要游泳。 费不管是用来支付活动后的清理成本、维护公共设施、防止公共场所人员拥挤、或补偿因活动而受到不利影响的人，只要一个人付了费，他就享有相应的权利。 收费发生时相关方不存在愤怒情绪，收费也不会形成不良记录，即使费是用于补偿损失，付费的一方也不会极不情愿，而收费的一方也不会充满怨恨。 但是因犯罪判刑而同时处以罚金，这个罚款本身并不能消除已经发生的犯罪行为。 "偿还欠社会的债"并不是一个准确的说法。 不能因为某个人在监狱服刑或支付了罚款就认为对社会没有影响了。 犯罪判决仍然记录在册；法律被违反了，而违法的行为受到谴责。

虽然实践上看，费与罚款不是很容易区分，例如交通违章的罚款数额是最小的，不作为违法记录，而且对于最初的几次违章甚至可以免于处罚，但是费与罚款之间的区别在理论上是显然的。 有时人们宁愿支付罚款只是由于个人有急事，因此违章也能为人们所理解或为法律所宽容。 但是即使在这个时候行为也通常只是本身情有可原；支付罚款也只是表示诚意，而非对错误行为的许可。

分权决策

价格体系的核心是将付款或不付款的决策交给面对价格的人。 价格只是说明你需要支付多少——价格不提供警告，不是赔偿行为，也不是"取得责任承诺"（admission of liability）。 价格机制将决策权下放了。 价格可能是由某个集中权威（central authority）确定的，但是支付还是不支付则是一个分权的选择。 与此相对，集中权威可能决定你不能在消火栓前停车——不仅是你不行，任何人也不行，停一个小时不行，五分钟也不行，不能因为是打电话，也不能因为是上厕所。 罚款是一种执行手段。 罚款可能意在威慑，可能与违规行为相称，但是因违规行为而交了罚款之后，并不意味着现在你可以自由决定是否在那里停车了。

同理，一些对有害行为所征收的税也不属于价格机制范畴。 意在减少某些消费或活动的税收代表了不赞成，相当于未完美执行的禁止措施。 当政治动机使得一项税收类似于罚款时，我们就称这种税是惩罚性的（对烟酒征税反映了对吸烟喝酒行为的不赞成）。 还有一些税收更像是收费，因为这些税收与磨损或被课税行为造成的损害有关，或者与为活动提供设施的成本有关。 用于公共道路的汽油税就像是间接的养路费。

价格的核心特点不仅仅在于其与道德判断无关或者允许自由选择。价格是一种度量手段。 在市场中，一个自愿交易的价格一定能覆盖交易成本或供应成本，或者代表足够的补偿。 交易是自愿的。 为一瓶可乐所支付的价格一定包含了劳动力成本、材料成本、能源成本，以及其他与生产、运输和处理一瓶可乐有关的各项成本。 如果人们所愿意支付的水平不足以抵消各种成本，那么这个可乐就不值得花费那些成本；劳动力、材料和能源就会被用于其他地方，生产消费者认为值得花费成本的东西。 如果将可乐送到临近的小店的成本在消费者愿意支付的价格水平内，并且没有哪家企业有垄断地位，那么在足以弥补成本的价格水平上，人们想要的所有可乐都会因竞争而生产出来。 因此，所生产和销售的可乐数量为消费者认为值得付出成本的数量，而成本反映了用于制造、瓶装和分销可乐所花费资源的替代用途。 价格度量了可乐所花费资源的价值，同时也度量了可乐对消费者的价值（更准确地说，在如下可乐消费数量上可乐的价值：比这个数量小的数量价值评价更高，而高于这个数量水平则价值小于成本了；否则人们会购买更多的数量）。

有时价格反映了稀缺价值。大多数城市都对出租车的数量加以限制。在出租汽车牌照体系下，牌照的数目是固定的。像证券交易所的席位一样，牌照也是可交易的，于是由谁来开出租这个问题就交由市场决定了。每个城市都有一个现行交易价格。对于牌照主人来说，牌照必定至少值这个现行价格（因为牌照主人有销售的选择权），但是对其他人来说，牌照价值必须低于现行价格（否则会有人出更高价格，直到愿意出价购买的人数等于牌照的数目）。

因而，当产品、服务和特权被"定价"时，就发生了以下分权决策：谁来消费或提供服务？提供和消费哪些服务？何时何地提供和消费服务？数量是多少？实际上，从来没有哪个人决定应生产或消费多少可乐；每个人只决定他自己要生产或消费的数量。出租车牌照的数量是由集权决定的，但是市场决定由谁拥有牌照。

为了将可乐和出租车牌照的例子应用到环境领域，我们可以设想存在"退瓶法（bottle bills）"，要求人们在购买啤酒和碳酸饮料时交瓶子的押金。两代人以前，啤酒瓶和碳酸饮料瓶都是可以退的。我们大多数人在交了押金后都不会思考我们是拥有了瓶子，还是只是租了瓶子，交一小笔押金以保证退瓶。这也没什么关系。我们的押金足以支付瓶子的重置成本了，所以我们把瓶子弄丢了、损坏了，或留在家里都没有什么影响。如果我们觉得把瓶子送到小店不值得，还可以卖给那些收瓶子赚钱的小孩。如果我们丢失了一个瓶，或打破了一个瓶，我们根本不必说抱歉；押金足以补偿瓶子成本。商店和生产商都不会在乎我们如何处理瓶子。

但是有人会关注瓶子的处理。瓶子若打破了就成为讨厌的垃圾，若是完整的，摆在那里也有碍观瞻。如果我将碎玻璃瓶放到路边的人行道上，我只是付了瓶子的钱，但是并没有支付人行道清理费，或自行车轮胎修补费，或治疗狗爪子的费用。 但是由于这些瓶子是花费钱的，我还是会仔细的，如果我丢下的是完整的瓶子，一些年轻人可能会收走并退给小店，一个瓶子可以退 2 美分。 现在由于我们的生活水平提高了，一次性容器的技术也很便宜了，所以大部分人都更喜欢使用一次性包装的饮料，包装瓶的价格就更不能反映清洁成本或对造成的损坏的补偿。 可退的瓶子押金的再次出现是作为规制工具出现的。

实际上押金作为一种控制机制，并不一定需要与可回收容器或可循环利用材料相联系。 而且押金甚至不一定是以货币形式；你可以留下自己的名字、地址和社会保险号，如果不退瓶（无论完整的瓶还是破碎的瓶）则面临罚款。 押金体系是一种方便的巧妙安排。 它是一种分权的自动执行体系。 如果有瓶子没有被退回，也只是押金被罚没了，但并不涉及任何道德方面的问题。 由于瓶子可以很方便地退回店里，而送货到店里的卡车又可以将空瓶送回厂里，因此在押金执行机制下，回收再使用是一种经济的做法。

价格决定。 但是押金的数量应该为多少呢？ 当然，押金至少应能抵补瓶子的成本。 在消费者支付了一笔能抵补瓶子重置成本的押金后，如果消费者能保存瓶子并退回瓶子，那么就不存在任何问题。 但是如果消费者将大量瓶子丢在沙滩上或人行道上，那就需要提高瓶子押金，以吸引更多的人来退瓶，提高退瓶率。 如果我们一个瓶子收五分钱，则没有什么作用，因为我们知道对大多数消费者来说，退空瓶是件麻烦事，根本不值得为五分钱来退瓶。 于是卖饮料的商家不需要做什么工作就赚取了一定利润。 我们可以将一个瓶子的押金提高到 1 美元，那么退瓶率就可能升至 100%。 这一押金体系不会花费人们一点钱，因为浪费瓶子的成本如此高，人们不会浪费瓶子，放弃押金的。人们所损失的只是几美元投资的一点利息。 但是我们并不能准确度量人们保存瓶子需要花费的代价；1 美元只是简单设置一个上限（如果我们想通过未退瓶的押金来筹得一些用于清洁的资金，我们实际无法得到押金）。 如果 1 美元足够高，从而具有惩罚性，我们可以将其视为罚金，而不是价格。

我们甚至可以将每个瓶子的押金定为 5 美元，这样六个瓶子的押金就相当于一次交通违章的罚金了。这个时候押金就明显不是价格了。但其仍不失为一个禁止乱扔垃圾的有效手段。没有人会以乱扔垃圾的罪名逮捕一个公民，然后以所扔的瓶子作为证据，通过法庭判决作出罚款；所有这些都可以由押金自动处理，只要我们不坚持保留犯罪记录。但是我们将价格设定为 5 美元，我们就清楚，顾客在为了图方便不要押金和退瓶取回押金之间倾向于后者。

另一种决定押金数额的方法为：询问人们，在什么价位上，他们不在乎是否退瓶子。存在这样一种可能，在某个价位上，有些人，例如无家可归者或童子军，可以将旧瓶子卖给回收站获利。如果每个瓶子押金 15 美分，所有的瓶子都回收了，那么我们可以原谅乱丢瓶子的人，因为他们所放弃的押金已经支付了清理成本。如果瓶子并没有全部回收，但是我们可以用被放弃的押金支付清理费用，那么同样我们也不会在乎人们是退瓶还是预先支付了清理成本。上述这些可能情况说明了我们可以将押金作为一种价格机制，也说明了为什么在设定价格后，我们可以满意地让人们自己决定是退瓶子还是放弃押金。

这里的讨论并没有解决我们应如何处理瓶子问题，只是说明了价格体系与其他规制手段（包括其他需要支付货币的手段）的区别。具体来说，我们的分析并不是说我们对与瓶子有关的社会行为一定不做道德评价。同时，并不能确保任何适中的价格都能抵补清理成本。此外，我们可能希望收取高水平的押金，除了可以支付清理成本，还有部分余钱可以做其他用途，尤其是当放弃租金的人是我们不介意征税的人。如果清理旧瓶子是不可能的任务，那么就很难确定押金的大小了，使得被放弃的押金作为对本地社区的补偿。对于以上各种情况，我们的评价可能都要取决于被放弃的押金的合法支出方式。

分配固定的供给量。 只要存在过度拥挤问题的地方都有类似于出租车牌照的制度安排。限制出租车的数量可能主要考虑的是出租车车主的利益，而结果可能并非有利于乘客，但是同样的"可出售的权利"原则也应用于交通拥堵或对有限空间或设施的过度使用。 泊车就是一个例子。

使用牌照方式的话，由一个集中权威对可以运营的出租车数量作出决策，但是谁是出租车车主这个问题则交由市场解决。 对于市区泊车来说，由一个集中权威决定发放多少停车许可证，或多少空间可以用来停车，或者允许停车的具体地点。 然后这个集中权威就不用决定谁可以停车，或每个人的停车地点，或安排每个人每天停车的具体时间，或每周的哪几天可以停车，这些决策问题都可以由价格机制来完成。 可以使用多种方式。 比较常见的方式是安装计价器，费率的设定要足够低，使得泊车空间得到有效利用；又要足够高，不至于吸引过多的司机来停车。 如果统一的计价使得偏远的空间利用率不足，而中心地带的空间则不够用，则对于空间需求量大的地方可以定更高的价格。 同样地，在人们每天都停一整天的地方，可以出售挡风玻璃标签（windshield sticker）——价格也不能过高，使得空间利用率不足；也不能过低，需求量过大，由发标签的工作人员决定哪些驾驶者可以得到标签（如果这些标签是永久性的，那么不再需要标签的人和宁愿拥有现金的人要能够退回标签或出售标签）。

在泊车的这个例子中，泊车的价格并不能抵补提供泊车场地和服务的成本，而只是起到了分配固定供给量的作用。 价格机制确保了泊车场地为那些对场地货币价值评价最高的人所有。 价格机制具有吸引力的地方因而在于如何使用所得收入。 价格机制的优点如下：

· 泊车更为有序，不再拥堵。

· 寻找停车位和等待的成本——由驾驶者所"付出"的成本，但是没有任何权威者得到这笔支付——最小化了。

· 人们可以作出准确计划并准时到达。

· 价格体系是非人格化的；没有特殊照顾，也没有官僚作风。

· 那些得到车位的都是花钱购买的，那些没有得到车位的（对这些人来说，车位显然不值有车位的人所支付的价钱)在原则上可以成为泊车收入使用的受益者。

如果一个镇为每位居民在自己的街道边分配了一个停车位，那么居民原则上会希望自己装一个计价器，这样当自己的车在别处时，停车位不至于闲置。 这样的话，如果他宁可另做安排(比如处理掉自己的小汽车，改打的)并拥有因装了计价器而得到的停车费收入，这个停车位就更创造价值了。

因而泊车位的价格可以被视为某些额外场地价值的大约度量。 如果当前计价器或标签的费率足以抵补额外泊车的成本，这意味着当局提供额外的泊车服务不会形成净成本。 如果停车场出售或出租所得大于通过使用计价器和标签所得收入，那么停车场就有其他更具价值的用途，这个镇给停车场的定价低于其应有价值则实际上会有财富损失。如果所发放的泊车许可证是永久性的，而且在不失信的情况下不能回收，简单的算术可以说明，镇可以将停车场作其他用途，所得资金可以抵补回购泊车许可证的成本。

价格歧视。 泊车位为有支付能力的人所有。 不管这些人的停车需要是否特别紧急，也不管是否驾车和停车让他们节省的钱比其他人多，或者他们只是更为富有，他们得到停车位只是因为他们愿意付款。泊车者越富有，泊车的价位也就越高，镇里也就可以收取更多的钱，这还减轻了明显的价格歧视。 我们可能还会禁不住希望向穷人提供免费或低价的泊车位。 一般的看法是，穷人显然更希望拥有钱，而不是停车位。 我们可以给穷人泊车代币，然后他们可以将代币换成现金。 如果我们给予穷人"产权"，使得他们只能驾车和停车，还不如让他们能在自己期望的价格上交易得到现金更具有价值。 可能存在一些充分的原因，说明为什么不能这么做，以及为什么等值的现金或可交换的权利都是不可行的。 然而，向不愿意付款或无力付款的人提供停车位等于提供某个东西给这个人，而他更希望得到来自无歧视价格体系收入的一个份额。

上面对瓶子和泊车的广泛讨论只是意在说明价格的含义，之所以选择这些例子，是因为它们能够说明许多适用相同原则的活动。但是这些例子并不是代表性的。它们都是很简单的例子。汽车是大型的、易辨认的物体；每辆车都是独立的单元；每辆车都有一个车主的记录；汽车不可能与自行车相混淆；汽车的到达和离开都是依靠自己的动力系统；可以防止人为乱摆弄的计价器的价格十分实惠；停车位在停车区内部是可以灵活调整的，人们并不在乎他停在停车区的具体哪个车位上；而且停车的费用也是很合理的。但是相同的原则可能就不能应用到公共公园的宠物身上了。瓶子的例子也与泊车相类似。理论上来说，相同原理可适用于面巾纸、烟头、糖果包装袋，以及蛋壳，但我们并不指望在实践中这么做。

价格体系

对经济学家来说，市场和价格是研究的核心。但是环境影响却游离于价格体系之外，不出现在市场活动参与者的会计核算中。因此，经济学家将环境问题视为市场价格体系的失灵。

关注信息、教育、道德、民法或法律执行，以及规范、传统和非正式社会控制的人都从自己的视角刻画或分析环境问题。他们将环境问题视为其他方面的失灵，例如信息、教育、自我控制和公共精神、行政管理、社会规范，或法律体系等方面的失灵。每个专业的人都只强调在社会控制方面自己所研究对象的缺失。不仅如此，每个专业的人所提供的解决方案也仅局限于自己的学科，比如修补、扩展或创造一个价格体系、信息系统、管理体系、司法体系或伦理和道德体系。这么做倒也不一定就是错的，但是每个专业都认定自己的观点是唯一正确的就有问题了。不可能所有人都是正确的。

以扩展价格体系作为控制环境问题的一种方式可以形成两点认识。

一为价格无疑发挥了作用。 我们可以举出许多成功例子。 随着经济制度的发展，通过赋予并保护产权、合约执行、获取更好的信息以及促进营销的技术进步，过去的外部性问题都可以在市场体系内解决。 二为有些环境问题注定仍不能通过创造或扩展市场来解决。 实际上，我们已经假定市场体系很难解决更多的环境影响问题；如果很容易的话，早就会这么做了。

只是建议对飞机起降时的噪音向航空公司收费是不够的。 还需要有方法来度量不同飞机噪音的大小、规定合理价格、所收费用的使用、由哪个权威部门来执行价格体系、航空公司为减少成本而降低噪音可能导致的新的安全问题或空气污染问题、当地的房产价值和税收将如何变化，以及航空票价和航空旅行将受到怎样的影响。

有许多定价方法可以被用来，而且已经被用来规制影响环境的活动。 近年来，人们关注的重点是排污收费（主要是由于来自固定源头的空气和水污染问题非常重要，还有部分原因是有些有争议的提议）。 对环境保护的定价问题并不等同于排污收费问题，甚至排污收费都不是主要部分，但是目前排污收费是最常见、最有争议也最重要的政策选择。

尽管有可能更容易让人产生环境保护定价问题就是排污收费问题这样的错觉，我们仍然可以使用排污收费问题作为分析的原型。 大多数与定价有关的问题（包括一直都很重要的问题"我们可以想到什么样的替代方案？"）都可以与排污收费联系起来加以讨论。 价格机制的优点和缺点也都可以加以说明。 通过对排污收费的研究，我们可以进一步研究为什么价格机制为某些人所欢迎，而却不受另一些人的欢迎；价格机制在何时何地作用发挥得最好、不好，或完全没作用；价格机制在何时何地优于更为集权的"规制"方法。

我将讨论各种不同的排污收费——这些排污收费要达成什么样的目标、它们是如何实施的、排污收费意在影响哪些活动和决策、收费应如何确定、应当将排污收费与哪些规制方法相比较——并阐释清楚一些术语。 根据词典的定义，流出物（effluent）是指流出或溢出的液体，例如下水道、排水管、储液池或输送管道所排出的液体。 在研究环境问题时，流出物还包括烟和气。 流出物一词的含义已经扩展到和排放物（emission）成为同义词，而排放物则包括辐射、微粒，甚至生物有机体和有些固体垃圾。 换句话说，几乎所有从排水管、烟囱中排出的物体，从墙内和窗内扔出的物体，或者从废气管排出的废气都可以称为排放物或流出物。 排放物一词的含义还可扩展到包括飞机噪音、电磁辐射，以及从冷却塔中排出的热量。 通常（并非总是如此——如汽车废气和马达噪音），排放源都被认为是固定的。 排放物或流出物还意味着它们是某个过程的副产品和自然结果；石油泄漏和爆炸则一般不包括在内。 排放物不包括那些装在容器中丢弃的物质或以其他方式受到控制的丢弃物；由火车、卡车或输送带运走的矿渣、矿泥、垃圾，以及废弃反应堆燃料，以及深埋地下或储藏在建筑中的东西都不视为排放物。排放物应是那些没有被控制而排入大气或水中的物质，或以其他方式传播和散发的物质。 排放物和流出物既可以是泛指，也可以是特指。 例如，汽车排放物可以指任何从尾气管或引擎排放的物质，也可以指应当控制的特定尾气成分。 停泊的渔船流出物可以是指任何流入水中的物质，也可以是指流入水中的有害物质或不良物质。 烟囱排放物可以指所有热气，也可以指有害热气，或那些被确认为有害而应当控制的热气。

　　为了说明的方便，假定存在一个收费，该收费不是收入的源泉，也不是违反了某个规定而受到的惩罚。 这个收费是企业或个人（为简化分析，可设想属于一家商业企业的工厂）与其"产出"相联系的成本。 企业通常要为投入品支付费用：物料、燃料、电力、劳动力、维修服务等。 有时企业要为其产品交税。 企业要为固定设施交不动产税，还需要交营业费。 排污费是另一个与企业生产有关的成本——这一成本取决于企业生产过程形成的某种产出的数量。 这种产出通常没有什么价值，或者价值不够大，重新利用是不值得的。 这种产出，或称为排出物，通常是不可避免的副产品。

除了对排放物进行收费，还可以使用"规制标准"来对其进行规制。 可以使用的规制标准类型可能包括：

· 每日或每年总排放量限额；

· 每单位合法投入品或产出品的排放量限额，例如每生产千瓦小时电力可以排放的硫的数量限额，每使用百万 BTU 热量可以排放的硫的数量限额，每燃烧一吨煤炭可以排放的硫的数量限额；

· 规定总排放量的减少量，或每单位排放量的减少量，使其低于某个传统水平；

· 规定投入品的变化，例如每吨煤炭或石油中硫的含量为多少磅；

· 规定燃烧方式或所使用设备的变化。

如果短期变化是经济可行的，上述标准可以根据季节、风向或当前空气质量而变化。 这些限制可以根据厂址的变化而变化，也可以保持不变。 也就是说，如果工厂所在的位置能够影响更多的人、更多的庄稼或更多野生动物，则规制标准可能会不同，也可能相同。

关于收费体系，我们需要问的第一个问题是我们在对什么收费，第二个问题为收费数额(按照排放物重量或体积收费的数量)的决定因素是什么，第三个问题为如何实施收费。 收费的目标在于根据排放的时间和地点改变数量、质量或分布。 开始时我们可以假定收费体系能实现的合意排放效果与任一其他规制方法相同。 亦即，如果我们希望使用其他控制方法来降低总排放量、使排放水平在各个时间段保持平均、将工厂从人口中心移到下游地区，或鼓励使用新技术来净化排放物，这些也仍然是收费体系的中心目标。 目标不一定要绝对相同；有些事情虽然可以在其他规制体系下通过预算资金来解决，但是如果使用收费体系得到的收入来解决，侧重点会有所不同。 但是一般我们应当假定，存在某个环境问题，收费体系和其他规制方法是可以互相替代的解决方法。

策略方面会存在不同，因为我们要讨论的一种情形是经济市场。例如，企业的数目。 假设我们现在讨论的是工业选址和对本地有有害影响的排污，从理论上来说控制可以在本地实施。 如果企业只有一家、有两家、十家或一百家，会有什么不同？ 比如有一家大型电力企业、有两家化工厂、一个轻工业行业的十几家企业，或一百个加油站或洗衣店。 规制部门和被规制企业之间可能会有谈判，各个企业可能都会关注其他企业的情况，以了解规章执行得有多严格。 但是假设规制部门打算通过拍卖许可证来限制排污量，每张许可证允许一定数量的每月排污量。 如果只有一个买家，有两三个既互相竞争又互相合作的买家，组成同业公会的十家企业，或者是一百家加油站，拍卖的作用机制都会非常不同。 只有一个买家参加拍卖的话，它就会报个低价，然后得到所有的许可证。 有两三个买家的话，就可能合谋报低价；也可能激烈竞争，意图将对方挤出市场；还可能将排污配额视为瓜分市场、避开反垄断法来限制竞争的一种方式。 一百个加油站则会相互竞争，将价格提高到某个水平，在这个水平上排污的成本使得更多的产出无利可图。

因此，除了其他一些因素，收费体系运作的方式还取决于市场结构。 一般而言，对其他规制方式影响甚微的活动特征对收费体系可能影响很大，反之亦然。

为简单起见，可以设想有大量的工厂（这些工厂生产的产品和生产方式不一定要相同）排放一种有毒物质。 每个工厂的排放量是可以进行测定的，但是一旦进入空气后所有工厂的排放物就会混合在一起了。不能确定每个工厂到底造成了多大损害，但是每个工厂的排放量影响到总量。 此时收费体系是如何运作的呢？

这是一个简单的例子。 我们有一个确定的罪魁祸首（有害物的排放）。 我们可以监督每一家工厂。 只有总排放量是起关键作用的，因为各工厂排放物都是一样的，而且混在一起。 所有工厂都在一个相同的管辖区内，受排放物危害的人口也都位于这个管辖区内。 我们的首要目标是降低总排放量，所采取的方式最好能"公平地"对待每家工厂。 准确地说，我们想限制排放物所造成的危害，我们要通过降低排放量来实现这一点。

根据我们对"损害函数"的掌握情况，以及损害的严重程度与有害气体总量的关系的了解，我们可以考虑两种方法。第一种为，我们知道每一单位有害物质所造成的损害程度，我们可以给出相应的经济损失值。如果我们可以给出每磅有害物质所造成的经济损失值，而且不必说明这一磅有害物质使总量增加了多少，那么损害函数一定是线性的——与总数量成正比。这样的话，我们可能会希望将收费与损害联系起来，而且可能根据每家企业所造成的损害来收费。另一种可能方法为，首先考虑我们愿意允许多少数量的有害物质，然后设定收费水平，使得总排放量在限定的范围内。有这样一种可能，当排放物浓度在一定水平以内，损害保持适中的水平，而此后损害程度迅速上升（"非线性"）——可能在达到一定浓度以后，自然的风和雨对大气就没有多大清洁作用了。当然也可能我们根本不知道如何评估损害，只是简单确定了一个目标（允许的总排放数量），我们所需要的价格是能使排放量降到预定的范围内的价格。与允许的排放总量相对应的价格然后可以估计出来。排污许可证可以按照这个价格发放，从对许可证的需求情况看，如果价格过高或过低，可以上下调整。

也可以采取拍卖的方式出售目标数量的许可证。拍卖是发现与目标排放数量相对应的价格的一种方法。一旦价格确定下来，如果环境没有很大变化，拍卖就可以省却了。当对排放许可证的需求超过或小于目标数量时，价格可以上下调整。

理论上来说，设定价格，然后让需求决定排放的数量和设定数量，然后由需求决定价格应该没有区别。如果我们清楚地知道需求曲线——对应于不同数量的价格曲线，或对应于不同价格的数量曲线（都是同样一条曲线）——我们只需选择一个价格—数量组合就可以了。只有当价格—数量关系不确定时，两种价格确定之间的差异才是显著的。开始时，如果你对准确的数量比对相联系的价格更有把握，那么最好使用拍卖式方法；如果你对合适的价格比对可允许的数量更有把握，则可以先规定价格，可允许的数量则由需求决定。当损害是排放总量的非线性函数时，超过某一浓度水平，损害程度会迅速提高，设定正确的数量（以防止损害的迅速提高）则成为主要考虑的问题。当损害与总排放量成正比时，确定正确的收费水平通常就比预先确定数量限额重要了。

现在我们来比较一下收费体系和更直接的规制制度所形成的不同结果。在两种情形下，排放量都下降了。一个明显的区别在于，在其中一种情形下，所收取的资金等于许可证价格乘以余下的排放数量（如果价格能代表每磅排放物所造成的损害的估计值，所得资金就相当于估计的损害值）。稍后我们来考虑出售许可证得到的收入可以做何有益用途。还有一个问题是这笔资金的合法用途有哪些——无论是上交财政、法律指定的一些特定用途，还是纳入某个环境保护预算。

在两种情形下，总的排放减少数量相同吗？答案取决于如下条件：当数量是先确定的，价格由市场需求决定时，这个数量是否与在规制制度下允许的数量相同。如果先确定的不是数量，而是与每磅排出物所造成的损害估计值相联系的价格，并且在规制制度下，规制标准不是通过对符合如下特征的数量的潜在计算而得到的：到达这一数量时，生产者和消费者得到的经济收益将相等或者经济收益大于所估计的经济损失，那么数量就可能不同。数量有可能更大，也有可能更小。如果规制制度并不是规定排放总量的上限，而是允许某一比例的排放量，例如每单位产品允许的排放量、每单位活动允许的排放量或每单位燃料燃烧所允许的排放量，那么我们就需要考察和预测企业对这种规制的反应，然后估计数量在替代规制制度下可能为多少。

这会造成几个方面的不同。一个明显的差异为，每个企业所产生的排污量将有不同。实际上，收费体系的一个重要结果为它集中关注那些有能力降低排污量的企业的减排，因为减排能力最弱的企业的单位成本更高。

另一个不同点可能表现在减排技术或导致排放的生产方法可能会不同。在收费体系下，每家企业可自由使用自己所知的最便宜的方式来减排。 在一个规制制度下，减排技术可能是有规定的。

从总的结果角度看，一个相关的不同点在于，在收费体系下结果更多是由个体企业的决策决定的，而较少由规制部门决定。

相比缺乏灵活性的规制程序，企业是不是更喜欢收费体系呢？ 答案可以分成多个部分。 有些企业可能更喜欢收费体系，另一些则不是，这主要取决于企业销售产品的市场和企业之间的竞争情况。 企业是否更喜欢收费体系将取决于减排函数的形状——不仅仅要考虑少量减少一定排放量的代价有多高，还要考虑随着进一步减排，每单位减排成本提高多少。 另一个影响答案的因素为，所收取的资金是如何使用的。 最后，答案还取决于所允许的排放总量是多于还是少于替代体系下所允许的数量。 考察答案的各个方面会给我们一些启示。

很容易说明有些企业更喜欢收费体系，有些则不喜欢。 假设使用收费体系后排放总量减为原来的一半，而另一种替代的体系则会要求每个企业都将自己的排放量减为一半。 如果减排比付出许可证价格便宜，则企业会减排；如果付出许可证价格比减排便宜，企业就会选择买许可证。 具体来说，只要减排比支付许可证价格便宜，每家企业就会一直减排，最终将达到某个减排水平，如果在这个水平基础上再继续减排的话就比买许可证代价更高了。 由于对各企业收取统一的排污价格（这是我们在此的假定），原来的一些排放量如果减少的话比支付许可证价格便宜，则这些排放就会停止了。 因此，总的减排是以最低总成本实现的。 减排代价低于许可证价格的企业将减排；减排代价高于许可证价格的企业将购买许可证。 能够以最低代价减排的企业成本上升最小——那些低于统一的50%减排的企业可以以最低成本实现减排。 而减排量高于50%的企业将会产生减排50%的成本和进一步减排的成本，而只对余下的排放量支付费用。 因此减排量高于50%的企业的成本高于减排50%的成本，但是要低于另外一些企业的成本，这些企业发现减排代价太高，因为它们为排污所支付的费用要比最初的费率高出一半。 企业如果实现减排50%需要花费高得多的成本，那么减排量小于

50%则更好，即使 100%的排放量都是要收费的。

如前所述，企业对定价技术的偏好可能取决于许可证收入的用途。显而易见，如果收入以某种方式返还给企业或用于有利于企业利益的用途，那么与非收费体系下每家企业都必须减排 50%相比，所有企业作为一个集体节约了资金。 也就是说，总减排成本小于每家企业都必须减排 50%时的情形。 平均起来，减排为 50%，但是大部分的减排量是由那些减排成本低于平均水平的企业实现的。 总成本，即减排成本与余下排放量所支付价格之和，可能大于也可能小于在统一的 50%减排量规制要求下的总成本（如果对许多企业来说，50%的减排量所需代价实在太高，则支付许可证费用对它们来说要便宜许多，因此所有企业的总成本要大大低于另一种情形下的总成本。 反之，如果所有企业的减排函数都很相似，它们的减排量都在 50%左右，则它们所花费的减排成本在两种体系下是相同的，但是在收费体系下，它们还需要对余下 50%排放量支付费用）。 定价收费体系下的成本比统一 50%减排体系下的成本高出的部分小于所收取的资金（当然前提是实施这一体系的成本不能耗费过多资金）。

所收的费用当然不能简单退回，否则企业预期到退回的话，将视收费为零。 但是排污收费可以得到足够的资金，使得降低企业与排污无关的税收成为可能。 这么做不会干预价格激励，而且与统一减排 50%体系相比，企业整体更好了。 这里并没有什么奇妙之处；定价收费体系能够激励那些减排成本最低的企业减排。 所有企业作为集体降低了减排成本，节约了资金。 因此毫不奇怪，由于实际支付而产生的任何超额总成本都小于所收取的资金。

最后一点为，企业是否喜欢定价收费体系还取决于总减排量在哪种体系下更高。 有两点重要原因——指向相反的方向——可以说明为什么定价收费体系导致了不同的总减排量。 两点原因都是基于如下观点：要确定应当减少多少排放量，就应当先估计减排的成本为多高。无论是否存在成本与收益的明确比较，只要成本不成问题，任何更低的减排水平都是进一步减排的目标。 考虑简单的"线性"情形：如果存在某种物质，其危害性与其总数量成正比，而且只要这种物质存在，无论数量大小，其危害性都不能忽略。 在大气中每减少一磅这种物质，所减少的损害也都相等，如果在污染源可以不变成本（最后 10% 的减排和最初 10% 的减排耗费同样多的成本）减排这种物质，那么任何减排项目都应当会 100% 地减排。 如果开始时减少 y 的损害相当于得到价值 x 美元，并且你再减少 y 的损害则又可以得到价值 x 美元，那么这仍然是同样的交易。 如果最初的 10% 或 20% 损害很容易减少，但是接下来的 10% 或 20% 则代价比较高，而第三个 10% 或 20% 则代价过高了，而最后 40% 要耗费的成本就是天文数字了，而且所生产的商品不能随便停产，那么消费者就要因产品价格的提高（因排污而使生产成本提高了）而支付大额"污染税"，这必然会形成某个平衡点，即使对环境的损害被认为比较严重。 因而，无论是隐含地还是明确地，减排成本都是重要的影响因素。

定价收费体系可以产生关于减排成本的信息。 实际上，收费体系不需要成本就能得到这方面信息，没有必要使用规制机构来做工程或会计方面的研究。 无论价格体系所导致形成的减排水平如何，价格都度量了企业进一步减排的边际成本。 减排水平将达到某一点，在这一点以下，减排成本比价格便宜，而在这一点以上减排成本比价格高。 价格是已经实现的减排的成本的上限，同时又是进一步减排的成本的下限。 无论规制当局所设想的（或已经计算出的）成本为多少，定价收费体系都将显示企业实际所观察到的边际成本——进一步减排一个单位的成本。这一边际成本是最接近于规制当局有可能得到的"真实"成本。

现在存在三种可能性。 一为 50% 的总减排量以规制当局所设想的成本实现。 当局认为，已经实现的减排是值得让企业产品消费者承担一定成本的，但是进一步的减排代价太高，就不能再让消费者承担成本了。 第二种可能为，减排成本比规制当局预期的高出许多，50% 的减排量不可能像当局所希望的那样经济地实现。 企业消费者所支付的价格中包含的"减排税"要远高于规制当局本希望企业消费者承担的成本水平。 在这种情况下，规制当局可能会改变他们的减排目标，降低价格到某个水平，在这个水平上规制当局认为更小的减排数量是值得付出成本的。 第三种可能是，50%的减排目标以远低于规制当局设想的价格实现。 如果规制当局一直认为，要将某种物质减排50%，每减一磅需要花费10美元，在完成50%的减排以后，另外50%企业购买许可证就可以了，每磅只需花费1美元，那么规制当局的减排目标显然远低于以合理成本可以实现的减排量。 规制当局应当减少许可证的供应并让价格上升或者（实际上是一回事）提高每单位排放的收费并使排放量下降。

最后一点的重要性超出了初始问题的范围——企业是喜欢价格机制还是气体类型的规制。 显然，如果企业认为规制当局低估了减排成本，而准备要求企业进行代价高昂的减排，则价格机制可能更有利于企业表达自己的意见。 企业可以鼓动规制当局规定一个价格，这个价格是规制当局基于50%减排的合理估计基础上作出的。 然后只有当减排成本真正高于规制当局所规定的价格时，企业才会继续高排放水平。如果反过来，规制当局过于悲观，或者由于受到企业的哄骗，从而相信减排的成本极高，价格机制就是在市场中揭示企业真实成本水平的一种好方式。 企业可能并不愿意在市场上揭示自己的真实减排成本，它们可以接受强制的统一50%减排，并假装自己为了完成减排任务已经达到努力极限了。

对上述后面一点做个总结：如果你认为理论上减排程度应该独立于规制技术的选择，那么你就错了。 如果一个机制（例如定价机制）可以引导企业以最低的成本实现最大减排量，那么任一给定的减排程度都可以以更低的总成本实现。 不仅如此，同样重要的是，定价机制使得进一步减排的边际成本（以及放松减排要求可以节约的成本）显现出来。只要对减排成本的直接估计是不确定的（几乎总是如此），定价机制所提供的信息就与设定环境目标直接相关。

收费的基本原因

数个理论观点支持对有害排放物收费，虽然这些观点是相容的，互相支持的，但它们仍然是各自独立的。

市场检验

如前面指出的，价格提供了一种自动的调整过程——一个分权的决策过程，这一过程不仅能引导企业或生产过程以最低成本实现最大减排，而且还提供了一种度量和"市场检验"。只要减排的成本低于价格，这些减排就会发生。如果减排成本过高，使得支付许可证价格更划算，那么减排就会被避免，但是这么做的成本（支付许可证价格）不低于任何其他企业的实际减排成本。如果所确定的价格水平代表了减排的经济价值（也就是说，如果价格度量了排污所造成的经济损害或排污所造成的外部成本），只要减排所减少的经济损失大于减排成本，企业就会一直减排，直到减排的成本大于因排放造成的经济损失。

如果理论上经济损失值（通过赋予每单位排放量一个货币值，这个经济损失值可以与减排的经济成本相当）能够被评估出来，那么市场检验的说法就有重要影响。若经济损失值是未知的（尽管理论上可以是已知的），并且对损害的估计是很不确定的，这也并不能减低市场检验观点的效力。只要规制体系是建立在某个关于损害性质和严重性的估计或推测之上，那么合理的做法是当减排成本比排放造成的损害小时就减排，而减排成本比排放造成的损害大时就避免减排。

上述观点至少存在两个根本问题。首先一个是，如果损害估计和以每单位排放价格表示的经济损失在理论上都无法实现，市场检验观点就不仅失去了其魅力，而且失去了基础。这并不是说损害是"无价的"，应当不作成本比较无条件地减排；如果损害无穷大，则对排放施加无人能承受的高价（prohibitive price），于是排放就终止了，如有必要，甚至停止整个导致排放的生产过程。 我们在此要辩论的是，排污的负面影响不局限于损害。 它还包括态度、责任，以及政府对环境问题的看法。 负面影响还可以包括将某些环境危害"非法化"而产生的利益。 它可能反映了这样一个信念：环境损害的真实或假想受害者将反对如下政策：让排污成为可选择的，将排污问题交由市场解决，或者通过让减排成本最低的企业来减排而将减排商品化。

另一个完全不同的反对"市场检验"的观点为：即使成本和损害可以准确用美元来度量，也无法合适地加总在一起。 不能简单加总的原因是这些成本和损害由不同的人承担。 如果我的工厂导致一个农场主（一个完全无关联的人，可能我并不认识）的成本每月提高了1 000美元，或生产率降低了而每月损失1 000美元，或者每月造成了必须恢复的损害1 000美元，并且如果我自己能以少于500美元的代价可以将这种损害减少一半，但是再接着减少10%的损害将使我花费远高于100美元的成本，那么为什么我应当必须减少50%的排放，而却感到没有义务继续减少对农场主的另50%的损害？ 没错，如果我只减排一半的量，我们大家作为整体都更富有。 但是，使用经济学的语言，存在一个分配问题。 由于分配问题的存在，在计算时，将我的工厂和农场主的农场视为同一个企业的两个部分，并且认为当减排的成本和收益相等时就不再进一步减排，使两个部分作为整体更富有了，这种算法是不合适的。

在此市场检验观点的支持者可以先退一步了。 由于将价格定在与损害相等的水平的优点从分配角度来看并不存在，市场检验观点的支持者仍然可以提出，如果定价方法使用的价格不只是所估计的损害，而是比损害更高一些的价格，将会最小化减排成本，无论由减排成本低于支付价格的所有企业进行减排所确定的成本为多少。 由某个其他规制方式实现的减排量无论能达到什么水平，这个减排量仍然可以由价格机制来实现，不过如果我们对污染受害者的同情更甚于对企业的客户的同情，我们可以施加更高的价格以引出更大的减排量（当然，如果我们对污染受害者没什么同情，而对因减排成本出现在产品价格中而使得生活成本提高的人深表同情，我们则可以将价格定在低于所估计的损害的水平上）。

付出成本

对排污收费的第二个和第三个理论观点不是与所实现的减排量相关，而是与未实现减排的数量的持续付费有关。其中一个观点只是简单指出，应该让企业承担全部成本，包括它们给公众造成的成本。如果没有规制，排污就会造成不需要付费的"外部性"。如果一家企业烟囱排出的污染物破坏了我房子的墙面漆、降低了我的农场的生产力、逼着我安装空调、或提高了我支付的宠物医疗费，那我就以自己的代价为企业所生产的产品价值作出了贡献。如果该企业租了我的房子，那么它要付我房租，但是如果它排污而弄坏了我的墙面，它并不需要付费。如果我提供部分农作物作为企业的原材料，企业需要付款，但是如果企业排放有害污染物使我的农作物减产，我的成本是一样的，但是企业就无需付款了。但是企业是应当付费的。不一定就向我付费，但是企业仍然是应当付费的。如前所述，这种观点的特点是伦理方面的，而非经济学方面的。企业付费不必是惩罚性的。企业可能生产一种客户需求的完美产品，所排放的物质的危害程度可以进行估计，而且企业也可能愿意就排污付费。如果企业真是这样，它就无需道歉了。

这一观点与市场检验观点不谋而合。一个观点为，企业为持续的排污支付费用，就是遵守了你必须为"你的所得"支付费用这一规则，这里"你的所得"包括了企业因排污给公众造成了成本而使自己得到的利益。第二个观点认为，支付费用"使企业保持诚实"；所支付的费用保证了企业没有避开任何经济上合理的机会来减排。因此，排污许可证价格（根据第一个观点）将引导企业进行减排，直到进一步减排的成本大于所避免损害的价值，并且（根据第二个观点）企业对连续排污所造成的损害支付了相应费用，承担了自己的责任。

注意，市场检验观点考虑了价格所起的分配功能——减排由减排成本最低的企业来进行，当减排成本不再小于因减排而挽救的环境成本时，减排数量就不再增加——而"为你所得到的支付费用"观点则只考虑公平。我们使用一个极端情形来进一步说明：一项活动造成了损害，但是要降低损害代价太高，而且该活动又很重要，减排是不可能的。排污的价格于是就成了纯转移支付；价格对行为没有影响。从事这一活动的人是否应当付费更是一个是非判断问题，而非经济问题。在坚持认为他们应当按原则支付费用之前，我们可能还想了解一下到底是哪些人在从事这一活动。

收入的处置

规制机构获得了来自企业的排污费用收入。这笔钱应当归谁所有？这笔钱应作何用途？这笔钱是规制计划的副产品吗？而规制机构没有预算权来支出这笔钱。这笔钱是否可以看作能够满足公共需要的税收红利？

此时我们有必要介绍一下第三个有关定价的观点。这一观点并不强调定价收费获得税收收入；如果我们希望排污企业商品的购买者来为政府提供税收，我们完全可以对企业的产品征收消费税。如果我们将这笔钱视为惩罚性的赔偿金，那么将资金从违反规定的企业转移支付给政府正是我们乐意见到的，就像违反交通规则的罚金一样；但这并不是定价收费做法的初衷。第三个观点为，规制机制使得继续排放的数量保持在"经济"水平上，所产生的资金收入等于排污对公众造成的成本或损害的估计值。这些资金应当被用于完成交易，而排污企业则通过这种交易为自己的所作所为支付费用。为排污而将资金缴入公库和为了修缮、赔偿或阻止损害而支付并不是一回事。而且为污染受害者提供补偿与向排污企业收费一样重要。这就是第三种观点的要旨。

一般对环境外部性而言，很难以较低行政费用确定所有的污染受害者并对他们的受损情况分别作出评估。 我们可能对总的受损情况有一个粗略估计，但是对于个体污染受害者，可能没有可靠方式可以确定排污到底造成了多大的损害。 当然，如果排污费收入被用于完成对受损者的补偿，那么从理论上来说，前面提到的分配问题就可以减轻了。

怎么实现这一点呢？ 答案取决于我们如何对损害进行估计。

完成交易

如果损害估计是对企业的清洁、迁移、修缮和采取保护措施的成本进行估计，这就成了预防排污的成本，而不是允许排污造成的损害了，那么也就有较强的理由认为所收取的费用应当被用于预防排污。 还用我们前面所举的例子，我们通过要求所有的瓶子都要交押金可以对未退回的瓶子的"排放"征收15美分的费用，而且如果15美分代表了每个瓶子在路边和公园里的清理成本，那么作为预防而收15美分和使用这笔钱来清理瓶子的依据是相同的。 清理、修缮和保护最好还是由公共权威机构来完成，排污费收入可以被用于合适的公共项目。

或者损害估计反映了个体需承担的成本——无法避免的成本或公共项目很难补偿的成本。 理论上来说，如果损害估计比较准确，而且行政费用不是很大，那么排污费收入就可以完全补偿受损者所承担的成本。 不管这笔钱是用来提供保护措施，如安装空调、补偿农作物损失、补偿墙面粉刷成本，或者只是为造成的不便提供纯资金补偿，只要损害估计比较准确，并且可以分解到每个个体受损者，那么受损者就可以得到全部的补偿。

理论可以清晰明确，但是实践又是另外一回事了。 裁判或评估过程是否能公平进行，并且费用不高，另外这一过程是否会招致虚假的补偿请求和自我施加的损害（例如对有些人火险和财产险的超额补偿），这些都是实践中的难题。 但是如果（例如所有的公共支出或税收项目）"目标效率"定得不是太高，并且我们不要求每个人都正好得到所有补偿，而只是提供合理的保护、修缮或补偿，那么我们基本上还是能实现目标的。

现在总结一下：收费体系有四个显著特点，既相互独立又相互支持。 第一，减排量在各企业的分配使得，如果某些企业的减排成本低于另一些企业，那么对任何给定的减排量，减排成本总能最小化（也可以反过来描述为"……对于任何给定的总成本，总减排量都可以实现最大"）。 第二，如果收费价格是对每单位排放所造成的损害的近似估计，那么这个价格提供了一个市场检验，即揭示出了进一步减排的边际成本，并且使减排数量保持在使减排成本小于排放所造成的损害值的水平。 第三，无论是谁进行了排污，或者无论是谁购买了排污企业提供的产品和服务，"受益人"或"违规者"都需要支付产品和服务的全部"社会成本"。 第四，如果收费价格与排放造成的成本（包括造成的损害和实施补偿项目的成本）接近，那么理论上收费得到的收入可以用于修缮、赔偿和保护，并且数量能够弥补排放所造成的成本。

关注损害

定价收费还存在一个优点。 即使当定价收费被证明是不实际的，或者与更直接的规制方式相比优势并不明显，定价收费的这一优点都是可能存在的：定价收费必然要求确定一个价格。 于是，定价收费方法关注于排污问题和解决办法的数量特征。

确定价格实际上回答了"价格为多少？"的问题，而什么东西的价格则回答了定价对象的问题。

很容易模糊地谈论对发电厂烟囱排放物定一个收费价格，但是最终需要更明确的规定，例如每排放一吨二氧化碳、硫或铅收费 5 美元，在烟囱处度量或下风向 800 公里内度量排放量，每天都做度量，或者刮北风的日子里进行度量，或者当下风向的污染物浓度达到一定水平时进行度量。 如果价格是污染物所造成的成本和损害的近似估计，我们不仅需要确定造成损害的污染物是什么，而且需要知道如何度量损害程度——首先要度量损害实际发生的数量或需要保护或清理的数量，然后再计算与收费价格相当的损害的货币值。因此，一个收费定价体系无疑要关注损害、对损害的经济度量（或避免损害或损害修复需要的成本），以及导致损害的实际物质。

对于那些对收费体系感兴趣的人来说，收费体系对损害性质和损害度量的关注只是隐含在上文分析中的一个优点。但是这有一个重要的含义：损害与排放量并不成比例。由于污染源的不同，与排放量相联系的损害也有很大差异。对每单位损害收取的统一价格对于每单位排放量来说就不统一了。如果在一个地点的污染源排放的每磅污染物所造成的损害大于另一个地点的污染源，那么对于不同地点的污染源即使排放相同数量的污染物也应当支付不同的排放费用。

为什么排污所造成的损害会不同呢？一种可能性为，低浓度的污染物是无害的，直到某一个临界点水平，污染物造成的损害都是可以忽略不计的。而相对的一个原因为，在超过了一定浓度水平后，所有的损害都已经形成了——鱼死了，牡蛎都被感染了，或者水不能再饮用了——进一步排污的边际损害为零。第三个可能性为，排污造成的损害还取决于天气，损害会因光化学作用而加重，也会因雨水而减轻。所以污染物的危害程度取决于区域气候、当地天气和一年中的季节。最后，也是最重要的一点，各个地点的人口和其他资源情况不同，在数量、价值和抵御污染的能力方面都存在差异。

这就引出了另一个问题：我们是否需要对不同的目标人口区别对待。如果一项有害的活动将要在某处发生，将使一定的人口面临疾病和死亡的危险，对这些人的房屋、庄稼、企业或娱乐活动造成损害，或者使个人、公司或社区增加了防御污染的成本，那么为了控制排放，我们需要度量每个地点的风险和损害总量吗？或者，我们会希望忽略如下事实吗：排放的污染物在一个地点所造成的总风险和总损害会小于另一个地点。

注意与上面这个问题相关的重要方面。如果我们估计特定地点的成本和损害，并且按照每个地点每单位排放量所造成的可能损害来对有害物质进行定价收费，那么结果将是在危害程度小的地方减排量较小，危害程度大的地方减排量也较大。 此外，由于产生排污的生产过程在一个地点比在另一个地点成本更低，那么只要生产不是永久固定在一个特定地点（比如接近原材料或市场的地点），都可以迁移到受污染危害程度最低的地方。 尤其是新工厂可以选择排污收费低的地方建厂，这与工厂选址在不动产税、工资水平或能源成本低的地区一样。 工厂每美元产出的排放量水平越高，减排的成本越高，迁移到减排费用低的地方的愿望就越强烈。

现在我们回到考虑个体分化的情况：在某一地点可能由于人口密度较低，面临危害的人数较少，但是每个人感觉自己面临的污染危害就像有更多的邻居时一样。 如果两个地方的人口规模一样，但是一个地方有更多的人（例如老人）容易受到污染危害，那么这些更容易受到危害的人通过集体努力，使在当地排放污染物质要支付高昂代价，从而实现了"互相保护"。 如果在一个地区，老人或其他易受污染影响的人所受到的损害收费很低（由于这些人人数少），他们可能并不情愿为了某些集体利益而作出牺牲。

不管你对歧视性定价收费的明显好处或明显的不公平作何结论，这都是一个应当面对的问题。 定价收费体系要求面对这一问题。

仅仅关注硫的排放量（不考虑目标）的规制体系，或仅关注二氧化硫环境浓度（不考虑面临污染的人口情况）的规制体系，都是只涉及造成损害的物质，而不涉及具体损害情况。 这些规制体系控制污染物，而不控制其影响。 由于不考虑损害，这些规制体系不要求确认损害和度量损害程度。

定价收费体系则要求确认和估计损害程度。 定价收费体系要求面对这样的一些问题：我们希望实现在受危害影响最大的人口地区使有害物质的减排量达到最大，而在受危害影响小的人口地区使有害物质的减排量达到最小吗？ 我们希望排放地点发生迁移，使得每个地点人均受损程度不同，但是整个人口的损害程度最低吗？

我想大多数人会回答"这要视情况而定的"。 如果我们要考虑的是对牲畜或林产品造成的总损失，或者给家庭或商店造成的清理成本，或者学校和其他公共建筑的强制隔音，那么将潜在损害限制在小城镇和低人口密度地区显然是明智的做法。 但是，如果我们要处理的是致癌物质或诱导有机体突变的物质，那么仅仅考虑将损害降低到最低程度显得还不够。 甚至公开面对致癌物质排放的问题都会使我们紧张。

其他定价机制

还存在一些其他定价机制。 为了说明对违规者的收费不是唯一的可能机制，我们可以提出正相对的做法：如果我们没有权力命令企业减产、或施加一个费用或惩罚来支持减产，那么开出一个价格可能能够达到同样目的。 如果我们可以估计出每磅排放物造成的美元损失，而且我们不能向排污企业收取等于损失的费用，我们可以为每磅减排量支付这个费用价格。 一方面我们需要监督权，另一方面我们需要有购买力。 相同的价格应当导致相同的结果，只是这里排污企业不是付费者，而是收费者。

如果对所有的排放量都要按照每磅1美元支付，减排将持续到某个点，在这个点上，每磅减排成本不再低于1美元。 但是如果每磅减排能得到1美元的补偿，那么将减排进行到每磅减排的成本不再小于价格时也同样有利可图。

这一定价机制引起了两点变化。 明显的一点变化是，企业的财务状况发生了一个固定数目的变化，这个数目等于最初的排放量乘以价格。 与完全没有价格时相比，如果企业得到减排支付，企业多得固定数目的一部分；如果企业为排放支付费用，则企业少得固定数目的余下部分。 与此相关的变化（可能为二阶效应）为，在盈利性差一些的情况下，生产成本更高了；因而零售价格也随之升高，消费者的购买量下降。 这都符合我们对隐藏成本被发现时的预期。 成本上升了，价格提高了，行业收缩了，总的排污活动的减少量（与"排污量减少"有所区别，排污量减少是指给定活动的排污数量的减少，而不是排污活动的减少）取决于产品的需求弹性以及减排成本占总成本的比例。

另一个变化是，为让企业减排而向企业付款，我们需要确定一个基准水平。 一定要有一个初始排放水平，据此可以计算减排的数量。 当企业根据实际排放量付费时，基准水平实际为零，也就不必在意了（如果作为价格制定基础的排放量是"超额"排放量，我们就需要一个历史的或技术的标准了。 而这一点在上面被忽略了）。 从管理的角度看，确定基准水平可能是一个问题。 我们可能没有企业的完善基期数据。 或者我们所有的资料是规制计划正式实施前一两年的；但是如果企业预期未来会因降低排放量而得到支付，企业可能在那段时间内提高排放量。 即使可以阻止企业擅自提高排放量，仍然存在一个问题：是否应当允许企业自己设定的基准水平，尤其是这样做会使违规越严重的企业同样的减排数量可以获得更大的获利空间。

技术标准是可以设立的，但是也面临两个困难。 第一，排放相同物质的企业不一定生产相同的商品：木材涂装、涂料稀释、制革、印刷雕版，以及其他许多活动都同时排放相同的物质，这就很难建立一个统一的排放比率。 第二，尽管我们对在减排规定实施前所进行的合法的高水平排放量无可指责，减排量能够达到最大水平的企业所能得到的潜在收益并不太可能被视为完全合法。

这个问题具有普遍性。 在许多情况下，人们会因为从事被禁止的活动而被惩罚或收费，这是因为监督活动的水平比奖励良好的行为（可能只是没有做被禁止的行为）相对更容易。 对乱扔垃圾进行罚款和收费都是可行的，但是对野餐者没有丢下垃圾和过路的车辆没有从窗口扔垃圾进行奖励就很难了。 这里的结论不是说不可能对人们和企业的减排行为进行奖励；事实上在有些情形下确实可以对减排进行资金奖励的。我想说明的是，存在固有的不对称性。 我们需要确定一个重要的基准水平参数，而这个基准水平在对排污者收费的情形下通常是忽略不计的。

上述讨论并未深入涉及谁应支付谁应得到支付的问题，诸如此类的问题还有：我有演奏音乐的权利还是你有安静环境的权利；我有犁耕的权利还是你有无尘空气的权利；我有猎捕候鸟的权利还是你有候鸟保护区的权利；我有木材涂装的权利还是你有无烟无火灾危险的权利。有时这些权利由法庭来裁断或由我们的道德心来判断；有时权利由立法机构决定。对于有些问题原则上并没有清晰的界线，例如我是否能自由地对自己的房子做一些不美观的事情，从而影响到邻居；如果我有呼吸道传染病，我是否应当被允许自由地在公共场所呼吸；捕鱼者是否被允许进入游泳区域；婴儿是否可以大声啼哭；猫是否被允许四处活动，从而对鸟的安全构成威胁。有大量文献讨论了当民法诉讼作为一种控制机制时，将权利赋予原告或被告的经济效率问题。这里我只需要简单指出，道德上正确的做法是通过命令还是请求，通过收费还是补偿来引导企业减排，并没有形成广泛一致的意见。

如果对于减排提供资金补偿而不是对排污进行收费，我们同样面临交易的两个部分以及我们是否希望完成交易的问题。到目前为止我们探讨了排污者减排应当得到资金补偿这种可能性。这里存在一个相对应的问题：受益人是否应当为所得到的价值付款。如果没有其他人愿意支付，而且受益人希望减排，那么他所能做的就是付款。在价格体系下，受益人会一直付款，直到进一步减排不值得支付既定价格。如果价格反映了排污者的减排成本，那么在均衡点处，排污者和受益者的联合成本最小化。前面的讨论考虑了以下可能情况：排污所造成的成本或损害将由集中权威进行估计，作为定价的基础；集中权威可能并不知道减排成本；定价体系将产生信息；各企业根据各自的成本特征对规制作出适应性反应。通常很难对减排成本进行估计，而要准确估计因减排而避免的成本和损害的价值就更难了。定价方法也是解决这部分问题的一种尝试。

在纯双边损害的特殊例子中，我是唯一伤害了你的排放源，而你则是唯一受到我排污伤害的对象，无论谁拥有初始权利——不管是你拥有不被伤害的权利（我必须停止排污活动或提供补偿）还是我拥有从事排污活动的权利（你必须默许我的活动或对我提供补偿），谈判的结果可能具有某种对称性。如果我的减排成本高于你希望避免的损失，在你拥有初始权利的情况下，我将赔付你的损失而不进行减排；在我拥有初始权利的情况下，你将接受污染损害，而不是花更高的费用来减少污染损害。只有当减排成本小于排污所造成的损害值时，我才可能进行减排，而不是赔偿损害或者你才有可能给我补偿，以避免自己受到污染损害。谈判后形成的转移支付水平可能位于这两个界限点之间的任何位置，这取决于，比如说，你仅有权要求赔偿金，或你有权禁止我的排污活动，除非我支付了你开出的排污价格（在这种情况下，只要价格小于减排全部成本，我都会支付）。这里我们同时有了两个市场检验。交易双方的成本情况对决策有重要影响。

常见的情形所存在的困难在于，我所进行的减排使得位于下风向、下游，或路边的各方都获益了。任何受益人若拒绝为自己所得的份额付费就成了"搭便车的人"，如果不采取任何措施使每个人都为自己的份额付费，每个人都可以坚持说自己不在乎排放污染物，所以不会付费的。如果你让豚草在自己的地里肆意疯长，并且你所有的邻居都愿意支付费用来除去豚草，甚至得了严重的干草热的人都会假装是对其他东西过敏（例如对提议的杀虫剂），以使自己免于支付自己应承担的份额，而且甚至提出赔偿要求。（而你则可以通过种植豚草获利，因为别人会支付你资金用来除草！）

用经济学的术语来说，减排通常具有"公共品"的特征，只要提供了就可以无限制地为所有受益人所得，数量不可能控制到与所得到的支付正好相等。但是如果一个池塘的水不适宜游泳了，然后花费了一大笔钱进行清洁工作，那么则有可能阻止未付清洁费用份额的人来游泳。但是要无代价地阻止某个喜欢游泳，但是喜欢程度又没达到愿意支付标准份额的人还是个问题；由于不能证明他喜欢游泳的程度不及我，在我付清洁份额的时候他只好放弃，于是他潜在的游泳乐趣也就没有了。

但是一般来说，在实践中向受益人收费并不像理论上这么容易。实际上上面还暗含了一个重要例子，并且将在案例研究中专门讨论：如果整个地区（比如一个居民区）可以免于污染物的危害，无污染带来的收益可以通过市场价值（租金和销售价格）的提高而观察到，如果存在一个权威的话，该权威也可能得到一些意外之财。如果由于飞机噪音消失了而使房租翻倍，不在意噪音的人可能会宣称自己没有得到利益；但是如果房产价值提高了，他则可以卖房获得收入，然后再住到便宜些的地方，这样就将安静的环境转化为资本利得了。在这个例子中"公共品"问题仍然存在，但是用以评估收益的基础会更明确些。

油效标准

美国对本国生产的客车制定了油效标准，这是一个不太寻常的有启示意义的定价机制例子，这一标准同时考虑了能源节约和环境保护。说其不寻常，是因为它初看起来像最缺乏弹性的直接规定。每年都会规定一个每升公里数的数值，汽车生产商必须满足这个数值，否则就需要交罚金。如果企业超额完成所规定的数值，也不会有奖励；不可以年度间结转，即若本年度超额了，也不可以和下一年度平摊；也不可以本年度不达标，等下一年补回来。罚金就是罚款，而不是一个"价格"，不是说汽车生产商支付了价格就可以不达标了。

这个例子之所以有启发意义，是因为它包含了一个价格体系的有趣应用。实际上，油效标准是建立在规制创新的理念之上的（除了汽车，是否有其他方面的潜在应用尚未可知）。这个原理是重要的，汽车也是重要的。在显示定价机制的原理方面，以及说明定价机制有时是可以嵌入更具管理性的方案中，本例都具有启示意义。

关键在于平均化。油效标准并不是规定每辆车必须满足的标准，也不是根据汽车的重量、发动机大小、价格、数量限额，或汽车的售价来制定不同的标准。 汽车制造商面临的油效标准只有一个数值，在一年内所生产的所有汽车平均来看都必须满足这一数值。 这个平均值只是简单算术平均。 根据 1980 年的法律，1985 年的平均值为每升 11.7 公里。 如果每辆车都能满足这一数值，那么汽车生产商当然能达到标准。 如果该年度一半汽车能达到每升 12.75 公里，而另一半至少能达到每升 10.6 公里，则汽车生产商仍然能够达标。 如果三分之二的汽车能达到每升 12.75 公里，剩下三分之一的汽车能达到每升 9.57 公里就可以了。 汽车最低甚至可以只有每升 4.25 或 6.38 公里，只要其他售出的汽车数值比较高，使得平均值达标就可以了。

从油效的角度看，车的买主可以买任何种类的车。 一家汽车公司可以销售给任何人一辆只有每升 4.25 公里的车，只要它同时还出售七辆每升 12.75 公里的车，或三辆每升 14.2 公里的车，或一辆每升 19.1 公里的车。 问题在于你想买一辆每升 4.25 公里的车，可能没有一个人同时买一辆轻型的每升 19.1 公里的车，或三个人买每升 14.2 公里的车，或七个人买每升 12.75 公里的车。

这时价格体系正好可以发挥作用。 如果汽车的定价使得所有消费者愿意购买的汽车油效平均值在 1985 年为每升 11.7 公里(1985 年前相应的数值更小一些)，油效标准的规定则是多余的。 但是如果消费者所选择的汽车组合使得平均油效低于所规定的水平，则必须做一些调整了。 汽车经销商会发现低油效的车供不应求，于是它们会减少折扣水平和其他一些优惠。 由于油效标准的存在，汽车生产商也无法满足低油效汽车的需求。 生产商会要求经销商进更多的高油效汽车，或者吸引经销商销售给客户更多的高油效汽车。 最终，既要让客户满意，又要满足油效标准，只能靠价格调整。 为了赚取低油效汽车的高利润，汽车制造商不得不降价销售需求不足的高油效汽车。

这个结果基本类似于对低油效汽车征收销售税以减少需求("重量费"或"能源使用费")，同时对节能车施加负税收(补贴)。 无论目的是节能还是环保，或者二者皆有，你都可以设计一组税收和补贴，对要抑制需求的车征税，对要刺激需求的车提供补贴（导致折扣），将所有税收收入都用于补贴，收支平衡。 从而低油效汽车的买主激励别人购买高油效的汽车，而高油效汽车的销售又"允许"厂商销售更多低油效汽车。

油效标准规定了汽车生产商生产的所有汽车的油效的平均值，这导致了汽车定价方式为，对短缺的汽车收取额外费用（税收），而对能够提高油效平均值的汽车提供折扣（补贴）。 每家生产商要达标的话，还需要调整不同车型的价格，面对其他汽车公司和进口产品的竞争，并且将车销售给不受任何规定限制的消费者。

很难说油效标准到底发挥了多大作用。 在油效标准实施期间，汽油价格上升很多，市场也开始转向偏好高油效的汽车了。 回顾历史，我们发现油价可能完成了油效标准要完成的使命；油效标准因而显得可有可无了。 此外，油价以相同的方式发挥作用：高油效汽车在整个使用期间相对便宜，即使初始价格并不便宜，而低油效汽车则更昂贵（油效标准可能引导企业设计生产更高油效的车，企业也可能更容易适应市场需求的变化了）。

使不可转让的权利可转让

在许多规制领域，不仅仅是环境保护领域，参与某项活动或使用某些资源的权利是随时间而演变的，或者根据原始的份额而被赋予。 水权和进口配额就是这样的例子。 根据《清洁空气法》，一个地区空气质量标准的实施很自然地以这种方式对待已经存在的固定污染源。 既存的所有污染源整体如果符合总排放量标准，这些污染源则可以继续以原有水平进行排污，不可以增加排放量，而新企业或老企业的扩建则需要按规定在允许增加排放量限度内排污。 一旦"超额排放额度"用完了，那么企业就不能扩建，新企业也不能建立了，即使新企业能比老企业产出更多，而排放更少。

在所有这三个例子（加利福尼亚水权、进口油许可证，以及固定污染源排放）中，都有人提议将这些特殊权利转化为所有权，从而可以销售、交易和转让。 新企业或扩建企业可以通过向所有者企业购买水权或排放权而进入市场。 每单位排放量可以产出更多价值的企业会比一些老企业更看重排放权，这样当地的排放额度也得到了更好的利用。

有人对本来只是参与权，却被"货币化"了而提出反对。 但实际发生的情况是，一项很有价值的权利一直以来由于不能在市场上交易变现，价值一直未得到体现，现在终于表现出价值了。 而且，对那些选择出售传统权利的企业来说，这个权利也更有价值了；否则企业完全可以保留这个权利。 新企业的排放替代了老企业的排放，这些新企业也得益于被允许进入市场，空气质量并未恶化，而且在排放量水平既定的情况下，空气的利用效率提高了，创造了更多的价值。

可转让权利的原理很吸引人。 在出租车牌照方面这一原理已经得到了应用，它还可应用于石油进口配额，而且对于有形稀缺商品，例如水权，甚至某些矿产权都是可行的。 而地方空气质量规制的一些特点则使实际应用更为困难。

武 器 和 战 争

第十四章　流星、恶作剧和战争

序言，2006

许多喜欢电影《奇爱博士》的人都知道该电影取材自彼得·布莱恩特（Peter Bryant）的小说《红色警报》。有些人可能对 35 美分的小册子如何演变成不朽的影片而感到好奇。我来帮你们解开这个迷吧。

首先，彼得·乔治（Peter George）——作者的真实姓名——是缘何开始写作《红色警报》的呢？在 1957 年或 1958 年，他和其他两个人坐在英格兰美国 B-47 基地的一个军官俱乐部的桌子边，这时正好有一架轰炸机起飞了，在俱乐部上空轰鸣（彼得·乔治是皇家空军的少校）。飞机的震动使得桌边的一个咖啡杯摔碎在地上。于是有人说："第三次世界大战要打起来了。"彼得·乔治立即给出版商打了电话，说如果能得到预付稿酬的话，他就会请三个星期的假来写《红色警报》一书。结果《红色警报》于 1958 年出版了。（当然他并不是在三个星期里面写完的！）

我在加利福尼亚州蒙特里市登机时有人递给我一本《红色警报》，在到波士顿的旅途中我读完了这本书。那时我的研究兴趣正好是核战的可能性，我对这本小说关注的主题和丰富的想象力留下了深刻印象，于是我又预订了许多本送给同事（根据我所保留的信件来看，我那时寄出了至少 31 本）。

道格拉斯·凯特（Douglass Cater）那时是月刊《通讯员》的编辑。他找到我，请我写一篇关于"意外战争"的文章。同时他建议我文章开篇时可以先评论几个相关小说（这是我从来没有想到过的）。我很喜欢这个建议，并且在我的文章开始时简评了三本书：内维尔·舒特（Nevil Shute）的《在海滩上》，帕特·弗兰克（Pat Frank）的《哀哉，巴比伦》和《红色警报》。

最后《通讯员》决定不用我的文章，于是我将稿件投给了《原子科学家通讯》，1960 年 9 月发表时的标题为《流星、恶作剧和战争》。

阿拉斯泰尔·巴肯（Alastair Buchan）是伦敦战略研究院的创建者和主管，他一直是伦敦《观察家报》驻华盛顿的记者。我们早在 1958 年就成了好友，当他读到我于 1960 年所写的文章时，他建议《观察家报》再刊登一次。《观察家报》是一个周报，每周日出版。该报第一版是新闻，第二版是特写。我的文章是第二版的头条。

斯坦利·库布瑞克（Stanley Kubrick）那时在英国忙着拍一部电影。他读到了我关于《红色警报》的评论，然后拿到了书，从出版商那里知道了作者彼得·乔治的地址，给了乔治一大笔钱，让乔治到美国来编剧本。乔治欣然接受，很快他就与库布瑞克在我的办公室与莫顿·哈尔普林（Morton Halperin）和我畅谈了一个下午，然后又在我家里与威廉·考夫曼（William Kaufman）一起畅谈了一个晚上，我们试图将《红色警报》故事放入导弹时代中。在 1958 年的书中还没有出现洲际导弹；而到库布瑞克拍电影的时候，洲际导弹已经出现了。我们努力设想红色警报式的战争边缘，而又不诋毁空军的忠诚，但是发现很难做到。库布瑞克于是决定拍一部荒诞喜剧。

许多观众认为电影中的人物奇爱博士有真实的生活原型。我认为这是一个错误。乔治告诉我（私人信件）："我想关于奇爱博士这个人物有许多的误解。奇爱博士根本不能算一个真实人物，他是从噩梦中走出来的一种事物，对我们来说，他代表了所有噩梦喜剧(Kubrick 将其电影描述为噩梦喜剧)的元素。"

他还告诉我："两周前《星期日泰晤士报》刊登了一篇文章，文章中说赫曼(卡恩)(Herman[Kahn])是奇爱博士的原型。我立即写了一篇驳斥文章，他们倒也不错，也给全文刊登出来了。我将文章发了一份给赫曼，因为我觉得他可能受到了伤害。"

作者的全名为彼得·布莱恩·乔治(Peter Bryan George)。他使用过的多个笔名包括彼得·布莱恩特(《红色警报》所用)、布莱恩·彼得斯，而且我相信还有个笔名他没告诉我。他于 1966 年 6 月亲手结束了自己的生命。我很怀念他，也为他未竟的一些书感到惋惜。他使用彼得·乔治的名字完成了另一本书《司令官》(New York：Delacorte Press，1965)。在该书中，一个以我名字命名的核战理论家和赫曼·卡恩都死于下一次战争中。

由于我的文章是写于 45 年多前，今天对超级大国"意外战争"的认识会认为那个时代的技术过时了，所以我只想提供吸引了库布瑞克眼球的部分。

引 言

如果说战争是极为重要的事情，其决定权不能交给将军们，那么对意外战争的讨论也不应是小说家的事情。但是目前小说家们却主宰了意外战争；虽然他们中很少有人全面说明战争是如何发生的，但他们至少比分析家们有更多的论著问世。

有许多线索，包括赫鲁晓夫(Khrushchev)和他的同事的一些生动描述，说明海鸥或流星可能在雷达显示屏上看起来像一架飞机或一个导弹，另外空军(苏联的或美国的)在筛选人员时可能并不能完全排除可能引起危害的精神病。我们曾预测，心胸狭窄的独裁者很快就有能力制造核爆而让我们震惊。 报纸中也提到过，核武器可能在和平时期掉出飞机，虽然并不能引爆。 但是尽管很容易想象意外可能是如何发生的，但是要描绘出意外是如何导致战争的则没有那么容易。

倒　叙

除了在亚利桑那州和西伯利亚留下了陨石坑的流星激发了一些奇想，还有一些小说描述了战争的发生。 《在海滩上》这本小说有一大优点：在揭示战争的起因之前，我们已经处于战争的后果中。[1]战争既已发生，其原因就可以是粗略的且有讽刺性的。 当然，整个事件的发生顺序还是能够帮人们理清一下思路。 显然苏联人和中国人都想打一场战争，但是导火索是阿尔巴尼亚人在那不勒斯丢下了一颗炸弹；然后是特拉维夫也被炸了，但是炸弹来源不明。 美国和英国于是对开罗动武，然后埃及炸了华盛顿，导致美国又对苏联报复。 "一定有人作出了决策，而且是在几分钟内作出的。 在堪培拉的人们现在认为这是个错误决策。"(p.94)

中国利用时机来解决苏联，双方都使用了放射性武器。 这一简单倒叙的讽刺之处在于当对立形成以后，显然美国并没有扮演主要角色（战争意外地于约一年前发生）。 到战争已经失控的时候，中国和苏联的决策者都没有组织能力来停止战争了。

这个情节显得太简单了：假警报、误解、n 个国家存在问题，而两个大国则一直在预谋战争。 有了这些元素，再加上一些技术提高和夸张的戏剧性，读者可能会觉得这是一个可怕的大餐。 但是即使这只是一个滑稽讽刺小说，对人类的错误和无力的描述也体现了"意外战争"的特点和引起广泛轰动的说法——机器将取代人类。

在《哀哉，巴比伦》这本书中，战争也是始于中东，但是这本书的构成元素有些不同。[2]在这本小说中，威慑失效了，这是因为虽然我们知道自己可以击败苏联人，但是苏联人并不知道这一点。 我们还有

"战略警告"优势；我们知道苏联人希望将中东问题扩展为世界大战，但是显然我们不能使用预先警告来首先进攻他们，也不能使他们相信，他们的秘密已经泄露了，他们成功的几率很小。 小说中还包括了有趣的动态情节：虽然苏联的决策是由中东危机引发的，但是也受到他们自己的信念影响。 他们相信自己的武力虽然更强大，但只是暂时领先，如果他们等待我们赶上来机会就会丧失了。 最后，至少需要有一个导火索式的"意外"，一个空对空核导弹没有击中目标，而落到了拉塔基亚，于是引发了一系列事件。 这本小说也主要是关于战争的后果的；它以假想的方式研究了民防和组织，但是引发战争的是偶然事件。 该书中的因果关系给人以深刻印象，而"意外事件"的作用只是暗示了一下。

战争边缘

为了具体说明战争可能是如何发生的，我们还是要回到有关小说。《红色警报》这本小说给出了非常漂亮的分析，该书考虑了如下可能性：一个老练的美国战略空军司令部(SAC)将军如果处在一个合适的位置上，再加上一些运气因素，可能将美国引入与苏联的全面战争。 这个将军相信美苏战争不可避免，但是战争条件将对美国不利，除非他迫使自己的国家采取主动。[3] 小说的巧妙构思，"真实"细节的精彩分析，对整个军事体系而非个体特性的强调，都超过了对战争缘起的非小说分析。 故事叙述的出彩之处并非说明 SAC 组织松散，从而故事更显得真实。 你可以认为主要故事细节都是编故事编出来的。 真正使人印象深刻的是所编出来的故事可信度竟这么高。 作者在书中告诉我们 SAC 的组织管理很松散，整个军事体系也很容易崩溃，但是这并未使我们惊恐不已；这本书值得称道的地方也是神秘小说的显著特点——作者用其天才的构思使得问题更曲折难解。

故事的高潮部分值得深思。苏联政府和美国政府在最后时刻的谈判虽然比书中其他地方的细节可信度差一些，但这也是对战争边缘的独特考察。《红色警报》作为论述战争和和平的作品，不仅表现了有时文学作品比逻辑分析更有优势，而且通过书中的例子批评了公共讨论只局限于"战前战略"，而没有扩展至"战争边缘"。如果一个意外、一点恶作剧，或一个假警报、一次误解都可以导致战争的爆发，但是又不必然导致战争，那么除了运气，还有什么因素能起作用呢？

偶然意外还是人为决策？

要点在于偶然意外并不能导致战争。导致战争的是人的决策。意外事件可以触发人的决策，这可能就是所有人想表达的意思。但是还是有必要做下区分，因为解决办法不仅仅在于防止意外事件，而是在于限制人的决策。

注 释：

[1] 内维尔·舒特：《在海滩上》（Nevil Shute，*On the Beach*）（纽约：William Morrow and Co.，1957）.

[2] 帕特·弗兰克：《哀哉，巴比伦》（Pat Frank，*Alas，Babylon*）（费城：J. B. Lippincott Co.，1959）.

[3] 彼得·布莱恩特：《红色警报》（Peter Bryant，*Red Alert*）（纽约：Ace Books，Inc.，1958）.

第十五章　意外研究发现

如果有一项在使用的技术产生了问题，需要由新技术取代，那么我们不应当认为新技术只是用来完成旧机器所完成的事情。

我们对新技术的熟悉程度不如旧技术，但是新技术在应用方面可能与旧技术会有不同。如果你过于集中关注你所要解决的问题——将旧技术能完成的任务完成得更好——你可能会错过新技术本身会带来的机会。你也有可能没有发现新技术中存在的危险，这些危险不同于使旧技术过时的危险。

我想以一个历史事例来说明这种危险，这是一个研究项目，意在以极大规模实现以前只能以小规模实现的事情：核武器的发展。核武器是由物理学家、化学家、数学家和工程师构思、设计、开发和建造的，意在制造出历史上量级最大的炸弹。当时科研人员所设想的也只是制造一种"炸弹"。传统的炸弹所起的作用只是爆炸和燃烧——制造超压和冲击、摧毁建筑物、将人和东西炸开，以及引起大火。

核武器开发过程中的意外发现

原子武器设计人员仔细计算可能的能量产量，并根据爆炸时的高度将能量产量转化为地水准平面的超压和热辐射。除了爆炸和热辐射，他们并没有预料会有其他有军事意义的武器效应。爆炸和热辐射都是炸弹能产生的效应。结果，在我看来，出现了许多不曾预料、不曾追求、不曾测试，而纯粹通过意外事件发现的重要武器效应。从字面上理解，"意外事件"在大多数情况下指不曾预料到的不幸[1]。

实际上，你可以提出一个武器开发"法则"：如果实验场上有一个严重的安全问题很难排除，那么你就发现了一个新的武器效应！

第一个这种效应出现在广岛。"迅速的"辐射，中子辐射，立即引起了辐射疾病（后来发现这些疾病可癌变）。这种效应美国人并没发现，因为核爆时地面上没有美国人，这是日本人的发现。在广岛和长崎炸弹的高度上，中子辐射起不了多大作用：任何在致命中子辐射半径内的人都很可能已经被爆炸和热辐射毁灭了；但是远离被炸毁的建筑物、穿着白色衣物抵挡热辐射的人可能会患上中子辐射疾病而死亡。

根据中子辐射效应又出现了"中子弹"的概念，又称增强辐射武器（enhanced radiation weapon）。这种武器虽然从未部署在军队中，还是引起了广泛的关注，并在 1959—1960 年间和卡特总统执政期间引起了广泛的争议。中子辐射很可能是个意外事件，因为在原子弹的开发过程中根本没有生理学家或医学家的参与。

另一个未预料到的、由"意外事件"发现的武器效应是核微尘（nuclear fallout）。一次氢弹试验造成了神秘的微尘落在了日本渔船"幸运龙号"上。如果广岛的中子辐射是"迅速辐射的话"，这次则是"延缓的辐射"。作为这次核试验的意外事件，核微尘被确认为一种主要的武器效应。一些军事计划者认为核微尘是大规模报复性武器，比爆炸和辐射更具威力，而且还没有精度要求（我这个年纪的人应清晰地记得 1960—1961 年间的核微尘掩蔽所运动）。核微尘是电影《奇爱博士》中摧毁世界的"定时炸弹"。

当美国武器设计人员希望测量高海拔爆炸的效应时，他们选择了位于夏威夷西南海拔较高的约翰斯顿岛。一次试验之后，一个奇怪的事情发生了：约翰斯顿岛与大陆失去了数个小时的无线电联系。地球的磁场被扰乱了。如果在和平期间一次高海拔的爆炸就可以中断约翰斯顿岛的通讯，想象一下在战争中给敌方（或我方）军事通讯能造成多大的损害啊！　就这样，一个未预料到的试验场小事件成了主要的核武器效应。　此外，这一效应需要研究计划才能实现：用于破坏军事目标的爆炸高度与可能产生无线电效应的高度是不同的。

另一次高海拔核爆试验也引起了一件类似事情的发生。　这次是雷达失灵了，虽然比无线电中断的时间要短一些，但是也同样是没有预料到的，同样具有军事应用潜力。　开始这只是一个试验场的麻烦事，当确认之后，就成了重要的武器效应。　雷达失灵效应可用于对抗反弹道导弹系统。

"视网膜灼伤"也是这样意外发现的。　动物被用来试验核爆对人体的可能影响，尤其是辐射对人的行为的影响。　有些奇怪的行为之所以发生，是由于兔子和其他动物暂时性失明或永久失明了。　核爆的闪光烧灼了动物的视网膜。　如果核爆能烧灼兔子的视网膜，也能烧灼士兵的视网膜——如果距离比较远，没造成其他危害的话——士兵看着核爆的方向的话，就会遭到出其不意的伤害（科研人员已在开发防护镜，能够迅速进行明暗转换，从而保护视网膜）。

约翰斯顿岛的高海拔试验还意外发现了一个重要效应。　用来检测核爆效果的电子设备在爆炸发生时失灵了。　这显然不是一种巧合。　这一发现是"电磁脉冲"，即感应电的突发性脉冲，它能烧毁主要的电子元器件。　电磁脉冲如果设计得当，可以摧毁整个通讯系统，这也是一个主要的武器效应（那些数年前看过电视电影《第二日》的人不仅会记得核微尘，而且会记得堪萨斯城市中心停滞不前的汽车）。

最后一个武器效应也值得一提，因为这个效应可能是海上核试验中意外发现的。　如果被引爆的核武器能量产量合适，处于合适的海洋深度，并且与海岸保持合适的距离，最后再考虑洋底的构造，那么核爆可能引起海啸，淹没沿岸的城市。　在计划海底试验时，这一效应是真正需要考虑的。　在此提到这个效应我是想强调一点，即使非专业人员的想象对于技术效应的研究也有重要影响。　在利奥·齐拉特（Leo

Szilard)将爱因斯坦的著名信件交给罗斯福总统的 5 年多前就由一位外交家、学者兼小说家预见到了核武器能产生海啸这一效应。 在 1933 年出版的《代表人物》一书中，哈罗德·尼克尔森（Harold Nicolson）描述了二战结束才成熟的两大技术进步——喷气式（或火箭）发动机和原子弹。[2]这本非凡小说的高潮之处在于，一架英国喷气式飞机在距查尔斯顿海岸约 480 公里处的大西洋上投下一颗原子弹（作为一次武器试验！），引起了海啸，查尔斯顿和两个临近城市遭遇了灾难，9 万人丧生。

我详细讲了这个意外技术发现的故事，一个原因是为了强调我在第一段中所提到的警告——不能认为新技术只是旧技术的简单替代，另一个原因是这个故事涉及两个有史以来最大型昂贵的研发项目之一（另一个项目为空间技术）。 但是我并没有回答为什么核武器的许多潜在威力都是无意中发现的。 这个问题值得研究，虽然我这里并没法给出准确答案，但是似可从以下几个角度考虑。

第一，人们在设计炸弹时只是希望提升原有炸弹的效能，核武器的潜在新用途要花费较长时间才能为人们所理解（当战略防卫构想——"星球大战计划"——的提倡者占据政治舞台时，"新奇的"武器效应也走上了前台）。

第二，秘密和好奇是不协调的。 只有专业人员——通过安检的专业人员——才能接触到技术和试验。 学校的孩子们今后可以设计外太空飞船上要做的实验；但是核试验则是严格保密的。 像尼克尔森一样的小说家们所了解到的信息可能只够在小说中"创造"无线电失灵，他们不可能了解核试验秘密。（如果他们了解了核试验秘密的话，他们要接触自己的作品都没法通过安检！）

有人倾向于认为，过于偏爱军事、军事制度和军事思维导致了新的核潜能只是偶然意外被发现。 但是战后民用核发展也没有表现出明显优越性。 关于核能的最激动人心的描述是核电"便宜得可忽略不计"。 这种说法纯粹是错误财务计算和错误技术思考：有人忘记了利用核能得到的只是热水。 你还是需要做发电和电力传输工作(免费的汽油并不意味着汽车、道路、停车场等等都是免费的)。

早期核能利用者发现核发电不需要"燃料",不需要"燃烧"任何东西(核燃料"燃烧"只是形象地比喻说法)。 但是海军发现了一个更有意义的事实:核能不需要任何氧气! (由于人类学的原因,我们认为"燃料"是可以氧化的物质,而不是相互作用释放能量的两种物质之一)。 无氧环境下的能量制造是只有潜水艇人员(以及后来的太空探索人员)才能理解的:在水下空气比柴油机燃料还少。

早期核能利用的积极倡导者最为忽视的一点可能要算放射性同位素了,在未来数十年里,放射性同位素的应用价值可能要大于核能发电。 放射性同位素使医疗诊断和治疗发生了革命性变化;放射性同位素还使生理学研究发生了革命,尤其是脑神经研究。 看来放射性同位素的科研应用是无穷无尽的。 有意思的是,核利用从宏观兆吨级大火球和1 000兆瓦电厂演进为微观分子。

我已经揶揄了核能的开发者,现在我想揶揄一下我自己和我的一些同事。 在20世纪70年代和80年代的早期我参与了五个不同的能源研究。 每项研究都有20到30人参加,他们都对最后的政策结论负责。 每项研究都有经济学家、技术专家和政治学家,有的还包括能源制造或能源利用行业的商界人士。 近来我有机会重新翻翻这些能源研究,看是否对环境问题有所帮助。 第一项研究是由福特基金会资助、由迈特公司(Mitre Corporation)管理实施的。 这是一个为期两年的研究项目,最终形成了400页的书出版,该研究主题为核能。[3]这本书对核反应堆安全、核废料,以及核武器扩散进行了广泛的讨论,还有8页内容是关于燃煤对健康影响的,两页内容是关于温室气体的。

第二项研究也是由福特基金会资助的,由未来资源机构(Resources for the Future)管理实施,所形成的研究著作中在索引处有六个地方提到二氧化碳和温室效应,这样提到二氧化碳和温室效应的总页数为10页左右——600页里面只有10页![4]我们完全将关注点放在了"能源危机"上——石油短缺和相联系的通货膨胀。 "温室问题"还没有引起环境研究团体的注意。 但是我给不出理由来说明为什么温室问题没有引起足够关注：我们所掌握的信息已经足以对温室问题进行思索了，甚至可以分析潜在的后果(当时没有出现一位尼克尔森来写一本合适的未来小说，或者，如果有这样一位小说家，温室现象没有引起他的注意)。

1979 年，经济发展委员会出版了我写的一本 62 页的小册子。[5] 在序言段落中我提到了环境卫生、生产力和美学，但是对温室气体则只字未提。 没有人指出我遗漏了二氧化碳。 根本没人注意。

三年后，我参加了一个能源定价政策的研究，这是经济发展委员会和保护基金会(Conservation Foundation)的一个联合项目[项目的共同负责人为威廉·K.雷利(William K. Reilly)，他是保护基金会的主席，在第一个布什总统任期内担任环境保护署署长]。 我们报告了能源定价对以下各方面的影响：能源技术、能源节约、新能源、通货膨胀、贫困、就业、收入分配和经济效率。[6] 在我们提交的 75 页的报告中，只有一句话是关于环境问题的，而且根本没有提及二氧化碳。 在所有这些例子中，研究都是针对"明确定义的"问题，为各方都意识到的问题，明晰的问题。 简言之，所确定的研究问题未预见到未来 10 年，甚至更短时间内的重要问题。[7]

说来有趣，我第一次听到二氧化碳的概念还是来自华盛顿特区国防大学的一个研究小组，这个小组是由上校军官一年期课程班的学生构成的。 军方当然不用对温室政策负责；军方只是想预测气候变化的可能构成情况和气候变化对军事行动的影响。 海军想知道数十年后北极冰盖在夏天是否还存在，厚度有多少；陆军则记得阿登战役和雾气对战役的决定性影响。 对军方来说，不存在"温室问题"，只有潜在的"温室环境"，所以他们可以自由地展开想象。

我首次正式接触"二氧化碳问题"(那时还没有称为"温室问题")是在 1978 年。 德国总理将这一问题提上了当时将在威尼斯召开的"峰会"的议程，于是白宫问策于国家科学院(我想德国总理之所以提出二氧化碳问题，可能是由于他的核能项目受到了环境保护主义者的攻击，他希望能宣扬煤炭的危害）。 我对这一问题毫无认识，但是由于我被委任为 12 人委员会的主席，所以我赶紧充电。 在此我有必要提一下，在为数不多的具有二氧化碳问题知识背景的人当中，比较突出的有耶西·奥苏贝尔（Jesse Ausubel）和比尔·克拉克（Bill Clark），两人都是国际应用系统分析研究所［International Institute for Applied Systems Analysis（IIASA）］的毕业生，当然还有为 IIASA 所熟知的罗杰·内维尔（Roger Revelle）。 在那个时候，我还没发现有其他的研究组织在全面研究温室问题。 在各地有些学者在研究温室问题的某些方面；只有在 IIASA，温室问题才得到了有组织的研究。 事实上，国家科学院在数年前曾建立了由朱尔斯·查尼（Jules Charney）领导的一个委员会，来考查因二氧化碳排放增加而可能导致的"全球变暖"。 该委员会报告了现在视为经典的 $3\pm1.5C$，然后就没有其他结果了。

在卡特总统执政的末期，温室问题得到了重视。 出于对煤基气体和液体高碳浓度的担忧，1980 年通过的合成燃料法案要求由国家科学院对"二氧化碳问题"进行研究。 由威廉·尼仁伯格（William Nierenberg）领导的一个委员会与以前我所领导的委员会职能有所重叠，这个委员会对二氧化碳问题进行了为期两年的研究，并于 1983 年提交了书面报告[8]，但这个报告与同一个月由环境保护署发布的报告存在某种程度的差异。 至少由于这两个报告对问题的严重性和紧迫性的认识方面存在着差异，因此引起了一些媒体的关注。 此后美国对这一问题的全面正式研究大致就停止了。 温室问题的某些方面的研究仍然取得了进展，但是基本上没有任何的研究协调合作。

连续几个炎热的夏天使得二氧化碳问题在美国引起了研究重视，科学界在这一问题方面并没有领先于一般大众和媒体。 1995 年有两百个美国经济学家参与温室问题研究，而再往前推 15 年，我估计只有两个人在研究这个问题。 有些人认为温室问题很紧迫，10 年时间都会有很大不同。 10 年或 20 年前，为什么温室问题没有引起像今天这样的重视呢？ 是不是缺少了什么，所以科研没有能够发起？ 当然，资金是个重要因素；现在的研究都有基金会和政府资金的资助，而数年前则没有。但是过去最缺乏的当属想象力。 也可能是协调合作：温室研究涉及许多学科，参与到潜在"温室研究"的科学家们可能并不知道他们的工作与温室现象相关，或者即使他们知道，也很难与距离很远的其他学科研究相联系。

在使温室问题引起学术界关注和政府政策关注方面，IIASA 发挥了重要作用。 IIASA 可能做得更多吗？ 下一个要使用充满想象力的系统方法来发动全球科学关注的问题是什么呢？

注　释：

[1] 参阅 Cowan 和 Foray 关于研究程序的分类，期中包括意外研究发现。 R. Cowan 和 D. Foray，*The Changing Economics of Technological Learning*，WP-95-39，International Institute for Applied Systems Analysis，Laxenburg，Austria，1995.

[2] H. Nicolson，*Public Faces*（Houghton Mifflin 公司，波士顿和纽约，1933）.

[3] S. M. Keeny，Jr.，ed.，*Nuclear Power*：*Issues and Choices*（Ballinger Publishing Co.，Cambridge，MA，1977）.

[4] H. H. Landsberg，ed.，*Energy*：*The Next Twenty Years*（Ballinger Publishing Co.，Cambridge，MA，1979）.

[5] T. C. Schelling，"Thinking through the Energy Problem"（62-page booklet），Committee for Economic Development，New York，1979.

[6] Committee for Economic Development（CED），*Energy Prices and Public Policy*（75 页报告），a Statement by the Research and Policy Committee of the Committee for Economic Development and The Conservation Foundation，New York，July，1982.

[7] Brooks 将此观点发展为"管理重视度问题"。 H. Brooks，*The Problem of Attention Management in Innovation for Sustainability*，WP-95-41，International Institute for Applied Systems Analysis，Laxenburg，Austria，1995.

[8] National Academy of Sciences，Carbon Dioxide Assessment Committee，*Climate Change*：*Report of the Carbon Dioxide Assessment Committee*，National Academy Press，Washington，DC，1983.

第十六章　越南：反思和教训

美国参与越战表现出的最显著特点为：约翰逊政府和尼克松政府都将最初的越共叛乱和后来与北越军队的全面军事对抗视为冷战的一个组成部分。约翰逊政府的一位高级官员向我解释说，十七度线（the seventeenth parallel）是《波茨坦公告》的一个延伸。我们必须守住十七度线，就像我们必须守住易北河或希腊和保加利亚之间的边界一样。

这种观点实际上是认为越战是冷战不可分割的组成部分，而且北越是铁板一块的共产主义阵营不可分割的一部分，着实让人奇怪。而且此时中苏之间的裂痕已经很大很明显了。

我怀疑北越人是否真的关心自己是不是冷战的一部分。虽然北越人一心想得到苏联的物资援助，他们却不太可能认为自己的国家是个卫星国，甚至是另一个古巴。北越与中国的关系显然也与莫斯科—北京—河内轴线思考无关。北越人在柬埔寨和其他邻国的利益也都是他们自己的利益，而不是从属于莫斯科的利益。如果他们被告知20世纪50年代确定的十七度线作为国界是符合波茨坦会议精神的结果，他们只会摇头不解。

北越对利害关系和问题的理解方式与美国政府完全不同，尤其是美国将越战等同于冷战，但是这种差异本身并不能说明美国当时将十七度线的利害关系看作与20年前朝鲜的三十八度线一样就不正确。但是确实存在这样的问题：美国是否一定要将越战与冷战联系起来并采取相应行动。还有个问题，如果十七度线确实取得了三十八度线一样的象征地位，那么它是在印度支那分裂的 20 世纪 50 年代取得这样地位的，还是由于美国的介入才取得这样地位的——甚至是由于美国政府将越战视作冷战的一部分才取得这样地位的？

这个问题与预期和理解有关：美国是否需要不惜一切代价保卫南越，以维护自己的荣誉、声望和对全球同盟者的责任很大程度上取决于德国、希腊、韩国、苏联和中国等国是否以这种方式看待这场斗争。如果大家都这样看，那一定是由于美国政府清晰表述了越战的象征意义和理解，正如胡志明明确地将这场战争说成检验一个贫穷的亚洲社会主义国家在与富裕的美国资本主义斗争中是否能坚持到最后胜利。美国领导人在回应苏联集团的冷战挑战同时也使自己引起了各国的注意。

我强调越战问题，是因为它是理解如下问题的钥匙：当美国将颠覆和侵入南越的企图视为莫斯科发动和领导的冷战的一部分时，美国是否培养了一种不必要的承诺意识。在越战中"升级"的不仅仅是资源承诺，军事暴力的程度和军事冲突的区域，而且还包括这场斗争的利害关系。

有必要理解为什么利害关系被提高到了如此高的水平。我发现至少有两个机制在共同作用。一个是合理理由，另一个是威慑。

美国介入的合理理由为：这一冲突不是区域性的，而是全球性的，美国必须在越南实现自己的承诺，否则在其他地方的承诺也会被怀疑。作为自由世界的领导者，美国别无选择，这场斗争对整个地区有影响，而且通过多米诺效应，对遥远的柏林、希腊和古巴都有影响。威慑机制则是希望对手明白，美国作出的承诺是坚定不可动摇的，是没有退路的，美国的唯一选择就是不惜一切代价实现目标，同时希望对手明白，试图与美国对抗到底是徒劳的。

冷战已经结束了，也许我们不必担心重复冷战思维导致的错误。但是我不确信只有冷战时代才有冷战思维。当美国、或由美国领导的联盟在考虑或采取军事行动时，所考虑和采取的行动都需要有合理理由，这个理由最后总是归结为超越了实际局域问题的原则。将这些原则上升到很高的高度并且使整个国家坚守这些原则则总是扩大了博弈中的利害关系。 而且为了使对手相信，美国一定会采取行动，直到要求得到满足，或会一直处于对抗，直到取得了某种胜利，美国必须显示和宣传，如果它不起来应付局面，其他的侵略者就也会在其他地方和时间起事，而受到威胁的国家则会屈服，而不是依靠美国的帮助，那么任何新的国际秩序都失去基础了。

这真是一个两难困境。 以一般性的原则而非局部利益作为参战的理由是真实合理的，而且美国及其盟友不能退让这种信念也是建立在重要的基础之上，但是要满足这两点需要冒极大的风险。 我只能让大家注意到这个两难困境，我不能解决这个困境问题，除非我知道下一个冲突事件是发生在板门店、十七度线、柏林、古巴，还是波斯湾。

越战的一个显著特点在于在整个战争期间美中关系和美苏关系保持了极大稳定性。 1965 年的春天我在伦敦，读着《伦敦时报》和《金融时报》的社论，与政府工作人员聊天。 当时广泛反对轰炸北越的一个最重要原因是轰炸会大大提高中国干预的可能性。 大家几乎一致认为，如果美国飞机飞到了河内北部地区，中国将不得不出兵干预。 但是美国通常有些军用飞机距离中国的边境只有五到十秒的飞行时间，而且报纸上至少报道了一百起越境事件，但是并没有迹象表明中国轻易地会被激怒而采取军事干预。

正是在越战期间美中关系得到了极大的改善。 我们与苏联的盟友进行着一场艰苦的消耗战，而苏联给越南提供物资援助，这些似乎也并没有影响苏美关系。 苏联尽量避免在美国空军或海军舰艇面前出现自己的身影，而且美苏双方都假装在北越的防空基地上没有苏军人员。

随着 1962 年古巴危机的解除，苏美或苏联—北大西洋组织之间的危机也就基本消失了。 1968 年苏军入侵捷克斯洛伐克暂时推迟了限制战略武器谈判（SALT），但是越战并没有阻碍该谈判。 中国和苏联在越战期间的冷静沉着是这一时期最令人称奇的特点。

另一个显著的特点是核武器没有使用。 早在朝鲜战争时，英国首相专程飞到华盛顿，请求杜鲁门总统不要考虑在朝鲜使用核武器。 但是没有人请求约翰逊总统不要在越南使用核武器。 自从 1953 年艾森豪威尔总统批准了政策声明"在遇到敌对情况时，美国会考虑使用核武器"[1]之后，我们已经走了很长一段路了。 在 1954 年，声明"核武器现在实际上应被视为常规性武器"。[2] 1955 年"在任何战争中，如果核武器可以被用于严格的军事目标和严格的军事目的，那么核武器完全可以像子弹或其他武器一样使用"。[3]

10 年后的 1964 年 9 月，约翰逊总统说道："不要犯错误。 不存在什么常规的核武器。 在过去充满危险的十九年里，没有哪个国家对其他国家使用核武器。 使用核武器现在是最高级别的政治决策。"[4] 我承认我不相信艾森豪威尔总统所说的话真实地表达了他的意思，但是到了 20 世纪 60 年代没有人会认为有必要使用核武器了，除非战争升级到了远远高于越战的程度。

在越战期间，根本没人争论要不要使用核武器，也没有人对此进行评论，这正说明了我们对核武器使用的认识在 10 年间发生了很大的变化。 当然，也可能是没有目标需要使用核打击。 但是如果核武器真的如艾森豪威尔总统所言，"可以像其他武器一样使用"，我们应当会听到一些关于目标、投放方式、能量产出，以及爆炸高度的争论，或关于争论的报道。 但实际上核武器根本就不能使用。

越南提醒了我们，即使我们不希望发生战争，要完全避免战争还是非常困难的。 可能只有极少的几个时点，政府可以选择撤军，脱离战争，宣称胜利也好，失败也好，只要从战争的泥沼中脱离出来。 有没有什么方式可以确定这为数极少的关键时刻？ 1968 年春季末可能算一个。 在春节攻势（tet offensive）之后，华盛顿许多数年来积极支持越战的人发现他们实际上在春节攻势前就开始反对战争了。 这是一个削弱士气的后退，尤其对雄心勃勃和自负的军事情报部门而言。 这时人们很容易说："我早告诉你会是这个结果了。"但是可能结果对反战的人也是个打击，没有人能利用这个时机来达成一致意见并向总统提议，该是撤军的时候了。

约翰逊总统于是给了尼克松总统一个机会，而尼克松总统则以错误的方式处理了越战问题，但是并不一定是不明智的。 我认为尼克松总统也知道有这个机会；但是他想做正确的事情，而正确的事情意味着不仓促行事，不显得狼狈，而应"带着荣誉"撤出战场。 如果你正在云层中驾驶着飞机，而飞机的油快消耗完了，你不敢下降高度，因为担心云层接近地面，但是如果你看到了一个开口，应赶紧俯冲！ 也许当有机会脱离战争时，应当迅速抓住机会，而尼克松总统却没有。

如果你已经进行了大量的投资，你就很难从中抽离出来，这是我们可能需要一次又一次吸取的教训，也许可能还没有人能真正吸取教训。不管是什么原因导致美国卷入越战，我们从 1965 年下半年起直到最终全部撤离，越战进行了这么长时间的根本原因是因为没有人能创造出一个体面的撤离方式。 约翰逊总统基本上在坚持一个原则，这一原则我在许多场合都援引自欧内斯特·梅（Ernest May）。 这一原则为："政府"从不舍弃自己从事的战争。 新政府则不得不进行舍弃。 约翰逊留给了新政府一个机会，但是新政府没有抓住。

我认为美国政府从未认真考虑过撤出越战这一选择。 我之所以这么看，并不是说我没有听说过一些撤军计划，而是因为我认为这种计划政府从根本上就无力作出——可能所有的政府都是这样，而非美国一家。在越战期间，正式郑重地请求人们作出撤军的计划是极端危险的——不仅仅是泄露给敌人的危险，而且还有泄露给自己人的危险，以及泄露给政敌的危险。 承认撤退是一个负责的选择，那些希望撤军的人和希望政府原则上认可撤军是个合理选择的人则有了谈判权力。

因此，谈论需要建立一个程序来认真研究撤军这个选择，这是不可能的。 领导者不可能同意这么做。 任何暗示撤军可以认真考虑的行为都会严重削弱负责战争的军官的士气。 也许对撤军的思考只能是非官方的。 只能是某个人挺身而出来研究这个问题，他可能会说："我知道总统不会同意我在他的要求下来做这个事情；如果总统希望有人来研究撤军问题，我甚至都不会向他提出来，因为要求总统给予一个答案是不公平的，他的答案也只能是否定的。"

在我写这篇文章时（1996）我就想到，即使我暗示一下美国以后可能还会需要回头撤军，我也可能引起了某些人的不悦。但是选择撤军的困难需要与我前面提到的风险计算综合起来考虑，我们需要计算是否提高利害关系的程度作为军事行动的合理理由，并且建立可信的承诺。

赫鲁晓夫在 1960 年说过，民主国家在民族解放战争中过于软弱，战斗不力。"软弱"这种评价过于简单了，但是我想十几年后我们就能明白赫鲁晓夫说这番话的意思了，并且还不得不承认他说得有些道理。我们和赫鲁晓夫都不知道的是，具有社会主义和专制特点的苏联也表现出了软弱。只是在苏军撤离阿富汗之前赫鲁晓夫就已经去世了。

而且苏联还没有用冷战来实现其在阿富汗的承诺或作为阿富汗军事行动的理由。越战及许多后续研究开始重新考察苏联在阿富汗的惨败，但这已经超出我讨论的范围了。

注　释：

　　[1] McGeorge Bundy，*Danger and Survival：Choices about the Bomb in the First Fifty Years*（纽约：Random House，1988），246.
　　[2] 同上，268。
　　[3] 同上，278。
　　[4]《纽约时报》，1964 年 9 月 8 日，18。

社会动态性

第十七章　社会机制和社会动态性

我们可以将社会机制与理论、法则、相关性和黑匣（black boxes）相比较。大家基本上都同意这样一个层级结构："简单的"相关性位于层级结构的最底部，而法则位于高层。法则如果属于黑匣（即运作机理不清晰），那么即使法则像重力法则一样完全可靠，也比不上那些运作机理更清晰的法则。如果法则是已经确立的，而理论却没有，那么理论的地位不如法则高；如果理论是建立在已确立的法则之上，例如行星运动理论，那么理论就位于最高位置。

社会现象的一个普遍深入的问题为，"方法论的个人主义"（methodological individualism）的独特作用，方法论个人主义是指终极分析单元为理性个体，或至少是有目的的个体。一些人认为，任何社会现象如果不能被简化为个体的行为（选择），那么它就是一个黑匣，因此是不能令人满意的。有观点认为，黑匣里面一定是一个社会机制，或数个社会机制。

那么，社会机制到底是什么呢？社会机制适宜于什么地方呢？社会机制是小、是大，还是非常非常大？凯恩斯的理论构建了一个社会机制吗？军备竞赛是一个社会机制吗？通货膨胀是社会机制吗？咯咯笑、打哈欠，或者散布流言也算社会机制吗？关于社会机制理论的关系，我认为一个理论可能包含多个社会机制，但是也可能一个社会机制包含多个理论。此外还存在一个特别的问题：社会机制是否可以纯数理化？这取决于"纯"到底是什么含义。

我认为[我想我是在转述彼得·海德斯托姆和理查德·斯威德伯格(Peter Hedstrom and Richard Swedberg)在《社会机制：一种社会理论分析方法》一书前言中的话]社会机制是一个合理的假说，或者一组合理假说，这些假说可以是对某个社会现象的解释。解释在这里是指个体之间的相互作用(interaction)，或者个体与某个社会集合体(social aggregate)之间的相互作用(如果一个人的前保险杠离我的后保险杠只有1.5米不到，这个时候我换车道，那么我就是与一个个体相互作用；如果我将自己的车速调整为公路上的平均车速，我就是在与一个社会集合体相互作用)。换种方式来说，社会机制就是从个体行为的角度对一个模型的解释，该模型抽象地再现了需要解释的现象。

我想使用一个现象来具体说明，这个现象描述充分、服从可识别的模式，并且可以用简单曲线表示。根据马奇缇·梅耶和奥苏贝尔(Marchetti，Meyer and Ausubel，1996：25)的研究："实际上数以千计的人口增长变化例子和其他增长过程的例子都已经很好地由简单的逻辑曲线(logistic curve) *建模分析。经典的例子包括儿童词汇量的积累和爱荷华州农场主对杂交玉米的种植。"他们还进一步说明了，期望寿命、生育率和婴儿死亡率几乎在每一个国家和地区都符合一定的逻辑曲线模式。

马奇缇等人研究中所使用的逻辑曲线是指，一个变量随时间变化而增长或降低的轨迹，这个变量受到上限或下限的约束(包括零)，增长率(或降低率)与变量本身的值以及变量值与上限或下限之间的差都成正比。具体来说，如果 X 初始值很小，处于增长的轨迹上，其上限为 L，那么 X 的增长率与 X 和 $(L-X)$ 的积成正比[即，$dX/dt = aX(L-X)$]。曲线形状为熟悉的拱形曲线(ogive)或 S 形曲线。

这还不是一个社会机制，但是它能引起一些解释。马奇缇等人对人口的分析也对作为生育率和死亡率基础的个体行为进行了推测分析。

---

　　* 逻辑曲线，又名逻辑斯蒂曲线，是指一种非线性的、呈 S 形增长的曲线，即一开始增长速度较慢，中间阶段增速加快，以后阶段增速下降并趋于稳定。——译者注

我说他们还没有得到一个社会机制，不是因为他们的解释是推测性的，还远未证实，而是因为他们的解释还不完全。如果他们的解释是完全的，我就会说他们已经提供了一个社会机制，这个社会机制可能是对现象的解释。如果马奇缇等人没有进行推测性阐释，他们实际拥有了一个吸引人的黑匣。有些事情正在发生。有人可能根据足够的实例提出一个"法则"。实际上，如果我们考察儿童的词汇量、爱荷华州的农场主、芬兰和埃及的生育率，以及"数以千计的各种例子"，我们可能构建出一个不局限于人口增长的法则。但是这样的一个法则是没有机制的，除非我们得到了机制（有可能对于许多例子，已经确认了许多机制，或者可以确认这些机制）。

我再举一个逻辑曲线的例子，以及对曲线的基本解释。一位新作家成功地出版了自己的第一部小说。销售量是按月统计的。在三年的时间里，销售量服从一个逻辑曲线轨迹，最初呈指数式增长，然后达到一个拐点，接着呈指数式下降，直到剩余的库存书廉价处理掉。我们将这个销售量模式与其他小说、传记和历史书做个比较，我们会发现许多的逻辑曲线，多到出版商和书店对 S 形曲线都非常熟悉了。

我们可以想出一个社会机制来解释这些动态变化吗？我们当然可以。人们读到了这本书，如果他们喜欢，他们会谈论这本书，随着越来越多的人读到这本书，也就有越来越多的人谈论这本书。然后听说了这本书的人也开始买来看看，如果他们也喜欢，他们也会谈论这本书。谈论与已经读过这本书的人数成正比。如果所有的谈论都是同样有效的，那么谈论该书的人数就呈指数式增长。但是可能听说该书的人的总数有一个上限。最终大部分对该书可能感兴趣的人都已经听说了该书，也许已经买了，当他们希望再谈论该书时，就发现几乎没有人没听说过这本书了。如果初始时有 L 个潜在感兴趣的读者，并且有 N 个已经读过该书并想谈论该书，而且每周每个已经读过该书的人要与 L 中的 n 个人见面并讨论该书，于是每周将有 $N \times n \times L$ 次联系，其中 $N \times n \times (L-N)$ 是潜在有效率的，N 则不断增长。

如果我们开始时就使用上面描述的销售量数据，我会把我刚刚描述的过程称为一个社会机制。这样做可能是错的——曲线形状的根本原因可能完全不同——但这是一个可以解释我们所观察到的现象的机制。而且，这可能是一个我们能够证实或者证明不成立的机制。

我们可以将我刚才描述的机制（但是可能不是马奇缇等人的生育—死亡机制）称为"传染（contagion）"模型。或者我们也可以称之为"招募（recruitment）"模型。我们可以用几种方式来修正这一模型。其中一种方式是只考虑新近加入 N 且具有传染力的人（即仍将继续谈论该书）。在公式 $dN/dt = Nn(L-N)$ 中，我们使用 dN/dt 在 $t-x$ 到 t 上的积分来替换 N，x 在这里表示传染的平均期间。在早期接近指数增长的阶段，这一替换对于增长曲线的形状没有太大影响，最终的结果将得到基本相同的曲线形状。我们还可以在传染模型中令 L 随时间变化，比如说我们现在将传染模型理解为一个疾病模型，让一些潜在易感人群知道去采取预防措施。

用疾病模型进行对比在此有重要价值。我以前有个学生是内科医师，他在非洲一家公共卫生院工作多年，他注意到对免费麻疹疫苗的需求都是汹涌而来的。于是他感到好奇，并且研究到底发生了什么。在麻疹流行最高峰的时候，母亲都会带着孩子走上很远来接受疫苗注射。疫苗发挥了作用，麻疹流行不久就结束了，所有活下来的孩子要么通过注射疫苗，要么通过自身战胜疾病，都对麻疹有了免疫力。然后就没有麻疹流行了，直到无免疫力的新生儿数量达到了"临界水平"，每个患病的婴儿平均都可以感染一个以上的婴儿。然后疾病又开始逐渐流行，但是母亲们开始还不会大老远带孩子种疫苗，直到她们了解到邻居的孩子死于麻疹。然后接种疫苗的高峰就出现了。这一模型包括了临界规模、逻辑曲线现象和两个"传染"——麻疹的传染和关于麻疹危害的警报的传播。模型的参数包括人口密度、出生率、麻疹的潜伏期和传染性，以及警报信息的传播速度。

对于前面提出的社会机制是否可以用纯数理来表现这一问题，我想我已经给出了答案。 S 形数理曲线本身不是一个社会机制，但是这一曲线可以是由社会机制产生的，而且这一曲线可以被特别理解为一个社会机制。 我认为我们所发现的作为数理模型基础(或者我们猜测是数理模型基础)的社会机制，与大多数社会机制一样，可能说明了我们的数理模型也适用于其他现象。 我们虚构的销售量现象的分析还是很容易适用于爱荷华州农场主对杂交玉米的使用种植现象，但是要类推到与儿童词汇量有关的基础社会机制就不那么容易了。 当我们看到微分方程 $dN/dt = aN(L - N)$ 可以同时用来说明爱荷华州玉米现象和浪漫小说的销售量时，我们就毫不奇怪有 "数以千计的" 逻辑曲线形(logistic-shaped)增长过程被发现了。

当然，逻辑曲线形只是对经验数据的一种近似，而且可能存在其他的微分方程，可以产生对数据的近似。 仅仅有很好的拟合度还不能证实所推测的基础机制，有可能存在一族机制，而传染模型只是其中之一。 一个正弦曲线可能较好地模拟了逻辑曲线，而且如果变量在接近极限点后可以反转——与小说情形不同，小说在旧书市场上可能不会再现了——我们可能希望直到我们确定变量趋近于一个渐近线，而不是波峰时，再给出判断。

在这里，"纯" 数学可以用于对社会机制的研究。 注意指数式增长本身也可以反映一种社会机制；在人口无限的情况下，$(L - N)$ 项永远都不可能是紧的(binding)，而且逻辑曲线也永远不会到达拐点。 我们很容易想出导致纯指数式增长的社会机制；生孩子就是其中之一。根据不同的初始条件或参数值，一个简单的微分方程可以产生指数式增长，也可以产生正弦曲线吗？ 到底可以简单到什么程度？

生态学家研究捕食者—被捕食者之间的关系并得出循环(cycles)；线性二阶微分方程——导自一对一阶线性方程——就足够了。 研究方程的形式可以揭示社会机制的内涵，并且能帮助我们认识相同的机制是如何既能解释指数式增长，又能解释循环的(参阅本章的附录部分)。

在介绍一些其他社会机制之前，我想先讨论一下社会机制能够完成的事情，而"简单相关性"（或更准确些的说法，"曲线拟合"）所无法完成的事情。 我们常常要对作为科学目标(同时作为理论"检验")的预测和解释(即更好地理解所发生的事情，更令人满意的一个驻留点)之间进行区分。 我认为，掌握了作为行为规律基础的社会机制至少还有其他三点好处。

第一，特例情况可以对应于特殊的参数值。 感染模型中就有一个这样的例子，只要最近感染的(患病的)人具有传染性。 在通常的指数式增长中， $N(t)$ 与 $N(t) - N(t - p)$ 成正比， p 在这里表示一个已经感染疾病的人仍具有传染性的(不变)时期；增长率仍然是指数性的，但是速度放慢了(我们还可以考虑在被感染和具有感染性之间有一段"潜伏"期，运行的方向相同)。 但是由于最终在趋近于人口极限时，指数式增长就衰减了，结果有可能在很短的传染期内导致出现的 S 曲线不趋近于人口极限。 如果我们比较各种疾病并且发现有些疾病的 S 形曲线逐渐消失，而另一些疾病的 S 形曲线仍然趋向于最初的极限，对于机制的一些了解有助于我们找到原因——潜伏期、传染期(HIV 的传染期是无限的)，以及一定比例的隔离病人——来解释存在的差异和确认机制本身。

了解机制的第二点好处是有助于采取合适的干预措施。 例如，在麻疹的例子中，实际患病的人数——不是累积感染麻疹的人数——很可能是母亲们所观察到的。 已经感染疾病的人数 N 增长越快，说明当前已经患病的人数 $N(t) - N(t - x)$ 也更大。 看似有些不合理的是，加快疾病的流行可以提高接种疫苗率，并最终减少感染疾病的婴儿总数，当然也就减少了总死亡人数。 其他一些干预措施，例如公共宣传，可能也是应当采取的。 麻疹流行例子只是对有相同基础生成过程的社会机制的一个比拟，因此当我们了解了基础机制和一些重要参数时，我们可以考虑许多干预措施。

第三个好处是，一旦我们了解了机制的运作机理，甚至其数理形状，我们就得到了一个可能也适用于其他现象的模板。 当然，我们要避免罗伯特·索洛(Robert Solow)所描述的一个得到了新电钻的人在圣诞节所做的事情——到处找可以适合钻洞的地方，但是如果麻疹流行和小说销售的例子都可以用相同机制来说明，那么我们也可以发现类似的情形和形式，来说明在 1992 年总统大选期间支持罗斯·佩罗（Ross Perot）的投票人人数、购买微波炉的人数、或者在苏联人造卫星上天后选择科学和工程学科的美国年轻人人数（我们得注意不能过快下结论认为曲线是逻辑曲线，而不是正弦曲线或在两者之间的曲线。 一旦我们对可能的基础机制有所了解，我们就知道我们应当寻求什么了）。

有必要认识到，通常会存在一族社会机制，彼此差异很大，适用于看起来相似的各种现象，正如有些现象表面上相似，但是反映了完全不同的机制。 乔恩·埃尔斯特（Jon Elster）常常指出如下的事实：鹰、翼龙和麻雀都有翅膀，蝙蝠也有翅膀，还有飞鱼也有翅膀，但是进化机制可能将翼龙、鹰和麻雀联系在一起，但是不会与蝙蝠或飞鱼相联系。 麻疹，尤其是其病源，以及飞鱼都不可能被理解为"社会机制"，但是机制的模型有时可能将它们联系在一起。 在教学中，我常使用室用恒温器作为循环行为促发器的例子，以帮助学生理解模型中的哪些种类成分——社会的、机械的、生物的，甚至是心理的——可能产生主要的现象特征（很久以前，当我吸烟的时候，我发现我总是火柴用完了；于是在一次火柴荒之后，我到处搜寻火柴，并建立起一个安全库存，然后我又悠然自得了。 不久火柴又用完了，我不得不面临又一次的火柴荒，开始四处搜寻火柴。 这有些像那些对麻疹周期作出反应的母亲们。 这种行为可以称之为"心理机制"）。

为了进一步说明机制"族"——以前我称为"模型族"，即一族能产生类似结果、有相同点也有不同点的机制，我将举许多被称作"自我实现的预言"的例子。 如果将其称为"自我实现的预期"可能会更好，因为预言只是预期的一个源泉。

这里我举一些例子。 如果人们预期咖啡会短缺，那么咖啡短缺就真的会出现。 如果人们相信只有粗心的人才会使用分裂不定式，那么只有粗心的人才使用分裂不定式。 如果人们相信在大街上吸烟的女人是站街妓女，那么在大街上吸烟的女人就只有站街妓女。 如果人们相信哈佛大学经济学系总能吸引到最优秀的师资，那么哈佛经济学系就能总是吸引到最优秀的师资。 如果男人认为自己不戴领带的话就会惹人注目，那么他们如果不戴领带就会惹人注目。 如果人们认为邻居之间的敌意总是不断加深，那么邻居之间的敌意就会不断加深。 如果年轻男人认为他们不必学习做饭，因为他们将来娶的女人已经学会了做饭，而且如果年轻女人相信年轻男人持有这种看法，那么年轻男人就不必学习做饭。 如果人们相信很难得到韩国产汽车的备用零件，那么市场上就很难得到韩国产汽车的备用零件。 如果科学家、工程师和国际商务人士相信英语必将成为科学、工程和国际商务的唯一通用语言，那么英语就真的将成为科学家、工程师和国际商务人士的共同语言。 如果人们认为南方口音的人不可能得到美国总统竞选的政党提名，那么南方口音的人就得不到提名。 如果所有人都认为你只有早到才能得到一个座位，那么你只有早到才能得到一个座位。 如果枪手知道，当两个枪手狭路相逢时，他们都会拔枪，第一个拔枪的人很可能打死另一个枪手，那么当两个枪手相遇时，他们都会拔枪，而且第一个拔枪的人很可能打死另一个枪手。 如果人们认为只有寻找性伴侣的人才会去单身酒吧，那么到单身酒吧的人都是寻找性伴侣的。 如果人们认为银行无偿付能力了，银行就已经无偿付能力了。 如果人们相信没人能两次彩票中奖，那就不会有人能两次都彩票中奖。 如果人们认为社会生活中的一位名人将淡出人们的视野，那么这个人就会淡出人们的视野。

　　如果我在表述时去除掉一些差异性，那么这些命题都会表现出相同的句式。 它们都要求探求底层的基础机制。 我想你会同意，每个命题都可能为真；但是大部分命题也可能为假。 有些是建立在共同机制基础上的：咖啡短缺、无偿付能力的银行——我们也可提及股票市场——以及早到才能得到一个座位在我看来都符合相同的准则。 有一些——吸烟的妓女、单身酒吧的常客——更像是强有力的传统习俗：喜欢吸烟的女人如果不是妓女，她晚上在街上行走时就会感到不安，而只是想使用电话的人在单身酒吧里就会感到不受欢迎或引人注目。 分裂不定式和领带的例子看起来比较接近；做饭的例子既可以视作有强制力的习俗，也可以视作方便的社会协调规则，因为劳动和技能的分工可能有一些优点，而且在一夫一妻制社会中，任何其他规定由丈夫还是妻子来做饭的规则（例如按照字母顺序）都不够清晰有效。 南方口音的人无法得到提名，其背后的机制包含了两个方面：没人希望在提名初选会上浪费一票，也没人希望为失败者提供竞选资金；没有提名初选会上的投票和竞选资金，提名自然就没有希望了。

我相信存在数千个这样关于自我实现的预期的（可能为真的）命题，而且我相信这些命题背后至少有数十个不同的机制。 但是我并没有看到这样一个清单。 如果有机会，我愿意给那些提供最丰富自我实现预期例子清单的人授奖（当然要根据人们的共同意见来决定）。 此外，我还想看到有人开始列出社会机制的清单。 出于教学的需要，我希望看到一个未预料的或反常行为的清单，可以用来测试和训练学生解决问题的能力，以及思考（潜在）社会机制的能力。

在社会科学中，有许多关于"法则"的讨论——法则是什么，法则是如何与机制或相关性相联系的。 我所研究的学科经济学中公认的法则不多。 近年来，以前在经验基础上确立的"法则"开始被认为是"程式化的事实"。 但是我在这里想介绍一种法则，这种法则不仅在物理学、力学、遗传学和化学中发挥了重要作用，而且在人口统计学中发挥了重要作用。 在经济学中，这一法则虽然不是公认的，但是也发挥了重要作用，而且这一法则可能在社会学和所有对社会机制有兴趣的学科中都有一定应用。

为介绍这种法则，我想通过介绍两个相类似的陈述来进行，每个陈述都可以构成一个法则，其中一个是行为法则，可以为社会理论所认可；另一个是我想引起大家注意的一种法则。 两个陈述如下：

- 当高速公路上的平均速度提高时，大多数驾驶员将会提速。
- 当大多数驾驶员提速时，高速公路上的平均速度提高了。

也可以是如下的两个表述：

- 当招待会上的噪音水平提高时，大多数人都将说得更大声了。
- 当在招待会上大多数人说话更大声了，噪音水平就提高了。

在每组陈述中，第一个陈述是关于行为的一个命题，一个可证伪的假说。 第二个命题则不是关于行为的：它可以从"平均速度"或"噪音水平"的定义中推导出来。 不太明显的恒等关系（尤其是在经济学中）通常可以通过将两个或更多的必然为真的陈述结合在一起而得到。 用数学表达式进行类比如下：

$$aX + bX^2 = Y \text{ 和 } aX + bX^2 = X(a + bX)$$

第一个表达式只对某些 X 值是成立的，第二个表达式则独立于 X 的取值。 在经济学中，这类恒等式常被称为"核算恒等式"，它们出现在国民收入核算、对外贸易核算和货币体系的核算中。 在人口统计学中，这样的核算恒等式的一个例子为：在一夫一妻制的社会中，与白人结婚的黑人人数等于与黑人结婚的白人人数（只要我们对"白人"、"黑人"和"结婚"的定义是一致的）。

这些核算恒等式常常提供社会机制中的"反馈回路"。 例如，假设前面第一个关于行为的陈述是近似成立的，并且

- 每人都有自己所偏好的平均速度，如果自己所偏好的平均速度就是实际平均速度，那么每个人都会遵守这个速度；
- 当实际平均速度与自己所偏好的平均速度不同时，人们的车速会为偏好的平均速度与实际平均速度的中间值（即他们向实际平均速度方向进行一半的调整）。 如果实际平均速度为 65，而个人偏好的平均速度为 55，那么这个人的车速为 60；如果个人偏好速度为 75，那么这个人的车速为 70。

现在假定公路上的平均速度确定在每个人都感到比较舒适的水平（即实际平均速度和自己所偏好的速度的平均值），这个平均速度为 65。 有一半的人忽然偏好发生了变化：这些人所偏好的平均速度提高了 20。 那

么实际平均速度将发生什么变化呢？ 最初，这些偏好平均速度提高20的人车速将提高10。 如果他们的驾驶速度已经达到60了，说明他们所偏好的平均速度一定是55；现在偏好的平均速度提高到75，则他们的车速提高到70。 如果他们的车速已经达到75，他们所偏好的平均速度一定是85；现在偏好的平均速度提高到105，于是他们将车速提高到85。 以此类推。 由于有一半的驾驶员将车速提高了10，实际平均速度一定提高了5，即达到70。

但是这一过程并没有就此止住。 每个人——包括偏好发生变化并提高速度的人和偏好没发生变化的人——都经历了现在的平均车速比原来提高了5，所以每个人都将自己的车速提高2.5。 然后再次出现这样的过程，每个人都将提速1.25，依次进行下去，直到平均车速达到75。那些偏好发生变化的人现在的车速比以前快了15，余下的人则车速比以前快了5。

对每个驾驶员所选择的车速，我做了极其简单的假定，即为实际平均速度和偏好平均速度的线性函数，结果均衡的平均速度就是每个人所偏好的速度的均值。 但至少这一简单的例子说明了"反馈"效应。 那些提高平均速度的人推动了其他人和自己一起提高，然后彼此又互相推动。 以下现象的背后可能也存在相同的机制：大学分数"膨胀"（grade inflation）、餐馆付小费、寝室放音机的声音，以及立法者投票支持不流行的措施的意愿。

在我早期的作品（Schelling，1978）中，有一章题为"抢座位游戏不可避免的数学问题"，专门讨论这种不可避免的逻辑命题，这里我就不多赘述了。 但是举几个例子还是有助于我们这里的讨论的。 我说道："一个重要的事实是：在一个一夫一妻制的社会中，未婚女人和未婚男人人数之差等于男人和女人的人数之差。"（Schelling，1978；56）我可能不应当说是"事实"。 事实有可能为真，也有可能为假，还需要确认；我的陈述是可以按逻辑从"男人""女人""未婚"和"一夫一妻制"的定义推导出来的。 我接着还说道：

"如果我们计算超过某个适婚年龄的男人和女人人数，在一个固定人口中二者所占百分比的差异等于在这个年龄上的男女期望寿命的百分比差异。 如果女人寿命更长，或者结婚更早，那么适婚的女人就多于男人。 适婚而未婚的女人人数也比适婚而未婚的男人人数多相同数字。 结婚的人越多，未婚女人与未婚男人之比就越大。 如果女人在十七岁开始结婚，并且（例如在美国）还有60年的期望寿命，而男人在二十一岁开始结婚，期望寿命还有50年，如果人口总数固定不变，则成年女人人数将超过男人，二者之比为60∶50。 如果有五分之一的男人未婚，那么就会有三分之一的女人未婚。 如果女人结婚早3年，且寿命比男人长7年，那么女人离婚或寡居的平均年限就比男人长10年。"（Schelling 1978:56）

这些（逻辑）命题中，有些是很明显的。 当加里森·凯劳（Garrison Keillor）将沃比根湖（Lake Woebegone）镇称为"所有孩子都超过平均水平的地方"时，人人都笑了；他完全可以说"所有人在圣诞节给予的比得到的更多的地方"。 如果你统计出一个城市中所有白人的黑人邻居人数，你实际上也知道了所有黑人的白人邻居数，这一点也是比较明显的。 但是当股票市场上出现抛售，平均股价大跌，成交量出现天量时，公共电台里的专家会讨论这样的问题，人们从股市中撤出的钱都到哪里去了？ 显然这些专家没有意识到每卖出的一股都是被购买的。

我所知道的这类逻辑命题都是定量的。 因此，这些模型在经济学、人口统计学和流行病学中都很常见（在美国，比起50年前，更多的人死于非流行性疾病，但是并不是因为非传染性疾病更具致命危险了）。

彼得·海德斯托姆和理查德·斯威德伯格希望通过编写《社会机制》一书来影响整个社会学学科（以及人类学、政治学和社会心理学），使其更加关注社会机制、社会机制的发现和说明以及社会机制的类型、基本的机制、变化形式和衍生形式。 我想所有的文章作者也都持有这一愿望。 我们需要做的就是开发一些社会机制来实现目的。 也许第一步是达到临界规模。 如果我们能实现临界规模，也许我们就能看到健康的逻辑函数式增长（logistic growth）了。

附　录

考虑两个由变量 X 和 Y 构成的一阶微分方程，即为 X 和 Y 现值的函数（X' 表示 X 值的当前变化率）：

$$X' = A + BX + CY \tag{1}$$

$$Y' = a + bY + cX \tag{2}$$

对式（1）求微分，得到：

$$X'' = BX' + CY' \tag{3}$$

将式（2）代入式（3），得到：

$$X'' = BX' + Ca + CbY + CcX \tag{4}$$

将式（1）乘以 b，然后从式（4）的两边减去，我们就消去了含 Y 的项，得到：

$$X'' = (Ca - bA) + (B + b)X' + (Cc - Bb)X \tag{5}$$

同理，我们也可以得到 Y''；方程式中的 Y' 和 Y 将有相应的系数（由于式（5）中的系数具有对称性）。

如果我们"求解"这一方程，我们可以得到五个可能的行为模式：

（1）如果两个系数 $(B + b)$ 和 $(Cc - Bb)$ 中有一个为正，X 和 Y 将单调指数增长。

（2）如果两个系数均为负，且 $(B + b)^2/4 > -(Cc - Bb)$，X 和 Y 将单调收敛于均衡值。

（3）当 $(Cc - Bb)$ 为负，但是 $(B + b)^2/4 < -(Cc - Bb)$，X 和 Y 在 $(B + b)$ 为负时循环（正弦）收敛于均衡值。

（4）在（$B + b$）为正时呈循环（正弦）指数发散。

（5）在（$B + b$）等于零时呈一条均匀正弦曲线。

参考文献

Marchetti，Ceasare，Perrin S. Meyer，and Jesse H. Ausubel，1996，"Human Population Dynamics Revisited with the Logistic Model：How Much Can Be Modeled and Predicted?" *Technological Forecasting and Social Change*，52，1—30.

Schelling，Thomas C.，1978，*Micromotives and Macrobehavior*，New York：W. W. Norton and Company.

第十八章　隔离现象的动态模型

序言，2006

在 20 世纪 60 年代的某个时间，我想让我教的学生了解人们之间的相互交往是如何导致始料不及的结果的。我脑子中出现了一些联想或空间模式，反映了在邻里间、俱乐部、班级或棒球场、餐桌上的交往偏好，即更倾向于与什么样的人相互交往。当时我想到的是种族差异、语言差异，还是年龄或收入和财富方面的差异，我现在也无法确定了。我当时在兰德（RAND）公司待了一个夏天，利用兰德公司的图书馆查阅了数十年的社会学期刊，试图寻找到一些可以布置给学生的说明性材料。结果我没找到能用的材料，于是我决定我得自己想办法了。

一天下午，我坐在飞机上，没有什么东西可读。于是我拿出了铅笔和纸。我随机地画了一行加号和零，并且假设每个加号希望自己的邻居至少有一半是加号，对零也是同样的假设。那些对自己的位置不满意的加号或零可以移到自己满意的地方。由于我没有橡皮，做起来就比较费力了，但是我相信结果可能很有趣。

在家里我则利用了儿子收藏的硬币。他收集了大量的美分，有铜币，还有灰色的锌币，都是我们战争期间所使用的。我将这些硬币随机地排成一行，并给定铜币和锌币各自对邻居的偏好，然后移动那些对自己位置不满意的硬币——从左边开始，并逐渐向右移动——使得这些硬币能插在其他两个硬币之间，并感到满意。 结果令我吃惊。 但是当我进行反思，并进行试验时，结果变得有其合理性了，而且最终也是显然的。

为了给读者更形象的认识，随机分布的一行铜币和锌币就像下面这个图：

0+000++0+00++00+++0++0++00++00++00++0+0+00+++0++00000+++000+00++0+0++0,

当每个硬币希望八个最近的邻居中至少有四个邻居与自己是一个类型时，通过两"轮"移动，上图就变为：

00000000+++++++++++++0000000000+++++++++++++0000000000000000++++++。

我试验了不同规模的"邻居"——六个、八个或十个硬币，试验了不同的偏好——一半的邻居与自己一样，四分之一邻居与自己一样，而且还使用了不同的多数—少数比例，得到了令我兴奋的结果。 一维的直线能得到的结果也有限。 但是在二维情形中，如何将铜币或锌币插入到铜币和锌币中间就不是那么清楚了。 我向赫伯·斯伽夫（Herb Scarf）提到了这个问题，他建议我将美分硬币放到棋盘上，留出足够的空地方便搜寻，并使硬币摆到满意的位置。

于是我自制了一个 16″ × 16″ 的棋盘，将锌币和铜币随机地放了上去，并留出了约五分之一的空白区域。 我和我十二岁的儿子在茶几面对面坐着，开始移动不满意的锌币和铜币到它们满意的方格内。 很快我们就发现我们选择移动不满意的硬币的方向并不重要——从内向外，从外向内，从左向右，或者沿对角线移动都可以。 我们总是得到相同类型的结果，这种动态变化过程非常吸引人。

我发现了我没有预料到的情况。 通常，一旦这种情况被发现了，就会变得显然了。 当锌币和铜币是多数派和少数派，或者当锌币和铜币希望有更多或更少的同类型邻居时，最终群簇（cluster）的规模和不同群簇的密度都发生相应变化。 当我们假设锌币和铜币喜欢不同类型的邻居时，尤其是当它们为少数派和多数派时，我们得到了看来奇怪的结果，直到我们明白了其中的原因（如果被喜欢做邻居的是少数派，那么少数派必须在多数派中间实行"配给"）。

那时我与计算机还有一段有趣的结缘经历。 我对计算机可谓一无所知，但我知道兰德公司里有人精通计算机。 于是我请求兰德公司帮我找个能编程的人。 然后有人和我联系了。 我很快意识到了一个重要的事情：计算机编程人员和实验人员应当紧密合作，前者能理解后者需要的东西，而后者能理解计算机程序是如何运行的。 但是由于相隔千里，我们很难紧密合作。 对我来说，计算机程序的结果是令我困惑的。 最终，我认识到，我在让这些个体将自己计算为它们自己的"邻居"，让在棋盘边界或拐角处的个体错误计算了它们有多少邻居，并且还以其他方式不当地规定了锌币和铜币应如何反应。

我发表了"棋盘"模型和一个纯粹的分析模型，我将其称为"有界邻里关系模型"（bounded neighborhood model）（Schelling，1971），这篇文章在本章中得到了重现。 有界邻里关系模型假设了一个有限的地理区域，一个人要么在这个区域里，要么不在这个区域里，至于在这个区域内的具体位置则无关紧要（这一模型还可应用于会员制、加入一个组织或参与一个活动，不仅仅局限于地理区域分析）。 我认为有界邻里关系模型得出的结论与棋盘模型得出的结论一样有趣，但是别人都不这么看。 我还使用了一个纯粹的分析模型考察了集体"转折点"（tipping point）的性质，该文章收录为托尼·帕斯卡（Tony Pascal）主编的书中的一章，这本书的书名为《经济生活中的种族歧视》（Pascal，1972）。 同样，这篇文章也没引起什么关注。 在"有界邻里关系模型"中，很清楚地说明了一个重要现象：宽容的多数派可以控制住少数派并导致隔离。

25 年后我发现在某种程度上我算是先行者了。 我一直不明白，为什么我的一点模拟研究在许多年后引起了这么大的关注。 可能是我在科学想象方面存在局限，我自己都不知道我所做的研究具有一般性，除了邻里关系应用，还有许多可以应用的领域。

可能有人和我有同样类似的经历，我将简化的模型发表在一本书（Schelling，1978）里，我觉得一般读者只需要读这本书就可以了，不必读发表在《数理社会学期刊》上的全面论述（Schelling，1971）。 通常引用我的模型的人所参考的文献都是 1978 年的书，而不是最初发表的论文。 我假定对不同类型的邻居有强偏好的文章结论，则还没有人引用过。 如果你对除肤色或种族以外的差异形成的"邻居"效应感兴趣，尤其是当一类人相比另一类人稀缺时，"主张消除隔离"的偏好就很有可能了（我之所以将"邻居"打上引号，是因为邻居在这里不局限于住宅邻居的意思）。

书中的简化模型无法提供的，而只有原始论文能够提供的一个有趣结论（这一结论起初让我有些吃惊，直到我弄懂了其中机理，这也是由人工而非机器来做的一个优点）为，如果所有的行为主体都面临相当严格的移动约束，结果通常是每个人都满足于更少的移动和更多的融合。例如——一个线性的例子就足以说明了——如果我们对所有的加号和零施加一个限制，所有个体的移动都不能超过五个空格，如果在五格以内无法达到满意，那么每个个体只能移动到可得的最佳位置，那么在一轮移动之后，我们前面使用的最初的随机直线就变为：

00000+++++000000+++++++++000000+++++00000++++0000000000++++++++000。

除了最右边的三个零中的两个不满意，其他的都满意，平均来说，所有个体移动的举例都缩短了一半多，而且结果也更"具有融合性"。 在这个"有限移动"的模型中，不同类的邻居总数是原始均衡时的两倍。在原始均衡中，70 个个体中有 30 个完全没有不同类型的邻居；在这个有限移动的情形下，只有 5 个。

有限移动例子的结果也是没有预料到的，但是只要有些经验，这些结果也就变得显然了。 从分析角度，你可能会说，限制移动是对合作或预期的一个替代。 如果移动无限制，而且不存在合作或预期，一个零会移动到最近的有四个以上零组成的群簇，中间会经过许多单独的零，这个移动历程可能很长。 如果有足够移动限制，单独的零可能只能与最近的单独的零在一起，可能远未达到满意程度；但是下一个寻找邻居的单独的零现在可以加入到这两个零里面来，这样就有了三个零，很快就会有第四个和第五个零聚集过来（提高移动的"价格"可以降低移动的"成本"）。 通过移动，个体既增加又减少了对原居住地和现居住地的外部性。

如果零是少数派，加号是多数派，我们也可以观察到类似的原则。 我记得我非常自信地认为，少数派相对于多数派数量越少，少数派群簇就越小，我还没试验就写下了这个结论。 当我试验的时候，发现不是这么回事。 相反的结果出现了：当少数派的规模变小时，少数派群簇却绝对变大了。 我最初认为显然的结论现在来看相反的结论才是显然的。

现在既然计算机能够"实时"显示所有的移动，再手工做实验就没有什么优势可言了，但是我在做这些实验时，计算机还只能计算而无法显示，所以我常常对计算机的计算结果感到一头雾水，只有动手来做才能解开谜团。

引　言

可以根据不同行业使用各种方式将人分成许多群体。 我们可以按照性别、年龄、收入、语言、宗教、肤色、爱好、比较优势、历史地点的偶发事件等将人进行区分。 有些隔离是组织实践的结果，有些隔离是有目的有组织的，还有些是歧视性的个体选择的结果。 有些隔离产生自专门化的沟通体系，例如不同的语言。 有些隔离则是其他种类的隔离的衍生物：住宅往往与工作地点和交通有关。

　　如果黑人将白人排除在自己的教堂之外，或者白人将黑人排除在外，那么这种隔离就是有组织的，有可能是相互的，也有可能是单方向的。如果黑人正好都是浸礼会教徒（baptist），白人都是循道宗信徒（methodist），那么无论是否出于有意，白人和黑人在星期天的早晨都会隔离。如果黑人加入黑人教会是因为感觉在同肤色的人中更舒适，而白人加入白人教会也是出于同样的原因，那么自由的个体选择也会导致隔离。如果教堂的公告板是人们发布租房信息的地方，黑人租用黑人的房子，白人租用白人的房子则是由于租房信息沟通系统与教会相关，而教会则与肤色相关。

　　一些相同的机制也将大学教授分离开来。学校可能有些住房，只有教职员工有资格住。教授们选择与自己收入相称的住房，住房是按照价格呈现群簇的，教授们就按照收入而群集在一起了。有些教授更喜欢有学术背景的邻居；他们倾向于聚居在一起，提高了当地的教授密集程度。寻找房子的教授所得到的住房信息也是来自于其他教授或其配偶，而教授们提供的房源信息也都在他们的居住地附近。

　　但是相似性仅止于此。没人会提议防止学术界人士的分离。教授们在选择住址时所逃避的人也不会时常想着这些教授。教授们并没有得到邻居的特别关注，教授们虽然成比例地聚居在一起，在居住的小区里他们通常仍是少数派。虽然教授们确实避免和某些类型的人住在一起，但他们更多考虑的是自己想住的地方，而不是自己不想住的地方，因而他们的积极选择更像是聚集，而不是隔离，尽管形成的结果并没有什么不同。

　　本章主要讨论由歧视性的个体行为导致的隔离（或分离，或按类型分开）的类型。"歧视性的"在这里反映了对性别、年龄、宗教信仰、肤色或其他隔离基础因素的意识，无论这种意识是自觉的还是不自觉的，都会影响到人们的如下决策：在哪里居住、和谁坐在一起、参加什么样的工作或避免什么工作、与谁一起玩或和谁一起谈话，等等。本文考察一些个体激励和个体对差异的感知，从而在集体层面导致隔离。

我还考察了从集体隔离现象可以对个体偏好、个体偏好强度、实施偏好的能力方面作出怎样的推断。

最终我们关注的隔离是美国的"种族"隔离。这一分析非常抽象，可用于解释任何一对存在差异的群体——白人和黑人、男孩和女孩、军官和士兵、学生和老师、未成年人和成年人。这一分析的唯一要求就是差异只存在于两方、无遗漏的和可公认的。我们至少省略了两个主要的隔离过程。一个是有组织的行为，包括合法的和非法的、强制的和一般性排外的、微妙的和公然的、公开的和隐秘的、善意的和恶意的，以及说教的和实际的。另一个隔离过程很大程度上与经济有关，例如穷人与富人相分离、高学历的人与低学历的人相分离、技能娴熟的人与无技能的人相分离、着装好的与着装差的相分离，工作地点、居住地点、就餐地点和游玩地点存在着不同，相交往的人也存在差异。显然肤色与收入是相关联的，而收入又与住宅相关联。因此，即使住宅选择时不考虑肤色，并且也不受有组织的歧视的约束，白人和黑人的住宅也不是随机分布的。[1]

这并不是说由有组织的歧视或经济原因导致的隔离没有个体行为导致的隔离重要，或不是社会关注的主要问题。实际上，即使不考虑哪种机制导致了更大程度的种族隔离，有组织的隔离涉及民权问题，而由经济因素形成的隔离涉及社会平等问题。仅仅基于这些基本问题的考虑，本章所讨论的主题也只能居于第三位。由于在美国种族隔离问题的重要性，即使居于第三位的主题也值得关注。

但是，要划分明显的界限来区分"个体激励"形成的隔离、更有组织的隔离和经济因素形成的隔离，并不是一件容易的事情。习惯和传统可以替代组织。出于对可能受到制裁的担心，人们的行为会受到强制约束，而不管这种担心是不是有道理，也不管面临的潜在制裁是大家一致同意的、阴谋策划的，还是命令规定的。共同的预期可以导致一致的行为[当遭到群体排斥时，"株连（guilt by association）"就是自我执行的]。

因经济因素引致的隔离也常常与歧视相混淆。 选择一个住宅区就是选择邻居。 选择一个有好学校的社区就是选择由重视学校的人（或希望与重视学校的人在一起的人）所组成的社区。 人们可能会进一步依靠本身含有种族歧视意味的信息，甚至是在进行经济选择时也是如此。他们会认为黑人总体来说比白人贫穷，因此，会自觉不自觉地将肤色作为一个贫穷指数（或者认为别人将肤色作为一个指数，那么为与别人一致也这么做）。 如果这一过程不断深入、疏远、惧怕、敌意，甚至只是习惯，都会加重隔离的趋势。 如果双方都是这种感觉，那么正反馈会扩大隔离的趋势。

经济隔离从统计角度可能说明了最初的隔离程度；如果这一最初程度足够大，导致人们产生了对肤色的意识，那么纯粹歧视的高级结构将进一步完成隔离过程。 这时即使完全消除了经济差异，可能也无法彻底摧毁最初由经济因素所产生的隔离系统了。

由于上述原因，个体激励的、集体强制的和经济因素引致的隔离之间没有清晰界限。 此外，隔离的机制也不仅仅这三个（分离的或专门化的沟通系统——尤其是不同的语言——都对隔离有很深的影响。 尽管沟通系统与上述三个过程相互作用，其本身是一个不同的机制）。 但是这三个是不同的机制，要逐一理解。

本章所讨论的是将无组织的个体行为变成集体结果的一些机制。

个体激励和集体结果

经济学家非常熟悉这样的情况，有些系统所形成的总的结果是个体无意实现的，或者根本没意识到的，这些总体结果有时在个体层面没有相对应物。 商业银行系统的货币创造就是一个例子；储蓄决策导致经济衰退或通货膨胀的方式则又是一个例子。

类似地，生物进化也导致了大量的分类和分离，但是四处觅食、交配繁殖的小动物们并不知道它们带来了物种的分离、领地的区分或物种的消亡。 第二语言的存在或消亡这一现象虽然受到政府法令和学校课程的影响，却是一个大面积的"自由市场"行为，结果并不是由有意识的集体选择形成的。

恋爱和婚姻纯粹是个体行为，至少在美国是这样，但其对遗传的影响却是总体性的。法律和教会可能会对我们的选择有所约束，有些隔离传统也有极大的强制性；但是除了一些国家的皇室，极少有婚姻是遗传计划的一部分。当一个矮个男孩与一个高个女孩结婚时，或者一个碧眼金发的白人与褐发白人结婚时，个体根本就没有想过要提高遗传的随机性或改变人口中的某种频率分布。

在有些情形下，很小的激励，几乎无法察觉的差异，都会导致极端化的结果。格雷欣法则（Gresham's Law）就是一个很好的例子。此外，一些传统是自我实施的（self-enforcing），例如走在驶近自己的汽车的右边。有些集体行为看起来很像有组织的——服装、舞蹈和汽车款式潮流。

有些隔离现象同样与动态的个体选择之间有着复杂联系。你可能会禁不住想假定存在某个"看不见的手"将人们隔离开来，这种隔离虽然没有哪个人预见到，或有意实现，却反映了某种一致的集体偏好或大众愿望。但是在经济学中我们知道，有许多宏观现象，例如经济衰退和通货膨胀，并没有反映任何对更低收入或更高价格的普遍愿望。银行破产和市场崩溃同样也不是人们所希望的。大量的小额储户的"心灵与智慧（hearts and minds）"与他们是否造成了经济衰退没有什么关系。数百万参与隔离社会的人的心灵、智慧、动机和习惯可能与他们集体所造成的大规模结果有密切关系，也可能没有什么关系。

我们还知道，不愿意使用个人捐助来支持政府的人可能支持使用强制税来为公共品提供融资。一条新收费公路的价值可能取决于将交通保持在一定拥堵水平以下，在这个拥堵水平上，新公路的吸引力与其他道路是一样的。"选择的自由"有时只是由于缺乏可执行的合约。因而不受约束的行为不一定就反映了对行为结果的偏好。人们的个体行为常常无力影响结果；他们只能影响自己在总体结果中的位置。

　　自然演进过程会产生打字机键盘、度量衡、螺纹距、金属货币体系、左舵汽车或右舵汽车，不管是否有效率，它们都会自我持续下去，直到出现极大的努力，导致一致的变化。 同样，有些大规模一致变化有时也可以由简单的操作实践来实现，这方面的例子包括夏令时的实施，以及在各级别人员一起开会的会议室使用圆桌代替长方形的桌子。

　　之所以对总体隔离的社会效率有疑问，一个特别的原因是选择的范围常常很狭小。 几乎每个美国大城市地区的人口统计图都说明了，很容易找到（几乎）全是白人或黑人的住宅区，但是要找到白人或非白人不超过四分之三的地方就很难了。 而且，比较 10 年来的人口统计图，我们发现，如果一个地区开始在极为有限的范围内存在融合，那么在一个少数派居民全部支付房款或他的孩子读完学校前，这种融合就会结束了。 人口分布是呈 U 形的，实际上人们几乎只能选择两个极端。

一些数量约束

　　统计一个住宅区或一支棒球队里黑人和白人的人数并不能说明黑人和白人相处得如何。 但是数字还是能说明一些问题，尤其是当数字和比例对那些迁入或移出小区的人或新加入棒球队的人有影响时。 使用定量分析通常会有一些逻辑约束，有些类似于经济学里的资产负债表恒等式。 这些逻辑约束并不提供新信息，除非你以前从未考虑到这些约束。

　　在二者混合的情形下，最简单的逻辑约束为，在给定的一组边界范围内，不可能两个群体（肤色、性别）都享有数字上的优势。 如果全部人口作为一个整体，在任一给定的时间，数值比例是确定的。 但是在一个局部范围内，例如一个城市或社区、教堂或学校，黑人或白人都可能是多数派。 但是如果每方都坚持要成为本地的多数派，那只能得到一个结果——完全隔离。

　　放松条件，如果白人希望占至少四分之三，黑人希望至少三分之一，那么还是不行。 如果白人希望至少占三分之二，而黑人希望不低于五分之一，这时就有一个小的混合范围能够满足条件了。 如果总体比例超出了这个范围，就不是每个人都能在混合集体中了。

还有一些约束与小数量有关。 一个班级可以是肤色混合的，但是班级老师只有一种肤色；混合婚姻中不同肤色的人数比例只能是一比一；一个三人小组不可能平等代表两种肤色，即使是一个两人小组，每个成员的伙伴也只有唯一一种肤色。

在一些空间安排中，例如一个居民小区或一间病房，每个人都有邻居。 一个小区可能有10%的黑人或白人；但是如果你的住宅两边都有邻居，则最小非零不同肤色邻居百分比为50%。 如果人们划界的方式不同，每个人都可能成为少数派：在吃饭时，男女交错坐着，则局部来看，每个人身边的异性都是两位，性别比为2比1，但是如果这个人将局部区域向两边各扩大一位，则他又属于占五分之三的多数派。 如果黑人占据了医院中六分之一的床位，且每个病房有四个床位，至少有40%的白人将位于全白人的病房。

转变涉及数字的变化，还涉及数字变化带来的影响。 一所大学突然想使黑人学生比例达到10%，这需要招收40%的黑人新生，但是学校发现在接受更多新生前必须先让三个班级顺利毕业才行。 职业、工作和住所都受到这些数字关系的约束，不管涉及的因素是肤色、性别、国籍、年龄还是学历。

分离机制

简单的比率和混合的数字计算告诉了我们什么样的结果是可能的逻辑结果，但是却没有告诉我们什么样的行为会导致特定的结果，或什么样的行为会偏离特定的结果。 要理解什么类型的隔离或融合可能来自于个体选择，我们需要考察带来各种混合和分离的多个过程。 我们必须分析激励和这些激励引发的行为，尤其是社会中不同的人对彼此选择的影响和对彼此存在的反应。

黑人与白人的隔离，或者男孩与女孩的隔离，都可以由许多不同的激励或标准引发。 白人可能只是更喜欢待在白人中间，而黑人则喜欢待在黑人中间。 或者，白人只是想避开黑人，而黑人则想避开白人。白人可能更喜欢白人伙伴，而黑人则无所谓。 白人可能更喜欢待在白人中间，黑人也更喜欢待在白人中间，但是如果白人经济条件更好，他们吃住玩的地方黑人无力消费，那么隔离也会发生。

白人和黑人可能并不在意彼此的出现，可能还更倾向于融合，但是可能还是希望避免自己成为少数派。 除非混合之后黑白比例正好是50∶50，否则任何混合群体都无法自我持续，因为总是会出现少数派，而且如果少数派撤出，完全的隔离就出现了。 如果黑人和白人都能容忍少数派地位，但是他们能接受的少数派水平有个最低限度——例如，百分比为25％的少数派——那么能够延续下去的最初混合百分比范围为25％到75％，但是如果最初混合的百分比超出这个范围，那么少数派成员就会流失，混合群体就变成单一肤色群体了。 而那些离开的人如果转移到自己为多数派的地方，那么他们就增加了该地多数派的人数，有可能导致另一肤色的人撤离该地。

显然，如果每种肤色的人能容忍的少数派地位水平更低，而且最初达到了完全隔离，那么没有人会移到另一肤色的人居多数的地区。 完全的隔离就是稳态均衡。 黑人集体一致搬到白人区，或白人集体一致搬到黑人区，都可能达到最低的百分比水平；但是如果不存在一致行动，那么总得有人带头先搬，可是没有人愿意这么做。

下面是对隔离行为的数量动态变化的抽象分析。 第一节是一个空间模型，在这个模型中，人们——准确地说，不是"人们"，而是物件——根据对邻居组成的偏好沿着一条直线或在一个平面区域内分布。在这个模型中，没有客观的相邻边界；每人根据自己的所在地确定自己的相邻区域。 一个人如果不满意自己相邻区域内的人的肤色混合，他可以选择离开并搬到肤色混合符合他要求的地方。 为简化起见，给定肤色的每个人对自己相邻区域的肤色混合有着相同的偏好。

在下一个模型中，空间是被分割成块的。 人们要么在一个共同小区内，要么不在这个共同小区内；那些在小区范围内的人都属于相同的小区，而不论其在小区内的特定位置。对每个人来说，重要的是整个小区内的肤色比率。在这个模型中，我们利用人们的偏好存在差异，有些人的容忍程度比另一些人高，还有些人可能更喜欢融合。在这个模型中，我们要考察的问题包括：在给定肤色的人们中间，什么样的偏好或容忍度分布与动态稳定的肤色混合相协调一致，什么样的不一致？初始情况和人员动态移动对结果有什么影响？什么类型的数值约束可能改变结果？

在最后一个小节，我们考虑有限空间的小区，就像真实的住宅小区，有固定数目的房子或学校，学校的招生规模有上限。

邻近空间区域模型

本小节的结论是试验性的。这些结论简单抽象，但是其优点是任何人使用目前能得到的资料都能再次得到这些结论。

我假定全部人口分成两组；每个人的成员身份都是永久性的，并且是公认的。假定每个人都关心他居住地附近人的肤色，而且能够观察到一个区域内黑人和白人的数目。每人在任一时刻都有一个特定的位置，任何人若不满意自己居住地附近的肤色组合，则可以搬迁。黑人和白人的人数、他们的肤色偏好，以及"邻近区域"的大小都是可以操控的。

我将人口放入一个程式化的二维平面区域中。但是如果人们沿着一条直线分布可以生动地展现基本思想。在线性模型的过程中，还有一些吸引人的地方；此外，每个读者在五分钟内就可以做一个线性试验。变量很容易设计，而且读者只要有半个小时空闲时间，就可以改变假设，进行适合自己需要的试验。

线性分布

在图 18.1 中，由加号和零组成的一条直线代表了一列随机数字中的奇数和偶数。 共有 35 个加号和 35 个零，它们看上去是"随机的"（没必要检验奇异性和规律性；复制数字则更容易）。 我们将这些加号和零理解为分布在一条直线上的人，每个都很关心他的邻居是加号还是零。

. . ..
0+000++0+00++00+++0+0+0++00++00++00+0+0+00+++0++00000+++000+00++0+0+0++0

图 18.1

我们预期加号和零在数量大时呈现均匀分布，在数量小时不均匀分布。 如果加号和零满足于以 50 : 50 的比例聚居在一起，如果每个人将邻近区域定义为一条足够长的直线，那么每个人都会对这个混居的邻近区域感到满意。 但是如果每个人将"邻近区域"定义为自己的房子加上紧挨着的两个邻居，有四分之一的加号和零将被另一肤色的邻居所"包围"。 一个人的满意度取决于他的"邻近区域"的范围有多大。

现在假定每个人都希望他的邻居至少有一半与自己同肤色，而且每人将自己的"邻近区域"定义为包括自己住宅两边各四个最靠近的邻居。 加号希望他的八个最近的邻居中至少有四个是加号；零希望他的八个最近的邻居中至少有四个是零。 包括自己在内的话，这意味着每个人都希望实现勉强大多数，即九个里面占五个（对于那些靠近直线端点的人来说，规则为，直线中心一侧的四个加上外侧的一个、两个或三个邻居，总数的一半必须和本人一样）。

在邻近区域没有达到自己要求的个体上面我都加了一个点。 12 个加号和 14 个零对自己的邻近区域不满意（期望数字正好低于 13）。

现在我们需要一个迁移的规则。 我规定，不满意的人迁移到达到他最低要求的最近的点——在他达到这个最近点时，一半的近邻都和他是同一类型。 "最近"是指在迁移过程中经过最少数目的邻居；而且当他到达时，他只是插在另两个人中间。 我们还需要规定迁移的顺序。 可以按照从左向右的顺序让不满意的人依次迁移。 位于左端第二位的加号最先迁移，位于左端第六位的加号第二个迁移，然后依次进行。

迁移会带来两点变化。 有些原来满意的将变得不满意了，因为有同类型的人迁出了邻近区域或有不同类型的人迁入邻近区域。 也有些原来不满意的变满意了，因为不同类型的邻居迁走了或搬来了同类型的邻居。 规则为：任何原来不满意的人在轮到自己迁移时已经变得满意了，就不再进行迁移了；而在这一过程中变得不满意的人必须等到最初的 26 个不满意的人全部完成迁移后，才能轮到他们迁移。 邻近区域的定义为，在一个人决定迁移或保持不动时左右两边各四个邻居：如果有人移到了自己和最近的一个邻居之间，那么原来的第四个邻居就不属于邻近区域范围了，因为他已经变成第五个邻居了。

在这个模型中，没有人预期到别人的迁移。 当轮到一个人迁移时，只要邻近区域不满足自己的要求，他就迁移，满足要求了，就保持不动，而不考虑他对后面轮到的人的决策的预期。

根据这些规则，左边第一个不满意的人（左起第二位的加号）向右迁移，经过六个邻居，然后将自己插在原来左起第八位的零和左起第九位的加号之间。 现在这个加号在左侧的四个邻居中有两个加号，在右侧是四个邻居中也有两个加号。 第二个迁移的是左起第五位的加号，他移动到第一个迁移的加号的右边，第三个迁移的也是加号，原来在第二个迁移的加号右边，现在又移动到第二个迁移的加号右边。 接着一个不满意的零开始迁移，他向左移动，路上经过四个加号（如果这个零向右迁移的话，距离会更远）。

迁移依次进行。 结果就是图 18.2 中上面的一条线，包括了 8 个新形成的不满意的人。 现在让这 8 个人轮流迁移，于是形成了图 18.2 中下面一条直线，在这条线上的每个人都是满意的（不保证两轮迁移使得每人都达到均衡。 一轮也可能实现均衡，有时可能需要两轮以上）。

```
              .               .  .  . .   .    .
00000000++++0+++++++++0000++000+0+0+++0++++++++0000000000000000+++++
00000000+++++++++++++++++0000000000+++++++++++++0000000000000000+++++
   (8)        (15)          (10)         (15)           (16)      (6)
```

图 18.2

结果形成了由同类型人聚居的六个群簇，人数分别为 8、15、10、15、16 和 6，平均为 12 人。

如果我们统计这 70 个人每个人的 8 个邻居中同类型和不同类型邻居的总数，我们发现，540 个邻居里有 440 个是属于相同肤色，占 81.5%。如果将本人算作邻近区域里的第九个成员，那么在每个人地邻近区域中，他自己的肤色与另一种肤色的平均比率要略高于五比一。而这个结果得自于个人追求的比率不低于五比四。

我们之前已经知道，如果存在均衡，每个人所在的邻近区域内与他同肤色的人所占比例至少为九分之五。我们知道，或者很容易发现，均衡是存在的。我们也可以推断出，我们所设定的迁移规则将导致均衡，因为每个人都在寻找同肤色的其他人，在一个人迁移到新地点之后，这个地方同肤色的人保持不动的可能性提高了，而不同肤色的人离开的概率也提高了。我们得到了一个更令人惊异的结果。

注意加号和零规则的交错排列由于正好使得一半邻居是同肤色，能够满足每一个人。成对交错也可以满足每个人：一对零，接着一对加号，再接着两个零，依此类推。三个一组或四个一组的交错排列就不能满足条件了；但是五个及以上的任何组的交错排列都可以满足条件。我们得到的每组人数约 12 个。

如果人们虽然不希望自己是少数派，但是却更喜欢混合邻近区域，那么 70 个人里只有 40 个能实现混合邻近区域。30 个人没有不同肤色的邻居。此外，那些希望有不同肤色邻居、但是又不希望自己在邻近区域成为少数派的人可以迁移到更接近自己肤色群簇的边界的地方，但是不能越界；如果每人都希望有两个或三个不同肤色的邻居，那么每个群簇内都会有些混乱，因为人们不断移动到不同肤色的边界附近；但是这些都不会影响到群簇本身。

图 18.3 显示了另外一个例子，这个例子取自同一随机数字表的另一列。最初，72 个人中有 30 人不满意；经过一轮迁移之后，形成了图中的第二条直线。与第一个例子一样，我们也得到了六个群簇和相应的统计数字。

```
..  .: . .: .  : . . .   ::.   .     . . :.. . . .  .     . .....
++000+00+++0+0++0++0+0++00000++000++000++0+++00+00+0000+000+++0+0+++0+00+0
0000000++++++++++++++00000000000000++++++++00000000000000000++++++++++++
  (7)       (14)        (14)      (9)        (17)        (11)
```

图 18.3

一些表头实验（tabletop experimentation）表明，其他条件不变，不同的随机序列可以产生 5 个群簇，平均每个群簇成员为 14 人，也可以产生 7 到 8 个群簇，每个群簇的平均成员数为 9 或 10，群簇数目的众数为 6，群簇人数规模的众数为 12。类似的实验表明，迁移的顺序基本没有什么影响，除非我们允许人们预期结果且寻求最大化或最小化群簇规模（如果加号和零数目相当的话，能够纳入一个打字机的空白处的 70 人看来也是足够大的线性样本了）。

线性模型的变体

我们的模型中有五个要素可以发生变化：邻近区域的规模、与自己相同肤色的人必须占到的百分比、总体中加号与零的比率、迁移规则和初始时的排列情况。

如果我们减小邻近区域的规模，我们得到相同的交错群簇（我们可以将其称为“交错同质邻近区域”，只是这里的“邻近区域”与我们定义的“邻近区域”人数有所不同）的一般模式。我们仍然使用前面用到的两个随机序列，只是将邻近区域重新定义为包括左右两边各三个紧挨的邻居，我们发现在第一个序列中开始时有 37 个不满意的人，经过第一轮迁移后，新出现 5 个不满意的人，最终得到的结果是群簇平均规模为 7 人。第二个序列初始时有 29 个不满意的人，第一轮迁移结束后新产生 3 个不满意的人，最终形成 7 个群簇，平均每个群簇有 10 人。 进一步的实验说明，每个群簇人数均值为 7 或 8，接近于满足要求的群簇的最小规模的两倍，并且平均每个人的邻近区域内 75% 到 80% 的人与这个人是同一肤色。[2]

为了说明零的总数和加号的总数不相等时的情况，我用掷骰子的方法从第一个序列(见图 18.1)中的 35 个零中去掉 17 个零。 骰子掷得不同，得到的新序列也会不同；图 18.4 是我得到的一个新序列。

图 18.4

在将邻近区域定义为包括左右两边各四个紧挨的邻居的情况下，现在所有的零都是不满意的，有三个加号也是不满意的。 使用我们前面常用的迁移规则，所有的零在第一轮就聚居在一起，如图 18.5 所示。

```
   +++++++++++++++++00000000000000000000+++++++++++++++++++++++
     (15)                    (18)                   (20)
```
图 18.5

使用掷骰子的方法从第二个序列(见图 18.3)中去掉约一半零，于是加号和零的比率接近于 2 比 1，我发现 20 个零里有 18 个是不满意的，而只有 2 个加号是不满意的。 经过第一轮迁移之后，仍有 4 个不满意的，第二轮迁移后，还有 2 个不满意的。 在第三轮之后，就得到了图 18.6 最上面的一条线。 仍然使用第二个序列(见图 18.3)，但是使用掷骰子随机去除的过程不同，图 18.6 下面两条直线代表了两次实验的最后结果。

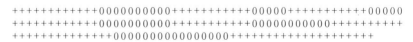

图 18.6

随着多数派和少数派人数差异的扩大，多数派的隔离也就更极端——没有足够的少数派了。如果加号是零的 4 倍，即使是平常的分布也会使得加号的邻居中平均只有五分之一的是与其不同肤色的。由于满足少数派所要求的有一半邻居是同肤色的最小隔离群簇规模是 5，那么满足少数派的多数派最小群簇为 $4 \times 5 = 20$。

还有一点只要稍加思考后就很明显了，即当少数派的相对规模下降时，少数派本身也变得与多数派更加隔离。亦即，当少数派本身变小时，少数派群簇却变得绝对更大了。或者，换一种表达方式，当少数派的相对规模下降时，少数派群簇的数目（频率）下降的速度更快。

原因也不难理解：当随机分布的少数派与总体成比例减小时，任何 8 个连续个体中有 4 个以上少数派成员的可能性减小得更快；潜在稳定的群簇〔"增长节点（growth node）"〕数目相对于少数派总数的下降也是如此。由于根据我们的迁移规则，任何人新迁入的地点的 8 个邻居中至少有 4 个与其同肤色，他们最终所聚集的地点 8 个邻居中至少有 4 个初始时就符合条件。即使只要求 3 个邻居与自己同肤色，占 10% 的少数派所形成的群簇规模平均约为图 18.2 和图 18.3 中所得到的群簇规模的 2 倍。如果要求一半的邻居与自己同肤色，占 10% 的少数派所形成的平均群簇可以包括多达 100 人，只要总体人数足够大，可以继续维持增长节点。

有限制的迁移

我们来看一个有趣的相联系的点。假设少数派相对来说人数更少了，比如只占 20% 或 10%，继续维持初始的随机分布，我们对迁移的距离施加一个限制。有些人，可能很多，也可能全部人都无法迁移至自己满意的地方。我们可以修改规则：如果在所允许的迁移距离以内无法实现一半的邻居与自己同肤色，则移动到最近的地方，实现 8 个邻居中有 3 个与自己同肤色。结果是每个人都能得到理想的邻近区域，有一半以上的邻居与自己同肤色，而且比人们可以自由迁移时省却了许多路程！对迁移的限制将人们带到了规模较小、发生频率更高的潜在群簇（"增长节点"）里，这些群簇进一步成长为超出人们最低要求的群簇。

因而，对迁移的限制可以作为一致迁移的替代。对迁移的限制还可以替代预期的迁移，预期的迁移是指一个人有3个同肤色邻居时就停下来，因为他知道自己使同一肤色的人达到了4个，第五个人很快就会迁过来的。

上述分析还是比较抽象的，并不能形象地反映白人和黑人或男孩和女孩是如何选择同一条路上的房子的，或者甚至是选择吧台前的凳子的，但是这些分析还是说明了隔离的过程和由个体激励形成的隔离的一些动态性。

平面区域分布

线性模型的一个方便之处在于，当一个人从两个邻居中间的一点移到另外两个邻居中间的一点时，每个人只需要移动一下让出位置或填补空白位置就可以了，线性的顺序仍然得到了保留。而在二维平面上要以同样的方式处理就不那么容易了，我们需要制定规则，来确定谁向哪个方向移动，来为新迁入者腾出空间或填补空出来的位子。比较方便的做法是使用绝对的空间，而不是相对位置：将平面区域划分为固定数目的场地，留一些场地作为空地；一个人只能迁移到空地，当他迁离时也留下了一个空地。根据相邻场地来定义"邻近区域"。

举个具体例子：将平面区域划分为一个个方格，就像棋盘一样（只是没有交错的颜色变化），然后将着色的筹码随机分布到方格里，留下一些空白的方格。每个筹码占据一个方格，"邻近区域"由周边的方格来定义。每个棋盘上的方格有8个紧挨着的邻居，所以一个人的最小规模的邻近区域可以方便地定义为他自己的方格加上8个紧挨的方格；更大些的"邻近区域"可以为在5×5的平面区域内的24个邻近方格，依此类推。与概念上的无限区域不同，真实的棋盘是有边和角的，大多数自然平面区域也是有边和角的，这可能并不是一个不利之处。 在棋盘边上的每个方格只有 5 个邻近方格，而在角上的只有 3 个邻近方格。 整个平面区域本身并不需要是正方形的，有时出于方便可以使用其他形状。 如果有人希望研究自然边界的影响，一个 6 方格宽、20 方格长的长方形棋盘比正方形棋盘有更高比例的边界居民。

要使人们能够迁移，一定要有一些空地；要使人们有大量的选择，空地的数目也必须很多。 虽然研究空地供给有限情形也很有趣，但是除非你真正在研究空地有限供给的影响，否则空地数目需要占总场地数目的较高比例。 实际上也不需要棋盘空出许多，只要 25% 到 30% 的空地就可以实现人们比较自由的迁移了。

迁移的规则为，对自己邻近区域不满意的个人移动到满足他的邻近区域要求的最近空地。 在下面大多数情形中，"邻近区域"的定义为 8 个紧挨的方格，与本人自己的方格一起构成一个 3×3 的正方形。 对邻近区域内的肤色偏好的定义可以使用绝对数字——8 个紧邻方格中与自己肤色相同的数目，也可以使用相对数字——在 8 个紧邻中，与自己肤色相同的和与自己肤色不同的数目之比。 如果所有的方格都被占据了，每个绝对数就对应一个比率。 但是因为一个人可能有零到 8 个紧邻，所以在描述一个人的邻近区域要求时，需要确定 8 个分母和 8 个分子。

和线性模型一样，初始分布也是随机的。 使空地均匀分布可能也是有道理的，但是我也随机确定空地(与均匀分布时还是存在差异的)。 在有些情形中，我使用相等数目的黑人和白人，在另一些情形中，比率则为 2 比 1 或者更高。 然后我规定每种肤色的人对邻近区域的要求。 我还要规定迁移的规则，通常是迁移到令自己满意的最近的方格，"最近"是指横向和纵向经过的方格数目最少。 我们还需要一个规则来规定人们迁移的顺序，顺序问题比在线性模型中要更为复杂。 在有些情形中，迁移的顺序仅由棋盘上的位置决定，例如按照自左向右的顺序。一种肤色的人先全部完成迁移，然后另一种肤色的人才开始迁移，这种情况也是值得研究的。 当然，要检验迁移结果对迁移顺序的灵敏度也是可能的。 我们这里的实验都是依靠手和眼完成的，迁移顺序的规则并不是精确严格的。

首先，我们可以使用与第一个线性模型相同的一些参数：相同数目的加号(现在由♯表示)和零在各方格中随机分布，为了方便迁移，保留适量方格为空格。 "邻近区域"定义为8个紧邻的方格；每人都要求一半的紧邻与自己同肤色，不满意的人迁移到令自己满意的最近空格。

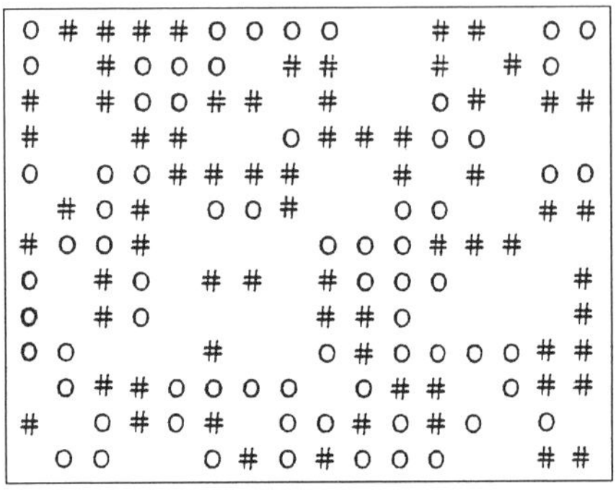

图 18.7 显示了一个初始随机分布。 共有 13 行、16 列，208 个方格(主要出于方便考虑)。 将加号、零和空格的随机分布图再展现出来可能显得没有必要，但是有些结果还是需要依靠直观印象来判断，因此，还是有必要看一下随机分布图。

图 18.7

如果你坚持要在这个随机分布图中找到"同质近邻"，你完全可以这样做。 随机性不是规律性。 如果我们想考察"隔离区域"并想了解隔离的程度，我们可以在随机模式图中画上邻近区域的边界。

模式可能具有一些欺骗性，有必要对隔离度或集中度进行度量。 一种可能的度量手段是同肤色或不同肤色邻居所占的平均比例。 如果我们为图 18.7 中 138 个随机分布的加号和零中的每一位统计同肤色和不同肤色近邻的数目，我们就会发现，零平均来说有 53% 的同肤色邻居，加号则有 46%(由于加号和零可以拥有不同数目的紧邻空格，这一百分比可以发生变化)。

当然也存在许多有规则的模式，使得每个人的一组近邻中一半与自己同肤色，另一半与自己不同肤色。 暂时不考虑空格，棋盘模式就是其中一种模式；加号和零相交替的对角线也是一种这样的模式；将棋盘划分成多个由 4 个单元格组成的 2×2 方格，使用这些四单元格方格构建一个棋盘，也能使得每个人有 4 个同肤色近邻和 4 个不同肤色近邻，等等。模式化显然与邻近区域同质化的度量方式有关，但是又不同。[3]

现在来玩单人纸牌戏吧。 确定不满意的人——在图 18.7 中有 25 个加号和 18 个零的近邻中同肤色的少于一半——并且以某种顺序将他们迁移至满意的地方，然后继续移动新出现的不满意的人，直到整个棋盘实现均衡（并不能保证每个人都能找到令自己满意的空格，但是我们所使用的数目通常能让每个人都找到满意位置）。 最终出现的结果很大程度上取决于不满意的加号和零迁移的顺序，但是迁移顺序对最终结果的性质没有多大影响。 读者可以自己花十分钟时间验证这一点，只需要一批一美分硬币，一批五美分硬币，还要一张足够大的纸，容得下 16 列边长为 2.5 厘米的方格。

按照从左上角向下向右的顺序进行迁移，我们就得到了图 18.8 所示的均衡结果。 如果按照从中心向外围的顺序，同样的初始分布可以得到图 18.9 所示的均衡。 图 18.8 中的"隔离"现象十分明显，图 18.9 中的"隔离"现象也十

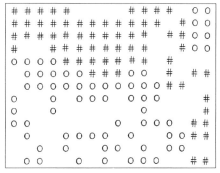

图 18.8

分明显，只是分成了更多部分。 如果我们在图 18.9 中画出一些边界，其中的模式就会突出出来。 让明显的模式突出显现可能具有一点欺骗性，这也是为什么我开始时没有画出边界的原因，同时也是为什么我建议要仔细观察随机分布，看看那里是否

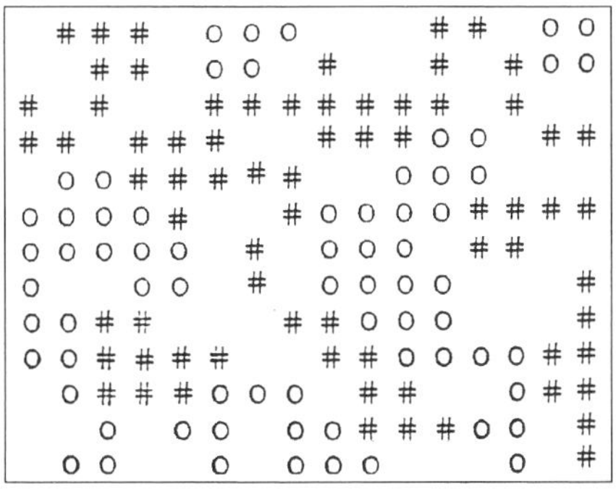

图 18.9

已经出现了某些"隔离模式"。 在图 18.9 中画出一些边界后，我们就得到了图 18.10。

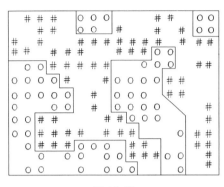

图 18.10

虽然这些模式给人印象深刻，对邻居的统计数字却不是这样。 最初，零拥有的同肤色近邻的平均百分比为 53%，加号拥有的平均百分比为 46%。 总体来看，两种肤色的人实际上都只实现了自己的最低要求（由于两种肤色的总人数相等，这也是自然的结果）。 但是在不满意的人迁移之后，新出现的不满意的人接着进行迁移，一直进行到图 18.9 中的均衡，此时总体来看，零的近邻中六分之五为零，加号的近邻中五分之四为加号。 平均每个零有 5 个近邻，其中可能有一个是加号。 包括自己在内的话，平均每个零的邻近区域内有 6 个人，其中 5 个与自己同肤色，一个与自己不同肤色。 而每个加号平均有约 4.5 个近邻，其中有一个为零；包括自己在内的话，平均每个加号的邻近区域内有 5.5 个人，其中有一个与自己不同肤色。

还有一个统计量为没有不同肤色近邻的人占总体数目的百分比。 在图 18.7 的随机分布图中，有 13 个人没有不同肤色的近邻（正好对应于由三分之一加号、三分之一零和三分之一空格组成的 11×16 矩阵中的期望值）。 在图 18.9 中，有 54 个人没有不同肤色的近邻，约占 40%，而初始时只有约 10%。[4]

在图 18.8 中，数字更呈现出一边倒的趋势。 包括自己在内，平均每个人的邻近区域中 90% 的人（零为 89%，加号为 91%）都是与自己同肤色的，而且三分之二的人没有不同肤色的邻居。

现在我们可以改变一些参数看看。 我将不再显示更多的初始分布；初始分布都是相同的 13 行和 16 列，空格通常约占总方格数的

30%，两种肤色的人随机分布。我们可以改变加号对零的数目比率、加号和零对与自己同肤色近邻数目或比例的要求，而且在一些情况下还可以改变“邻近区域”的大小。我们还考虑对融合的实际偏好所产生的影响。

到目前为止，我所使用的样本数都很少，难以得出正式的一般化结论，因此，我将根据前面的简单实验构建一些假说。当然，定量度量(quantitative measures)还仅限于假想的棋盘，在现实世界中难以找到类似的对等物。定量度量的比较，例如缩小或扩大少数派规模所产生的影响可能在现实世界中也有所反映。

对同类型邻居的需求强度

如果两种肤色的人数量相等，邻近区域定义为8个紧邻的方格，两种肤色的人对同肤色邻居的要求相同，那么在每人只要求三分之一的近邻与自己同肤色时，隔离现象比较轻微；而在每人要求二分之一的近邻与自己同肤色时，隔离现象则很严重。这一结论既能给人直观的印象，又有定量的支持：要求二分之一情况下的隔离看上去很明显，要求三分之一情况下的隔离则看上去不是很明显；在要求二分之一或以上时，同类型近邻和不同类型近邻数目之比可高达四比一，而在要求三分之一时，这一比例则小于一又二分之一。在图18.11中，对同肤色近邻的要求约为三分之一。[5]

```
  O   O O O O # O   O O O O   O
O   O O   O # # O   O O   O O  
O O # # O O   O # # O     O   O
# # #   O   O O # # O O   O # O
#   # # # #   #     # #       #
  O O #     # #   # O #       #
# O O O #       # O O O #     #
O # # # #   # # # O O   # # # #
O #   # O       O O   O O O   #
O # #   O O # #   O O   O O O  
  O # # # O O # # O O   # O # #
  O O #   # O   # # O # #   #  
O O   # #   # #     # #   # #  
```

图 18.11

提高对同类型近邻的要求可带来三点影响。首先，将提高最初不满意的人数。其次，提高了每次迁移后同肤色人的密度：每个迁移的人不仅由于要求提高而得到了更多的同肤色近邻，而且随着得到的同肤色近邻的人数增加，他也成了更多近邻的同肤色近邻。第三，会引起更多的迁移次数，包括最初满意的人的迁移次数。这三点影响合在一起，使得最终形成的隔离是同肤色近邻需求百分比在35%到50%之间的快速递增函数。

当两种肤色的人对同肤色近邻的需求百分比均为50%时，它们的和自然是100%。显然对于有固定边界的邻近区域来说，如果两种肤色的人的需求之和超过了1，则共存就不可能了。在我们现在使用的这个模型中，不存在固定的边界，因此，与每个在自己的邻近区域中为多数派的人都可以有混合区域。但是弹性不大。所以我们应当预期总和超过1的需求会导致极端的隔离，事实显然也是如此。

不相等的需求

如果加号和零在数目上相等，但是其中一个所要求的同类型近邻数目比另一个多，那么要求多的最终会有更高比例的同类型近邻，但是也高不了多少。我们可以用图18.12来做个说明，该图中零的数目(77个)与加号的数目(72个)基本相等，但是零对近邻的要求低一些。零要求在近邻数小于4时有一个与自己同肤色，在近邻数大于5时有两个与自己同肤色。加号要求在近邻数为3到5个时有两个与自己同肤色近邻；在近邻数为6个或7个时，有3个与自己同肤色；在8个时有4个。最终所有零的同肤色近邻总数与不同肤色近邻总数比为2比1；加号要求的同肤色近邻数几乎是零的要求的两倍，最终得到的同肤色近邻总数与不同肤色近邻总数比稍高一些，为5比2。

```
# # # O O O   O O # #   O O O
# # O   O O O     O # # # O #
# O     O O   O O # # #   # # #
O O O O     O # # # #     #   #
#     O       # # # # #   # # O
# # O O     O O O O   O       O
# # # # # O       O O O   O   O
# O O # #   O O       O O O O O
# O O # # # # # O   O O O     O
# # O O # # # # O   O O O # O
# O     # # # # # O # #   # # O
    O O O O O #   # #   #   O
O O           O   # # #   O O
```

图18.12

如果你一时忘记了逻辑约束，你可能会对此感到有些奇怪。在两种肤色中，更具有分离主义倾向的人难道不应得到更分离的结果吗？但是分离是相互的事情：对于每个只有 1 个黑人邻居的白人来说，对应的有一个白人邻居的黑人也只有 1 个，如果"邻居"的定义是一致的话。 只有当加号拥有的同肤色近邻比零拥有的同肤色近邻更多或更少时，两种肤色的比率才会发生变化。 也就是说，两种肤色邻近区域的平均人口密度发生变化时，两种肤色的比率才会变化。 这种差异确实会发生，但是受到一些因素的限制，尤其是棋盘上空格的数目。 如果不存在空格，且两种肤色的人数相等，两种肤色人的同类型近邻比率在数学约束下将相等；如果两种肤色的人数不相等，则同类型近邻比率也严格作为两种肤色的人数比率的函数而发生变化（多数派的不同肤色近邻所占百分比将等于少数派的不同肤色近邻所占百分比乘以少数派与多数派数目之比）。

在图 18.12 中，加号明显比零排列得更紧密，零则散落在多处。这一结果通常是能预期到的，但是必须在学习理解之后才能预期到。

不相等的数目，相等的需求

如果我们将两种肤色其中之一置于少数派的地位，使得两种肤色人数之比为二比一或四比一，对于任何给定的两种肤色的需求集，隔离现象都比两种肤色数目相等时严重。 当其中一种肤色的人数只有另一种肤色的一半时，对约三分之一同肤色近邻的需求会使少数派的同类型近邻数与不同类型近邻数比率接近 2 比 1（多数派的比率当然还要高一些）。

图 18.13 显示了这一效应。 加号约为零的两倍；需求则是相同的——最低要有两个同肤色近邻。 有效的"需

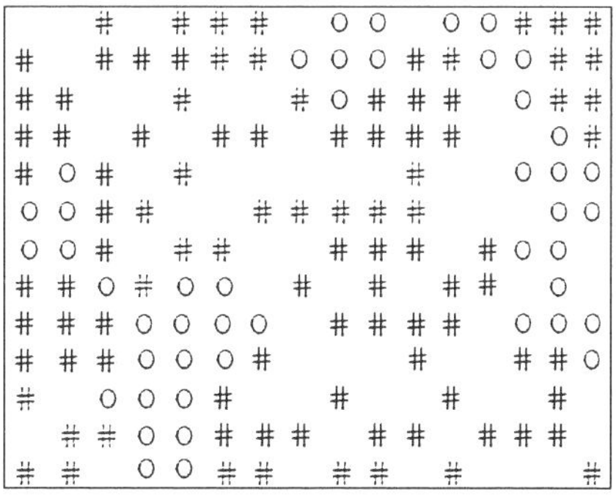

图 18.13

求"平均约为 35%。 在随机分布时，零的同类型近邻数与不同类型近邻数比率约为 1 比 2，现在这一比率倒转为 2 比 1，提高 4 倍。 加号的比率也从初始的 2 比 1 变为 4 比 1。

如果肤色比率偏向极端，例如 5 比 1 或更高，少数派会表现出一种现象，这一现象与少数派的绝对密度相联系，而不是与相对密度相联系。 我们在前面的线性模型中观察到了这一点。 初始时满意个体所占比例非常之小，以至于属于少数派的每个人都迁移。 而且每个人都迁移到他能发现的同肤色群簇；当少数派的规模变得更小时，这种群簇的数目也会不成比例地下降。 结果是少数派形成了更大的群簇，大到连一个容忍的多数派成员也不满意于自己的邻近区域了。

这一绝对数目原则的一种极端情形为：假设一个平面区域初始时只有一种肤色的人居住，而不同肤色的新来者是一个一个陆续进来的。第一个不同肤色的新进入者是随机选择位置的，也没有什么好去处；第二个进入者能找到的最好位置就是与第一个在一起；而第三个只要想有同类型的近邻，就必然加入前两个，第四个、第五个，以及所有后来者也都采取类似的做法。 最终所有新进入者都在一起。 每个人面临的选择是，要么加入唯一的群簇，要么保持完全孤立。 如果可得的空格能让这些新进入者实现很高的密度，初始肤色的人将开始在新进入者群簇周围腾出空格，结果是新进入者的邻近区域中有了更多同类型近邻。即使新进入者对同肤色近邻的要求不高，也会出现这种结果。

图 18.14 显示了这一过程，其中最上面的图表示初始随机分布，加号数目是零数目的 5 倍。 邻近区域定义为 24 个相邻的方格。 零对同肤色邻居的需求非常低——在 24 个相邻方格中只要求零的绝对数目为2，而加号对同肤色邻居的需求则不低，要求在 24 个相邻方格中零的数量不能超过三分之一。 在随机分布中，只有一个加号不满意，即最接近于右下角的一个加号。 由迁移导致形成的模式对不满意的零(15 个里面有 11 个不满意)的精确迁移顺序有一定敏感性。 由不同迁移顺序形成的两个结果显示在图 18.14 中。 可以按照 24 个相邻方格来计算零

的同类型邻居比率，为了与前面的结果保持一致，也可以按照 8 个紧邻方格来计算零的同类型邻居比率。 按照 24 个相邻方格计算的话，零（在两个结果中）只有接近一半的邻居为同肤色；而按照 8 个紧邻方格作为邻近区域计算的话，零的同肤色邻居几乎达到四分之三。

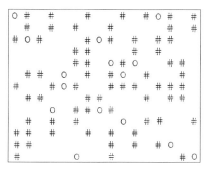
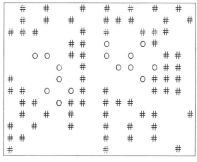
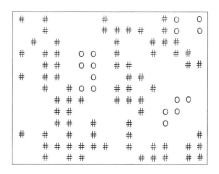

图 18.14

人口密度

有一个没有预料到的结果无疑在某些背景下具有生态意义，这一结果产生于肤色分离对个体邻近区域的人口密度的影响。 如果两种肤色数目相等，但是对同肤色邻居的需求不同，需求更高的肤色最终拥有的同肤色邻居与不同肤色邻居的比率也更高。 这种结果之所以是可能的，是因为两种肤色的人在分离过程中所得到的同肤色邻居平均数目存在差异。 需求更高的人最终位于更同质的群簇中从数学角度来说等同于如下结果：需求更高的人在人口密度更高的邻近区域中拥有更多邻居。 这一结果被视为需求较高和需求较低的两个肤色之间的"隔离程度"差异的数理结果。

我们再回顾一下，在前面的图 18.12 中，加号拥有的同类型近邻与不同类型近邻数目之比比零略高，加号的这一比率为 2.5，而零则为 2.0。 该图也说明了人口密度现象。 在该图中，加号平均来说有 5.35 个邻居，零有 4.55 个邻居。 加号和零占据了相近数量的边界位置，因此，邻居数目的差异并不是由于邻近空间数目方面存在差异。

实际上，图 18.12 给人的印象是，零看起来比统计数字表明的更分散，而加号则更显集中。 原因在于，许多空格是其他空格的"邻居"，这种情况出现在明显"属于"零的领地。 我们根据加号和零边上的方格来"统计邻居"时忽略了这种现象。 邻居统计是基于个体的邻近区域，而不是任何的"集体邻近区域"。 图 18.12 中的模式吸引我们画出领地边界，确定完全由零占据的区域和完全由加号占据的区域。 当隔离不完全时，画出边界则不是一件容易的事情；不同的画界规则可能导致迥异的结果，但是在图 18.12 中，隔离很明显，画出边界也很容易。 我们可以容易地画出清晰边界，将加号和零完全分开，而且我们可以进一步清楚地将空格划入加号的领地和零的领地。 我们这么做会有以下情况出现。 将所有空格分开，使它们分属于加号的领地和零的领地，59 个空格有约 14 个可以归属于"加号的领地"，有约 45 个可以归属于零的领地（其中十个归属不清的空格，加号和零各占五个）。 如果包括"属于"加号的空格，72 个加号所占据的领地就一共包括了 86 个方格，在这个领地上的人口密度为 0.83。 77 个零占据的领地中共包括了 122 个方格，人口密度为 0.63。 "零的领地"中有 37% 是空的，而"加号的领地"只有 17% 是空的。

图 18.12 所表现的密度现象可能超出了平均程度，但是该图引入了"集体领地"的概念，这在描述结果时是对"个体邻近区域"的必要补充。

接着我们考察了相等需求、不等数目情形下的人口密度，同样二者的人口密度存在着显著差异。少数派比多数派倾向于聚集在密度更高的邻近区域。图 18.13 显示了少数派聚集更紧密。平均每个零的邻居数目为 6.0，而平均每个加号的邻居数目只有 5.0 不到。我们也可以在图 18.13 中画出清晰的边界，将加号和零分开来——或者说将"加号的领地"与"零的领地"分开来，并且发现零的领地中方格占有率（occupancy rate）约为 83%，加号领地中的占有率约为 64%。加号领地中的空格率正好是零的领地中的空格率的两倍多一点（对于右手边第四列中一些难以清晰界定的空格，加号领地和零的领地各分到两个空格）。

当一种肤色的人总体数目更少，但是对同肤色邻居的需求却更多时，就会出现更为极端的结果。在图 18.15 中，加号数目与零的数目之比接近于 4 比 1。在邻居数小于 4 时，加号需求一个加号邻居；在邻居数大于 5 时，加号需求两个加号为邻居。而零在邻

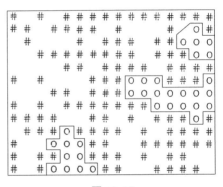

图 18.15

居数小于 5 时需求两个零作为邻居，在邻居数为 6 个或 7 个时，需求 3 个零，邻居数为 8 个时需求 4 个零。两种肤色的人除了表现出明显的隔离，在"零的领地"内几乎没有空格，"零的领地"位于散布的加号中间。平均每个加号有 5.1 个邻居，平均每个零有 6.8 个邻居，由于零受到自身位置的限制，7.0 就是最大值了。

这种人口密度现象具有启发性，但并不能很容易与居住模式联系起来。我们的模型不仅使用了固定格式的空地——统一的方格——而且更重要的是，没有考虑其他对居住密度有很大影响的因素——收入、家庭规模以及场地费用。（如果在一个公共海滩上的冲浪者希望聚在一起，而游泳者有更强的激励要避开冲浪板，根据我们的模型，他们将隔

离开来，但是冲浪者享有更多的人均面积！）

邻近区域的规模

扩大一个人统计邻居数目的区域范围会削弱隔离的趋势，至少在两种肤色人数接近相等，而且对同肤色邻居需求适中的情况下是如此。当对同肤色邻居需求较高，两种肤色人数初始时相差较大时，更大的邻近区域能削弱隔离的效应可能就不是很明显了。

聚集主义偏好

读者可能会试图猜测，什么样的邻近区域需求产生了图 18.16 中的模式。"隔离"程度与图 18.10 相比比较接近。两种肤色的人加在一起计算，同类型邻居的百分比正好为 75% 多一点；在两种肤色人中，38% 的人没有与自己肤色不同的邻居。进一步仔细考察，可以发现图 18.16 中有些人比 18.10 中更"具融合性"。

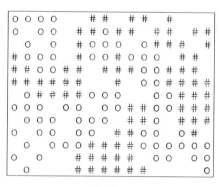

图 18.16

图 18.16 中需求的比率看起来略小于图 18.10。但是在这个例子中并不存在需求的比率。每个人希望在相邻的 8 个方格中有 3 个同类型的邻居（或者在边上时只有 5 个相邻的方格，希望其中有两个同类型的邻居），而且对于不同肤色的人的出现并不在意。也就是说，在评价邻近区域时，不同肤色的邻居等同于空格。每个人的需求决定了 8 个相邻方格中最多只有 5 个不同肤色的邻居；但是为了实现 8 个里面有绝对数 3 个同类型邻居——与自己同肤色的人"聚集"在一起——他与其他人相分离，就好像他原来就需求多数派地位一样。

融合主义偏好

前面所有结论都假定两种肤色的成员对同肤色邻居都有最低需求，但是没有最高需求。 为了体现对"融合"的需求，我们可以假设某个偏好的比率，也可以假设对同肤色邻居的需求有下限，也有上限。 图 18.17 显示了两个不同"融合主义"偏好形成的结果。

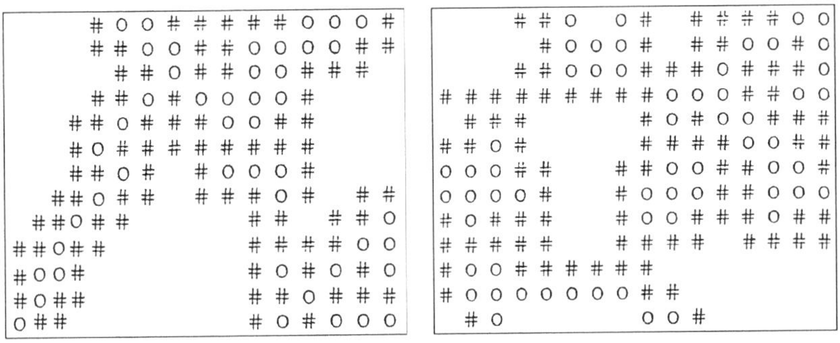

图 18.17

在两个情形中，零的数目正好是加号数目的一半多一点。 在左边的图中，加号和零所需求的同类型邻居的数目都既有下限，也有上限：在 8 个邻居中，至少有 3 个、至多有 6 个与自己同肤色；在 7 个邻居中，至少有 3 个、至多有 5 个与自己同肤色；在 6 个邻居中，至少有 3 个，至多有 4 个；在 5 个邻居中，至少有 2 个，至多有 4 个；在 4 个邻居中，有 2 个或 3 个同肤色；在 3 个邻居中，有 1 个或 2 个同肤色；只有 2 个邻居的话，有 1 个同肤色。 在右边的图中，不是以上限和下限的形式，而是存在一组等级不同的偏好：在 8 个邻居中，偏好 5 个同类型的邻居，但是如果在棋盘中无法实现 5 个同类型邻居，那么 4 个和 6 个都是同等偏好的第二选择；如果这也没法实现，3 个和 7 个也是可以的，其次是 2 个和 8 个，接着是 1 个，最后是 1 个也没有。 对于邻居总数不到 8 个的情况，也有类似需求：邻居数为奇数是偏好一半的同肤色邻居，为偶数时正好超过一半，作为第二选择和第三选择的一对数字一个比偏好的数目低，一个比偏好的数目高。

初步的融合实验显示了三个在纯粹"分离主义"需求情形下所没有出现的现象：

（1）融合比隔离的模式更复杂，需要更多次数的迁移和更大数目的人迁移才能实现均衡。 更多的人可能无法得到满意的位置。 另外还会出现融合主义需求与总体肤色比率不一致的问题。

（2）如果两种肤色其中之一为少数派，那么在模式形成过程中少数派必须是"配给的（rationed）"。 也就是说，模式必须有效地使多数派成员能分享少数派邻居。 结果与前面实现的隔离结果一样，看起来不像是随机的；所形成的模式也同样引人注目，但是却与隔离模式不同。例如，少数派可能分布在显眼的直线上，而不是聚集在显眼的凸区内，如图 18.17 所示。

（3）迁移的过程导致出现"死区"。 无论由哪种肤色密集在此区域，其中心地带都是空的；两种肤色的人都不会再移到此区域，但是边界还是稳定的，因为边界是与不同肤色相接触的。 结果是在最后的均衡中，空格形成了自己的"群簇"，明显与纯粹隔离主义动机形成的均衡不同。

有界邻近区域模型

现在我们来考察另一种模型，该模型对"邻近区域"的定义与前面不同。 在前面，每个人根据自己的位置定义自己的邻近区域，现在则使用公共的邻近区域及其边界的定义。 一个人要么在该区域内，要么不在该区域内。 每个人只关心这个邻近区域中的肤色比率，而不关心人们在区域内的具体分布情况。 因此，这一模型中的"居住"也可以被理解为成员资格，或参加一个工作，进入某个部门、一所大学、教堂、投票团体、俱乐部、饭店或医院。

在本模型中，存在一个特定的有界区域，每个人，无论黑人和白人比起其他地方都偏好这个有界区域。 人们将一直住在这个区域内，除非与自己不同肤色的居民的百分比超出了某个限度。 每个黑人和白人都有自己的限度(有时称为"容忍度")。 如果这个区域超出了某人的限度，他就会到其他地方去，比如与他同肤色的人占多数的地方，或者肤色没什么影响的地方。

应当注意，"容忍度"是一种相对的度量，而且与特定地点相联系。 在这个地点看来对黑人容忍度较低的白人，在其他地点可能容忍度更高。

限度越高，就会有更多的黑人和白人满意地在这个区域内住在一起。 显然黑人和白人的上限必须相容——作为百分比的话，上限之和至少为100%——否则任何白人和黑人能满意地住在一起都是不可能的。 另外一点显然的是，如果没有人能容忍极端的比率，最初完全由一种肤色的人所居住的地区将保持原状。 如果是大家一致迁入的话，也可能出现少数几个人居住在大多数与自己肤色不同的人中间；但是如果是个体行动的话，没有一个人愿意成为第一个迁入者。

我们可以实验一下"容忍度"的频率分布，看看能得到什么结果。我们无法发现实际的分布，因为实际分布取决于所考察的具体区域；而我们模型中的区域并不是特定的。 我们所能做的就是考察黑人或白人或两者混合在该区域居住的过程，并寻求一些能够将结果与曲线形状、初始位置，以及动态变迁相联系的一般原理。

我们假定所有偏好都是同方向的：人们只会关注在自己居住区域内与自己不同肤色的人的比率上限，只要不超过这个上限，人们就不会选择离开。 不存在下限：没有人寻求与少数派在一起，也没有人会因为觉得区域内的融合度不高而离开。 绝对数字并没有什么影响，起作用的是比率；在与自己同肤色的人中间也不存在规模经济。 在混住区内也不考虑个体的位置：没有人离中心位置或离边界位置很近，也没有人有"近邻"。

要研究动态变化，我们要假定人们既可以离开，也可以返回(这具有限制性：如果对这个区域的偏好仅仅是由于有些人已经在这里了，并且离开的成本很高，那么在返回的时候这个离开成本是没法收回的）。如果肤色比率超出了自己的限度，那么住在该区域的人们就离开；如果肤色比率能满足自己的要求，外面的人也会迁入。

信息是完美的：每个人在做选择的时候都知道区域内的肤色比率。但是人们不知道别人的意图，也无法预期未来的流动率。

至于迁移的动态性，我们不必事先规定白人是否比黑人迁入迁出的速度更快。黑人和白人的反应速度有时是起作用的，在我们的分析中，我们将观察速度是怎样起作用的。但是我们还是要作出如下合理假设：如果有两个白人对肤色比率不满意，相对更不满意的人（即容忍度相对更低些的人）先离开。由于分离机制的作用，在任一时间待在区域内的白人比在区域外面的白人有更高的容忍度，区域内外的黑人也是相类似的关系。容忍度最低的白人最先迁移出去，容忍度最高的则最先迁入，黑人也是如此。

我们的初始信息可以由每种肤色人的"容忍度"的累积频率分布来表示。我们可以实验各种不同的容忍度假设情况，但是作为最初的实验，我们还是以直线开始。

"容忍度"的直线分布

对白人来说，横轴表示白人的数目，纵轴表示黑人数目与白人数目之比，代表了白人容忍度的上限。我们可以将白人的总数设定为100。假设中位的白人愿意与相等数目的黑人居住在一起，于是100个白人里有50个将容忍黑白数目比为1.0或更高。容忍度最高的白人可以容忍的黑白比率为2比1，也就是说，他愿意属于只占三分之一的少数派。而容忍度最低的白人根本无法忍受任何黑人的出现。图18.18上面的图反映了一个白人群体的容忍度累积分布。这个分布是一条直线，在纵轴的截距点为比率2.0处，在横轴的截距点为白人数目100处，即白人群体的总数。

假设黑人对白人的容忍度分布与白人的分布完全相同，中位容忍度为 1 比 1 的比率，而且黑人的数目只有白人数目的一半，即 50 人。

显然至少有一些白人和一些黑人可以满意地生活在一起。白人中有 50 个人愿意与所有的黑人住在一起，尽管并不是所有的 50 个黑人都愿意与 50 个白人住在一起；但是容忍度更高的 25 个黑人和容忍度更高的 50 个白人中的 25 人可以满意地聚居在一起。有 10 个黑人可以容忍的比率为 1.6 比 1，即可容忍 16 个白人；80 个白人中的任意 16 个人若能容忍黑白比率 10 比 16 的话，就可以满意地加入这 10 个黑人。为了研究所有满意混居的组合，而且尤其是研究迁入和迁出的动态性，我们有必要将比率关系转换为绝对数字，并且将白人和黑人的容忍度图放在一个图中。

比率图的转换

图 18.18 下面的图为黑人和白人容忍度的绝对数目图。曲线 W 表示白人容忍度比率图的转换形式。对于横轴上每一数目的白人，他们能容忍的黑人数目等于他们自己的数目乘以容忍度比率图中的相应比率。因而 50 个白人可以容忍相等数目的黑人，即 50 个黑人。75 个白人可以容忍自己数目一半的黑人，即 37.5 人；25 个白人可以容忍自己数目 1.5 倍的黑人，即 37.5 人。90 个白人可以容忍自己数目五分之一的黑人，即 18 人；20 个白人可以容忍 36 个黑人，等等。

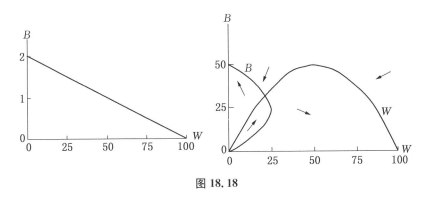

图 18.18

按照这种方式，直线容忍度图就转换为一条抛物线，该抛物线表示与一定数目白人容忍限度相对应的绝对数目（经济学家会看出来，在这里累积频率分布转换为绝对数字曲线的方式与需求曲线转换为总收入曲线的方式相同）。同样，如同 18.18 所示，黑人的容忍度比率图也可以转换为较小的抛物线，开口向着纵轴。

静态可行性

在图 18.18 中，任何同时位于两个抛物线以内（重叠区域）的点都表示黑人和白人的静态可行组合。每个点都表示有这么多白人可以容忍那么多黑人的出现，而且有那么多黑人可以容忍这么多白人的出现。图中任何在白人曲线下方，而在黑人曲线右边的点都表示某个白人和黑人的组合，在这个组合中，所有的白人都是满意的，但并不是所有的黑人都满意。有些黑人可能满意，但并不是所有出现的黑人。图中位于两个曲线以外的点——右上角的区域——表示这样的白人和黑人组合：并不是所有的白人都满意，也并不是所有的黑人都满意，亦即每种肤色的人中都有一些是不满意的。

迁移的动态性

动态迁移决定着最终在这一区域内的肤色组合情况。最简单的动态迁移情况如下：如果这个区域内的所有白人都是满意的，而且一些在区域外的白人如果能加入进来的话也会感到满意，那么前者将待在区域内，后者将迁入该区域；而且只要区域内的白人感到满意而且区域外的白人对于迁入感到满意的话，白人就会不断迁入。如果不是区域内的白人都满意，有些人将会离开；离开的顺序将根据他们不满意的程度决定，因而那些留下来的是容忍度最高的；当白人数目相对于黑人数目来说，留下的白人都是满意的，那么就不再有白人离开了。对于黑人的迁入和离开也有类似的规则。

我们现在可以对图中的每个点画出区域内人口变化矢量图。在两条抛物线重叠的区域内，区域内黑人数目和白人数目都将增长。 在白人曲线内，但是在黑人曲线外，将会有白人进入这个区域，黑人离开；图中迁移的方向指向右下方，而且这种迁移没有阻挡，直到所有黑人离开、所有白人迁入为止。 在左上角黑人曲线内、白人曲线外，黑人将迁入，白人将离开；这一过程只有当所有白人都离开、所有黑人都迁入时才能终止。 而在右上方两个曲线以外的点则表示两种肤色的人都离开；当其中一种肤色的人的数目减少到自己曲线以内时，另一肤色人的持续离开提高了在自己曲线内的肤色的人的比率，于是那些离开的将开始返回，而另一肤色的人则会完全撤离。

　　只有两个稳定的均衡。 一种均衡包括了所有的黑人，没有白人；另一个则是所有的白人，没有黑人。 哪种均衡结果将出现取决于迁移过程是如何开始的，而且可能与白人和黑人迁移的相对速度有关。 如果初始时一种肤色占优势多数，那么迁移的结果就是这种肤色的人完全占据区域。 如果初始时两种肤色的人都存在，且数目是"静态可行的（statically viable）"，黑人和白人迁入的相对速度将决定哪种肤色的人最终变得不满意而撤离。 如果双方在初始时数目都很大，则迁出的相对速度将决定哪种肤色的人最终对比率满意，倒转迁移方向，并占据领地。

　　两种肤色的融合也是存在的，两条曲线重叠区域的任一点都代表了黑人和白人的融合。 但是问题在于，这种融合会吸引区域以外的人，可能吸引一种肤色的人，也可能对两种肤色的人都有吸引力，但是最终只会吸引其中一种肤色更多的人，因而这种肤色的人就开始在数目上占优。 于是有少数不同肤色的人开始离开；在这些人离开后，会降低自己肤色人的数目，又会有更多一些的人不满意，选择离开。 于是少数派人数越来越少，这一迁出过程累积起来就导致了少数派完全撤离。

其他图形

　　上述分析结论并不是唯一的。 结果取决于容忍度比率图的形状，以及白人和黑人人口规模。 如果容忍度直线图更陡峭，而且黑人数目和白人一样多，我们可以得到一个稳定的较大数目的黑人和白人组合。

具体来说，如果我们假定中位白人可以容忍的黑人白人的比率为2.5 比 1，此时，即使白人是少数派，只占 25% 到 30%，他们也会居住在这一区域。 假定容忍度最高的白人可以接受的黑白比率为 5 比 1，而容忍度最低的则不愿意与任何黑人住在一起。 容忍度比率图是一条直线，在纵轴的截距为 5.0。 如果黑人数目与白人数目相等，而且容忍度分布也与白人相同，则这两个容忍度比率图就可以转换为图 18.19 中所示的两个完全相同的抛物线。

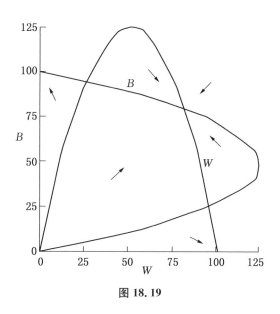

图 18.19

在这里，除了 100 个黑人、0 个白人和 100 个白人、0 个黑人这两个稳定的均衡，还有一个稳定的组合，即 80 个黑人和 80 个白人。 实际上，在许多初始条件下，都会通过黑人和白人的迁移而趋近于这一混合均衡。 只要区域内现有的两种肤色的人都有一半以上——实际上，略微高于 40% 就可以了——迁入和迁出的动态变化就会导致稳定的 80 个黑人和 80 个白人的组合。 即使区域内现有两种肤色的人数都很少，

如果最初的比率在两条曲线的斜率范围内(可以允许比率略高于
4 比 1),而且如果两种肤色的人迁入的速度相差不是很大,两种肤色的
人将收敛于 80—80 组合。 但是,如果区域最初为一种肤色的人占据,
仍然需要另一种肤色 25% 以上的人集体一致迁入才能导致这一稳定
80—80 混合均衡。 因而,三个均衡——全部白人、全部黑人和 80—80
组合都是稳定的均衡。

其他数目

如果黑人的总数超过白人,比如说是白人的两倍,或者白人总数是
黑人的两倍,那么图 18.19 中产生的稳定均衡就会消失。 在这种情况
下,一条曲线就会位于另一条曲线以内,而不是相交,如图 18.20 所
示。 另外,如果黑人数目和白人数目仍然相等,但是直线容忍度比率
图变得更不陡峭了,稳定均衡也会消失。 根据图 18.18 中的容忍度比
率图,黑人数目和白人数目相等时,就会产生图 18.21(当两种肤色的人

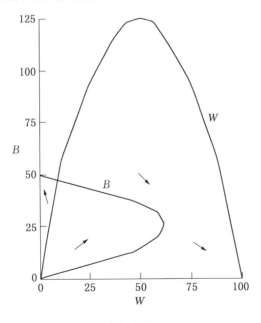

图 18. 20

数相等时，对于直线容忍度比率图来说，两个抛物线没有稳定的交点，除非容忍度比率图的纵坐标截距为 3.0，且中位的容忍度比率为 1.5）。

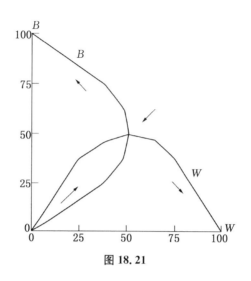

图 18.21

限制数目

限制区域内允许的数目有时可以产生稳定的组合。 如果在偏好的区域内，白人的数目被限制为 40 人，而且容忍度最高的 40 人总是最先迁入，最后离开，则图 18.20 中的曲线由图 18.22 所取代，其中稳定的组合为 40 个白人和可比数目的黑人。

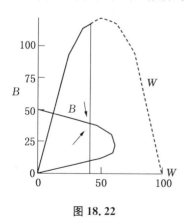

图 18.22

对于图 18.18 中的曲线，两种肤色的人的数目都需要加以限制，才能产生如图 18.23 所示的稳定的交点。 如果区域内人的总数可以加以限制，而不是分别对两种肤色的人的数目加以限制，我们就得到一种如图 18.24 所示的沿着 45 度线重叠部分的中性均衡。 如果存在人口"流动"，则黑白组合可能向着更高的白人对黑人比率或更高的黑人对白人比率发展。 如果向右下方超出了两条曲线的重叠部分，黑人少数派将全部迁出。

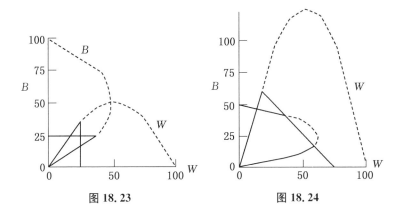

图 18.23　　　　　　　　　　　图 18.24

有意思的是，对区域内白人数目的限制就好像在我们的模型中超过限制数目的白人对黑人一点都不能容忍一样。 不管白人是因为数目受到限制而在区域之外，还是自己选择迁出，由于这些白人不出现在区域内，使得白人数目不至于大大多于黑人，从而稳定的组合成为可能。

可变的"容忍度"

从上面的分析，可以看出，并不是"更高的容忍度"提高了稳定黑白组合的可能性——至少当"更高的容忍度"意味着在给定的总体人数中，一些成员为另一些容忍度更高的成员所取代时是如此。 相反，使用容忍度更低的白人替换图 18.22 中容忍度最低的三分之二白人可以使白人的人数不至于大大多于黑人。

如果我们让所有白人的容忍度都更低，上面的情况就不会发生。如果我们只是让白人的容忍度斜率图更不陡峭，从而缩短了图 18.22 中白人的抛物线，我们就无法得到稳定的曲线交点了。 当我们在调整容忍比率图寻求稳定均衡的时候，还需要要求，在白人 40% 左右分界点处，正好在这个百分比以内的容忍度更高的白人保持容忍度不变，正好在这个百分比以外的容忍度更低的白人进一步降低了容忍度水平（容忍度最高的白人和容忍度最低的白人没有什么影响，只要他们没有发生剧烈变化）。 当出现图 18.20 中曲线所表示的白人数目是黑人两倍时，图 18.25 中的虚线可以产生稳定的白人黑人组合。

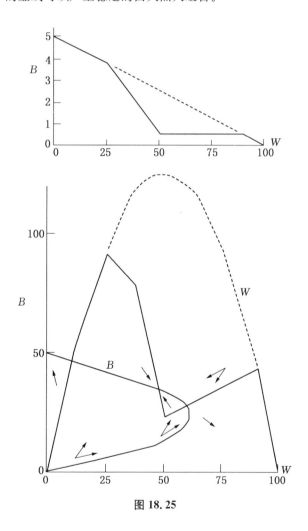

图 18.25

结果多样性

显然，我们可以实验多种形状的容忍度比率图，而且可以假定各种不同的黑人总数和白人总数的比率。这里限于篇幅，不可能对各种不同情况进行实验，但是方法是简单的，读者可以自己实验最感兴趣的情形。虽然不进行更多的分析，有些结论还是有必要总结一下。

第一，对"容忍度比率图"形状的唯一逻辑约束为：曲线是向右下方倾斜的；由此形成的对绝对数目曲线形状的唯一逻辑约束为：从原点发出的射线只与曲线相交一次。有了这一约束，就有可能出现有一个稳定均衡、两个稳定均衡、三个或四个以上稳定均衡的曲线。唯一一个稳定均衡可能完全只有一种肤色，也可能两种肤色都存在。两个稳定均衡可能为全部为白人和全部为黑人，或一个黑白混合，另一个只有单一肤色，或者两个都是黑白混合。三个稳定均衡则可能为一个黑白混合加上两个极端情形、一个极端情形加上两个黑白混合，或者三个混合，等等。数个混合肤色稳定均衡的出现通常对曲线形状和位置的微小变化敏感。极端的单一肤色稳定均衡最不容易受到容忍度比率图或总数目变化的影响。唯一一个混合稳定均衡的出现可能也不易受到曲线移动变化的影响。

图 18.26 和 18.27 显示了一些有趣的可能性。在图 18.26 中，所有白人分为三个部分：有无限容忍度的白人、具有（相同）有限容忍度的白人，以及那些一点都不能容忍黑人出现的白人。如果黑人与白人数目相等，而且和白人一样分为三个部分，那么我们可以得到黑人的实曲线；存在三个稳定的均衡，每个均衡都包括了无限容忍度的白人和黑人：一个均衡仅包含无限容忍度的白人和黑人，其他两个均衡除了包含无限容忍度的白人和黑人，还包含了有限容忍度的白人或黑人。如果黑人数目是白人的一半，则虚线将代替实线，而且只有唯一一个均衡。如果黑人曲线是图 18.20 中的抛物线，则这一曲线可能与白人曲线的纵向部分相交，产生一个稳定的混合均衡，另外一个稳定的均衡则为全部白人。

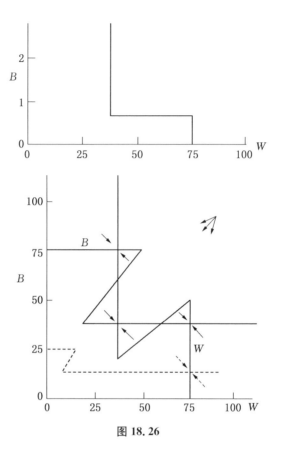

图 18.26

图 18.27 显示了两个极端的情形。 一个容忍度图为直方双曲线
（rectangular hyperbola）， $RN = 0.9$ ，其中 R 表示与己不同肤色和与己
相同肤色人数比率， N 表示人数，黑人总数目和白人总数目相等。另一
个容忍度图是水平直线， $R = 1.1$ ，所有白人都有相同的容忍度。 后一
个容忍度图几乎完全位于前一个以内，而且总体来看显得"容忍度"要
低许多，但是却提供了一个不太确定的稳定均衡，即所有白人和所有黑
人都存在于区域内——不太确定是因为这个均衡只能对一些小的扰动保
持稳定。 显然，许多种形状的图都可以被置于直方双曲线的下面，从
容忍度的角度来说，受到直方双曲线的"支配"——即在整个范围内容
忍度都显然更低，但是却能产生一个或多个稳定的黑白混合均衡。 白

人的直方双曲线与图 18.20 中的黑人容忍度图（产生抛物线反应曲线）也是相容的，只要黑人的数目足够大，使得曲线能从 100 个白人处的"顶部"穿过。

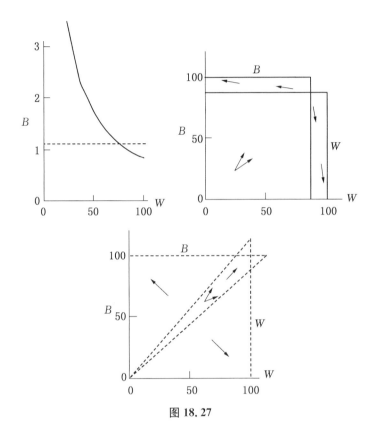

图 18.27

第二，要使稳定的混合均衡成为可能，有时只需要限制一种肤色的人在区域内的数目就可以了；有时需要限制两种肤色的人在区域内的数目；但是如果黑人曲线和白人曲线没有重叠，限制人数也不会带来稳定的黑人白人混合均衡。

第三，限制黑人与白人的人数比率，当一种肤色的人在超过限定的比率时禁止继续迁入，可能会，也可能不会产生稳定的均衡，要视两条曲线的形状和位置。 此外，限制比率可能会排除掉一个或多个稳定均

衡，因而所产生的特定肤色组合只对应于特定的稳定均衡。 图 18.28
和图 18.29 显示了两种可能性。 对比率限制的理解为，当白人对黑人
的比率处于或超过其限度时，就不允许更多的白人进入了（尽管黑人可
自由离开，使得白人对黑人的比率进一步提高），黑人对白人比率的限
制也是同样处理。 在图 18.28 中，比率限制不能产生稳定的均衡；稳
定均衡可以是全白的或全黑的，但是并没有包括全部白人或全部黑人在
内。 在图 18.29 中，一个稳定的均衡产生于白人/黑人上限处，与黑人
的反应曲线相交。

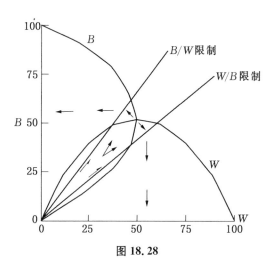

图 18.28

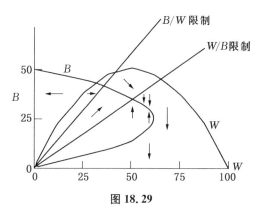

图 18.29

286

　　第四，如果对区域内人数总数加以限制，我们可以得到一个中性的均衡，均衡的宽窄取决于曲线的形状，如图 18.24 所示。

　　第五，如果两种肤色有相类似的容忍度比率图，两种肤色的人数越接近于相等，稳定混合均衡出现的可能性越大。 也就是说，黑人总数与白人总数相差越大，能够形成稳定均衡的容忍度图就越少。

　　第六，通常，要形成稳定的黑白混合，少数派一定要比多数派有更高的容忍度。 在混合均衡时，多数派群体的人数要多于少数派群体，或者比起少数派，更大百分比的多数派成员离开。 例如，如果白人总数是黑人总数的 5 倍，在本地区域中的混合人口要求要么白人数目比黑人多，要么五分之四或更高比例的白人无法容忍两种肤色的人数相等。

　　第七，如果总共只有两个地点，其中一个地点两种肤色的人都很偏爱，黑人白人可以混居在共同偏好的地点，但是在另一地点则不可能混居。 另一地点只能由其中一种肤色的人居住，因为两个地点的肤色比率的任何差异都会使得在非偏好地点处于不利比率的肤色的人有双倍的动力迁移到更偏好的地点；而如果两地肤色比率相同，则两种肤色的人都想迁移到更偏好的地点。 结果显示，将可选择的替代地点限制为唯一一个地点，而在这个地点两种肤色的人不可能分群居住，这会产生如下效应：(a)在更偏好的区域内形成一个混合均衡，或者(b)破坏在更偏好的区域内的混合均衡。 具体出现哪种效应与曲线的形状有关。

　　例如，在图 18.20 中增加一条限制：那些不居住在更偏好地点的黑人和白人只有一处地点可去，这时我们就得到了一个混合稳定均衡，包括了所有黑人和部分在更偏好区域的白人（以及两个稳定的隔离均衡）。 但是对图 18.19 施加相同的限制则破坏了一个稳定的均衡，而只有两个隔离的极端情形是动态稳定的。

　　如果将黑人和白人根据对两个地点的偏好来划分，两种肤色的人中均有一些偏好一个地点，另一些人偏好另一个地点，则在两处地点都可能存在稳定的混合均衡；一个地点为稳定的混合，另一个地点完全为部分一种肤色的人所占据；或者在两个地点都是稳定的隔离均衡，具体出现哪种结果取决于曲线的形状和初始条件。

融合主义偏好

令人惊奇的是，上述分析所产生的结论并不需要假定每种肤色的人都偏好隔离。甚至都不需要假定人们偏好自己属于大多数！

前面为了分析的简便，我们才假定每个人对另一肤色的人都有限的"容忍度"，如果在自己偏好的地方，肤色比率过于极端，他就会离开并居住到自己同肤色的人中间。当得出最初结果的时候，这个假定实际上是需要研究的假说。然后就会产生一个问题，假定这些黑人和白人实际上偏好混合的邻近区域：在一个已经开发的一般模型中，如何才能考虑这种邻近区域偏好？

反思一下，我们发现，这种分析已经完成了，同一个模型可以体现融合主义和隔离主义两种偏好假说。而且，根据这两种假说可以得出相同的结论。

我们可以假设人们偏好混合居住，我们只需要将同一个容忍度比率图重新解释为表示肤色比率的上限，在这个上限上，人们对融合型居住地的偏好让位于他们极端的少数派地位（或让位于不充分的多数派地位）。

同一个模型适用于两种解释。模型结论可以是基于融合偏好，也可以是基于分离偏好（唯一不对称的地方在于，我们没有假定可接受不同肤色比例的下限，即在邻近区域中，同肤色比例的上限）。

政策和工具

我们的分析与以下研究也是相关的：数字配额或比例配额或对总数的限制对混合稳定均衡存在可能性的影响方式；集体一致行动的作用。两条曲线的相交可能形成一个均衡，但是一般并不能保证均衡一定会出现，因为极端的单肤色稳定均衡也是可能出现的。当存在两个或更多的潜在均衡时，初始条件和迁移的速度决定了哪种均衡会出现。

从一个稳定均衡转向另一个稳定均衡是非常困难的，通常需要很大的扰动或集体一致行动。 人们如果一致行动的话，则可以实现另一个稳定均衡（黑人和白人不能同时成功地做反方向的一致行动；任一种肤色的人通过集体一致行动都可以压制住对方，但是不能双方都同时行动）。

所描述的模型能够分析的现象也是有限的，这是因为该模型没有考虑投机性行为、行为的时滞、有组织的行动，或错误感知。 而且该模型所涉及的被影响区域只有唯一一个，而不是许多区域。 当然，这一模型也是可以做一定程度的扩展的。

转　折

前面的分析可以被用于研究"邻近区域转折现象"。 当少数派进入一个邻近区域的数量足以使早先的居民开始撤离时，"转折（tipping）"据说就会发生了。 莫顿·格罗金斯（Morton Grodzins，1957）讨论过这一现象，他说道："对于绝大多数美国白人来说，都存在一个转折点，"而且在某些东部城市，20%的黑人通常是估计的上限。 他还提出了一个一般性经验结论，一旦一个城市地区开始由白人为主变成黑人为主，这种变化很少会倒转过来（这可能意味着转折是普遍的、不可逆的，也可能意味着转折一旦发生，就加速了一个无法避免的且不可逆的过程）。 一项针对芝加哥的研究（Duncan and Duncan，1957）发现，在1940年至1950年之间，芝加哥不存在混合居住小区（白人百分比为25%到75%）的例子，由白人居住变为黑人居住这种情况要么受到抑制，要么反转了。

A.J.迈尔（A.J.Mayer，1960）定义了一个由700个单门独户的住宅构成的小区，这个小区周围为种族混居的其他小区，迈尔仔细考察了"转折现象"。 一些住宅在1955年出售给了黑人。 "第三个住宅的销售使得每个人都相信这个小区注定将成为黑白混住的小区了。"一年后40所房子都被出售给了黑人；每个人都将该小区定义为"混合小区"了；观点的差异仅表现在该小区是否会成为完全的黑人小区。 又过了两年后，由黑人拥有的住宅百分比超过了50%，最终的结果就毫无疑问了。

相同或类似的现象有时也发生于非黑人的其他种族，也可能出现在俱乐部、学校、工作单位和公寓大楼中。有时这种现象并不是出现在种族之间，而是男人和女人之间或者不同年龄的人之间（马萨诸塞州莱克星顿市的一家冰激凌店主要客户"转折"为十几岁的青少年，于是妇女们不再来光顾这家店了，导致这家店最后关门了）。

转折现象模型包含下列重要特征：小区是否有固定的、可识别的边界；新进入者（"少数派"）作为独立群体是否很容易识别；正常的人口流动率是多少；根据小区的规模，还有多少潜在进入者，新进入者人数增长的速度是多少；那些撤离的人可以选择哪些小区，那些寻求进入的"少数派"面临哪些其他小区可选择。

这种过程显然是我们的分析所处理的对象。具体来说，在一个定义清晰的小区内，当100%白人的原始均衡受到扰动时，转折现象就发生了。

假定小区都是由住房构成的，没有可供安置的空地，这样的话，可以容纳的两种肤色人的总数目就有了相对固定的上限。迁入既受到正常住房流转率的限制，也受到初始居民撤离的速度限制。已经住在区域内的白人人口（或者初始人口）有其作用，但是潜在的新的白人迁入者还有一个重要的额外作用，这些潜在迁入者在未出现转折现象时代表了正常人口流动下的流入。如果这一过程要花费较长时间，潜在人口的组成结构将不断变化，例如今天的寻房者在别处安居，新的寻房者又会在区域内出现。一般来说，让一个家庭迁出比让一个家庭决定不迁入需要更多的激励，我们有时可以简单据此假定，相对于自己居住在区域内的偏好，已经居住在区域内的白人比在区域外边的人容忍度更高一些。

黑人的人口数相对于小区来说可能较小，也可能较大。或者可能短期内数目较小，但是长期累积起来也就形成了较大的数目。

图18.30、18.31和18.32显示了很多的可能性。在其中一些图中可以明显看到"转折点"。存在几个点，在这些点上，不连续现象会

发生，或者某个累积过程开始了。 此外，有意思的是，在所有显示的情形中，没有一个重要的不连续必然发生于众数或典型的容忍度值上。如果"大多数美国人可以容忍在自己的社区中大约有占20%的黑人"，那么转折点将发生于差异很大的百分比数字上！

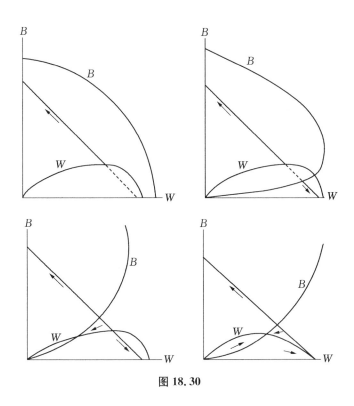

图 18.30

在所显示的几个图中，一个重要的区别在于有些图中黑人有迁入转折（in-tipping）点，有些图中则没有。 当黑人反应曲线包含了全白人居住区域右下方的点时，如图18.30中左上方的图所示，只要有房子空出来，就会有黑人立即迁入；如果曲线不包含这个点，就会形成一个初始的全白人稳定均衡，只有某个事件或过程才能打破这种均衡。 这种过程可能是集体一致迁入、少数人的错误迁入、有组织地引入一些人，重新确定邻近区域的边界，从而使原来的外部人变成了"内部人"。

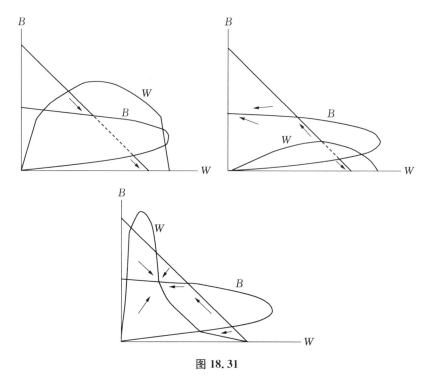

图 18.31

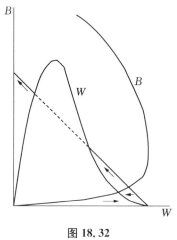

图 18.32

一种可能性为，希望以少数派身份居住在白人社区的黑人数目虽然不为零，但是数目太小，还不足以吸引更多的黑人。但是随着时间的推移，黑人累积总数还是达到了一个较高的水平，因此，黑人迁入的缓慢过程可能逐渐将黑人白人比率提升到了能吸引更多黑人的水平，而更多的黑人迁入则又会吸引更多的黑人，这就形成了前面分析过的累积过程。黑人反应曲线与45度线的交点表示了小区的容量，在这个点上我们可以说"转折"已经开始了。在这个点上，只要有空房，黑人就会大量涌入，而不再是时不时地出现几个。

另一个重要的区别在于，在有些情形中（图 18.30），有足够的黑人可以住满小区，而且另一些情形中（图 18.31）则没有足够多的黑人。 这可能是由于，试图迁入的黑人足够多，能使白人都撤离，但是黑人数目却不足以住满小区，结果是所有黑人都住到了小区里，但是还有部分空房，如图 18.31 中间的小图所示。 也可能是，没有足够的黑人能让所有的白人都撤离，但是保留在混合人口中的白人人数很少，如图 18.31 下面的小图所示，白人和黑人在一起形成混合均衡，但是仍然有多余的空房（由于有多余空房，房屋的价格将会下降，这可能会吸引更多的黑人，但也可能会吸引更多的白人）。

图 18.32 显示了另外一种情形。 一些黑人的出现会导致一定数量白人的撤离，但是，由于白人容忍度图变得缺乏弹性，白人反应曲线变得陡峭并与 45 度线相交，从而白人的撤离停止了，只有由于正常的人口流转而出现空房时，才能迁入更多的黑人（如果人口混合达到了某一点，使得反应曲线再次与 45 度线相交，白人撤离这一累积过程会再次开始）。

迁入的少数派可能会确定一个子邻近区域作为相关的领地。 如果黑人愿意占到由 50 户人家构成的子邻近区域的 30%，他们可能会在黑人户数达到 15 户时大量涌入，即使以 1 000 户作为邻近区域的话黑人只占 1.5%。 另一种现象为，白人撤离子邻近区域是因为他们以紧密相挨的区域计算黑人密度；如果是这样的话，我们可以借鉴一下前面的棋盘分析。 显然，如果多数派中的人都不能容忍一个少数派的近邻，或一定数量的少数派的人行走在街道上或出现在街角边，那么多数派撤离这一过程只局限于撤离的速度。 由于近邻对紧邻的区域作出反应，加号和零的"近邻模型"可以应用于小规模的人；而较远些的人对小区的人口比例作出反应，"有界区域模型"则应用于大规模的人。

推测能进一步加重转折现象的趋势。 白人可能并不是对当前存在的黑人数目或百分比作出反应，而是对预期到的黑人数目的增长作出反应。 也就是说，白人可能预期到黑人数目增长的这一过程。[6] 显然如果白人相信黑人所占的百分比将变得难以容忍并且准备着离开，那么导致白人迁出的黑人数目就不是在我们的分析中开始累积过程的数目，而是引起白人产生黑人必将越来越多这一信念的黑人数目。 累积过程仍然是存在的：那些因为预期而撤离的白人可能会使其他的白人更加相信黑人累积增加的过程是不可避免的。

但是，因推测而导致的离开还要求对较迟的离开存在惩罚，对较早的离开存在奖励。 预期到财务损失，或预期到离开的延迟可能会促使人们早些离开；否则人们可以选择等等看。 租约安排和所有权安排在这里也有影响。

将领地划分为多个明确定义的邻近区域可能有助于一个"导向"过程。 这么做可能引导黑人集中于一个区域，而不是多个区域；这么做也可能引导白人相信黑人将集中于一个区域，而不是多个区域。 明确划分区域导致的结果将证实转折假说，因而如果基于推测的离开是相关的，导致离开的信念将得到加强。 而且这么做可能导致集中于"目标小区"的房地产销售活动。 如果贷款和销售代理机构不情愿在全白人小区中将房子销售给黑人或允许黑人房产抵押贷款，但是在一些黑人迁入某个特定小区后，这些限制可能会解冻，如此一来，迁入这个小区就相对容易了，这也进一步预示着在其他地方受到阻碍的黑人购房需求将集中在这个小区。 与近邻避免的多米诺效应相比，"小区转折"取决于相对较小且定义明确的小区。

整个都市地区是否可能"转折"是一个值得研究的重要问题。 一些主要的非住宅单位，例如美国军队，是否会出现转折也是一个问题。 城市学校体系显然是存在转折现象的。

我们在这里不可能全面地讨论复杂的转折过程。 但是显然对"转折"现象的分析，无论转折发生在哪里——小区、工作单位、饭店、大学，或投票团体——而且不论转折涉及的是黑人和白人、男人和女人、说法语的人和说英语的人、军官和士兵、年轻人和老年人、教师和学生，或其他任何可以两分的人或事物，都需要明确关注个体行为和集体结果之间的动态关系。 在转折发生时能够察觉也需要知道转折与个体的不同动机或决策规则的联系。[7]

注 释：

1969 年 5 月兰德公司使用了为特殊利益领域的研究所储备的资金对本研究项目提供了资助，项目资助号为 RM-6014-RC。 本研究的观点并不一定代表兰德公司或其赞助者。

[1] 对白人和非白人之间与住宅模式有关的社会经济差异的全面分析，请参阅帕斯卡（Pascal，1967）。

[2] 包括 6 个近邻的邻近区域的一个奇特性质为：除了包括 4 个以上成员的群簇，唯一满足一半近邻与自己同肤色的模式为…00＋0＋＋0＋00＋0＋＋…甚至这一模式最终也是不稳定的：这一模式必须无限向两边延伸或者形成一个封闭的曲线，否则也会完全转为群簇。

[3] 模式化——偏离随机性——不仅可以是隔离的特征，也可以是融合的特征，只要融合是出于选择，而非出于偶然。

[4] 也许有必要比较一下图 18.9 中加号和零的模式与某个标准参考模式，例如在一个无界棋盘上加号和零的矩形块。 图 18.9 中的邻居统计数目与加号和零出现在 7×7 方格中得到的结果相同（应当记住，正如在随机分布中所预期的，2×2 方格也能产生相同的邻居统计数目）。 类似地，3×3 的方格为最小的同质群体，在这样的群体中，有的人连一个与自己不同肤色的邻居都没有。 3×3 方格中的百分比为 11%，几乎与图 18.7 中相当大小和形状的随机分布的百分比一样。 在图 18.9 中有 39% 的人没有与自己不同肤色的邻居，这与无界表面上的单色 5×6 群体相一致（30 个里面有 12 个，即 40%）。

[5] 由于邻居的数目是很小的整数，因而对于不同的邻居数目所需求的比例也应当不同。 在图 18.11 中，如果邻居数为 4 个或更少，则所需求同类型邻居数为 1；如果邻居数为 5 个或更多，则所需求同类型邻居数为 2。 初始分布中的平均邻居数为 5.5 人，达到均衡时的平均邻居数约为 4.5 人；因此，平均有效偏好在三分之一的邻近区域内。

[6] 在前面提到的罗素·伍兹（Russell Woods）的例子中，居民们肯定根据已经出现的三个左右黑人而预期会出现大量的黑人，而当黑人的比例达到 40% 时，几乎每个人都认为最终黑人比例将达到 100%。 如果一个人知道自己在一年或两年后一定会迁移，他可能就会在第一个最方便的时候就迁移了；仅仅财务损失的风险，或者在超出个人"静态转折点"时而无法自由移动的风险也会引起基于推测的撤离。

[7] 更多的讨论请参阅谢林（Schelling，1969）。 还可以参阅莫瑞尔（Morrill，1965）的随机迁移模型，这一模型通过在边界处的选择性抵抗（selective resistance）产生了少数民族聚居区的扩张过程，这个过程可以与城市的地图相比较。

参考文献

Duncan，O.D.，and Duncan，B.，1957，*The Negro Population of Chicago*，Chicago：University of Chicago Press.

Grodzins，M.，1957，*Metropolitan Segregation*，Chicago：University of Chicago Press.

Mayer，A.J.，1960，"Russell Woods：Change without Conflict," In N. Glazer（ed.），*Studies in Housing and Minority Groups*，Berkeley：University of California Press，1960.

Morrill，R.L.，1965，"The Negro Ghetto：Problems and Alternatives," *The*

Geographical Review，55，339—361.

Pascal，A. H.，1967. The Economics of Housing Segregation. RM-5510-RC，RAND Corporation，Santa Monica，California，November.

Schelling，T. C.，1969，Neighborhood Tipping，Harvard Institute of Economic Research Discussion Paper No. 100，Harvard University，Cambridge，Mass.，December.

Schelling，Thomas C.，1971，"Dynamic Models of Segregation，" *Journal of Mathematical Sociology* 1（abbreviated version appeared as "Models of Segregation"，*American Economic Review* 59，no. 2，May 1969）.

——1972，"A Process of Residential Segregation：Neighborhood tipping，" In *Racial discrimination in Economic Life*，ed. Anthony H. Pascal. Lexington，Mass.：D. C. Heath.

——1978，*Micromotives and Macrobehavior*，New York：W. W. Norton.

最高级别的决策

第十九章　广岛的遗产

第一次——也是最后一次——在战争中使用核武器至今已经 60 余年了。60 多年里从未再使用核武器可谓是惊人的成就，也可能包含着运气成分。

从未有人怀疑过核武器的军事效力和潜在威慑力。核武器没有被使用，很大程度上是由于与核武器相伴的"禁忌"的存在，美国国务卿约翰·福斯特·杜勒斯（John Foster Dulles）早在 1953 年就注意到了这种禁忌，并深以为忧。

核武器在今天仍然受到诅咒，而且这种诅咒比在 20 世纪 50 年代困扰杜勒斯的还要严重得多。核武器是独特的，而且其独特性很大程度上来源于人们将其视为独特的。我们将其他大多数武器称为"常规的"，"常规"这个词有两层含义。一个含义是"普通的、常见的、传统的"，可用来描述食物、衣物或房屋。另一个更有趣的含义与契约、协议、协定有关。核武器与众不同就是一个既定的规范。

诚然，核武器的大规模杀伤性是常规武器望尘莫及的。但是早在艾森豪威尔总统执政的末期，军事科技就可以使核武器的爆炸当量比最大的常规炸弹小了。有些军事规划人员认为"小型"核武器不受禁忌的影响，而禁忌应只适用于相当于广岛或比基尼岛规模的核武器。但是核武器已经成为一个独立的种类了，因此，当量大小并不能作为免除诅咒的理由。

这种对核武器认识的态度或传统在过去 60 年里生根发芽，是一种宝贵的资产。 这种传统并不确保一定能延续下去；一些核武器拥有者或潜在拥有者可能并不遵守这个传统。 以下问题值得密切关注：如何保持核武器禁用，什么样的政策或活动会威胁到禁用，禁用可能在什么情况下解体，什么样的制度安排可能支持或削弱禁用的传统。 还有一些值得研究的相关问题：禁用是如何出现的，禁用是否一定不可避免，禁用是否是仔细设计的结果，禁用是否包含有运气成分，我们应当评估禁用传统在未来的数十年里是更加强化了还是变得脆弱了。 保持这一传统，并尽可能将这一传统推广到其他潜在拥有核武器的国家，与推广《核不扩散条约》（于 2005 年进行了再谈判）一样重要。

核武器第一次有可能再被使用的时候是在朝鲜战争的早期。 美国军队和韩国军队撤退到了南部海岸城市釜山的周边，处于既无法守又无法退的危险边缘。 于是核武器问题在美国和英国议会开始进入了公开讨论。 英国首相克莱门特·艾德礼（Clement Atlee）飞往华盛顿，请求杜鲁门总统不要在朝鲜使用核武器。 这次访问及访问的目的是公开宣传的。 英国下议院认为自己也参与了制造核武器的项目，因而美国在做决策时听听英国的声音也是合理的。

由于仁川登陆的成功，我们现在仍然不清楚，如果当初釜山的部队真的陷入绝境，核武器会不会可能被使用。 但是至少核武器使用的问题曾经出现了，而且结果是否定的。

在朝鲜战争中未使用核武器可能有多重原因。 但是好像无论是美国政府还是美国民众都没有提到，对显示核武器是"可用的"，从而破坏了禁用传统的担忧也是一个重要考虑因素。

在中国军队参加朝鲜战争时核武器也没有使用，在伴随板门店谈判时的残酷消耗战也没有使用核武器。 如果朝鲜战争再拖数月，核武器是否会使用，在哪里使用，用什么方式使用，以及在朝鲜或中国使用核武器会产生怎样的历史影响等问题都只能是猜测了。 对中国使用核武器，而不是在朝鲜战场上使用核武器的威胁是否影响了停战谈判也不得而知了。

麦克乔治·邦迪（McGeorge Bundy）1988 年的书《危险与生成：在第一个五十年里关于炸弹的选择》记录了关于艾森豪威尔（Dwight Eisenhower）和杜勒斯与核武器的引人入胜的故事。 在 1953 年 2 月 11 日（此时艾森豪威尔总统仅上任数周）国家安全委员会的会议上，"国务卿杜勒斯讨论了与禁止使用原子弹有关的道德问题……他的观点为，我们应当消除核武器和常规武器这一错误区分"（Bundy，1988：241）。那时好像没有人来分析政府的行动可能消除了核武器和常规武器的区分，以及什么样的作为和不作为可能保留并强化了这种区分。 但是显然国务卿相信，而且想当然地认为整个国家安全委员会都相信，即使区分是错误的，限制也是真实存在的，而且这种限制是不受欢迎的。

在 1953 年 10 月 7 日，杜勒斯再次提出："我们必须想法除去核武器使用的禁忌"（249）。 几周后，总统在基本国家安全政策文件中批准了如下陈述："如遇敌对事件，美国将考虑像使用其他武器弹药一样使用核武器。"（246）这一陈述显然意在威慑，而非强调事实。 宣布禁忌被废除了并不能真的轻易除去禁忌，甚至在宣布者的头脑中禁忌仍然存在着。 6 个月之后，在一次限制级北约组织会议上，美国重申了自己的立场：核武器"现在必须在实际上被视为等同于常规武器"（268）。 同样，这么说并不意味着这么做；隐性的传统有时比显性的更难去除，因为隐性传统存在于具有潜在顽固性的大脑中，而非存在于易毁损的纸面上。

根据邦迪的说法，关于核武器在一定情况下可以使用的最后一个公开陈述发生于金门危机期间。 1955 年 3 月 12 日，艾森豪威尔在回答一个问题时说道："在任何战斗中，如果核武器可以被用于严格的军事目标和严格的军事目的，我看核武器也应可以像子弹或其他武器弹药一样使用。"（278）我和邦迪在此的看法是一致的，这次讲话又只是一种告诫，而非政策决定。

艾克（Ike）真的准备使用核武器来保卫金门，甚至台湾了吗？ 实际上他不必如此。 将核炮运至台湾就可以作为一种威慑。 按照杜勒斯的观点，仅仅只是威吓还是有风险的；假若中国大陆进攻台湾而没有使用核武器等于是严格遵守着禁忌。同时，金门在杜勒斯看来是解除禁忌的绝佳机会。使用短程核武器纯粹进行防御，阻挡进攻部队，尤其是在没有平民的海上或滩头，这种做法艾森豪威尔总统有可能会批准，欧洲的盟友也可能会同意，这样也证实核武器确实可以"像子弹或其他武器弹药一样使用"。中国人并没有提供这样的机会。

关于核武器的地位，肯尼迪政府和约翰逊政府都与艾森豪威尔政府的立场截然相反。内阁的职能也发生了变化。二战后出生的人几乎都不记得艾森豪威尔政府国防部长的名字了。但是大多数学过一点美国历史的人都知道杜勒斯这个名字。稍微研究一下邦迪的书就可以显示出对比情况。在邦迪书的索引中，有31处提及杜勒斯，两处提及查尔斯·威尔逊（Charles Wilson）。而在肯尼迪总统和约翰逊总统执政时期，数字则是反过来的：42处提及麦克纳马拉（McNamara），12处提及迪安·腊斯克（Dean Rusk）。

肯尼迪政府时期的反核运动是由五角大楼领导的，在1962年，国防部长麦克纳马拉开始了自己和肯尼迪总统的运动，旨在在欧洲的防御中降低对核武器的依赖，而且在北约组织各国中构建昂贵的常规军事力量。在随后的数年间，麦克纳马拉开始认为，核武器根本不像艾森豪威尔和杜勒斯所说的是可以使用的。无疑1962年10月的古巴导弹危机促使肯尼迪的主要顾问和肯尼迪本人对核武器的态度发生了根本转变。

约翰逊总统在1964年9月的一个陈述很好地总结了艾森豪威尔和肯尼迪—约翰逊对核武器态度的反差："不要犯错误。不存在什么常规的核武器。在过去充满危险的19年里，没有哪个国家对其他国家使用核武器。使用核武器现在是最高级别的政治决策。"（《纽约时报》，1964年9月8日，18）。

这一陈述否定了核武器按照军事效力来评价的观点，也否定了杜勒斯"错误区分"的说法："像其他武器弹药一样可以使用"转变为"最高级别的政治决策"。

"充满危险的 19 年"这句话尤其使我印象深刻，约翰逊总统在这里隐含地指出了，美国在这 19 年中抵挡住了诱惑，没有像杜勒斯希望的那样，可自由使用核武器。他隐含地指出了，在这 19 年里，美国以及其他拥有核武器的国家，实际上共同在不使用核武器方面做了投入；这 19 年将核武器隔离不用也促成了核武器的使用成为了最高级别的政治决策。

在这里有必要稍微考虑一下"不存在什么常规的核武器"这句话的字面意义。为什么比二战中使用的最大巨型炸弹小的核弹、对付海下核潜艇的中等威力的核深水炸弹、阻止坦克前进或在山道上引起山崩的核地雷不能被视为常规性的？使用三个"小型"原子弹解救在奠边府被围困的法国人有什么不利的地方吗？使用海岸核炮阻止中国大陆舰队进入台湾海峡又会是什么样的错误呢？

这些问题有两种回答，一种主要是依靠直觉，另一种则需要一定分析，但是两种答案都是基于一个信念，或者一个感觉——一种有些超越了分析的感觉——核武器就是与别的武器不同，而且根本不同。偏向直觉的回答可能是这样的："如果你一定要问这种问题，你不会理解答案的。"核物质的本质特征——正如逻辑学家可能会说的——是本原，是真理；任何分析都是徒劳的，也是不必要的。

而偏向分析的回答则依靠逻辑推理、外交、讨价还价理论，以及培训和规约理论，包括自我规约。这种回答强调明线规则、急剧下滑（slippery slope）、明确的边界，以及传统和隐性合约（有时人们会与已经戒酒的人的"一点小酌"相类比）。但是两种回答都得出了相同的结论：核武器一旦运用于战争，其使用就无法再得到限制了。

有时观点可以明确表达为：无论最初使用的核武器规模有多小，核武器使用的规模将无可避免地升级，不存在自然的上限。有时又会有人提出，军方需要加以约束，一旦允许军方使用任何武器，就不可能阻止武器使用规模的升级了。

"中子弹"就是一个很好的例子。 这种核弹体积很小，由于其使用的构成材料，中子弹可以释放出"瞬发中子"，在爆炸和热辐射相对温和的距离上，瞬发中子可以是致命的。 就像公开宣传的，中子弹在消灭人的时候不会对建筑物造成巨大破坏。 制造和部署中子弹的问题在卡特政府期间被提出，但是遇到了强烈反对，只好搁置了。 但是同样的核弹——至少是同样的想法——在 15 年前就已经引起了激烈的争论，所形成的观点在 20 世纪 70 年代仍然可以使用。 这一观点很简单，无论是否可以作为最终决定，都是有效的。 这一观点为：绝对不能模糊核武器和常规武器之间的界限；由于中子弹是低当量的，杀伤力有限，人们可能面临很强的诱惑突破对核武器的限制而使用中子弹，一旦使用了，则突破了界限，破坏了防火带，并导致核武器的使用逐步升级。

这一观点与反对所谓的和平核爆（PNEs）的观点并不是完全不同的。 反对和平核爆的明确观点为，和平核爆会使世界习惯于核爆，破坏了人们对核爆本质上是邪恶的这一信念，放松了对核武器的限制。 使用核武器在俄罗斯北部炸出一条新的河床，或在尼罗河水域炸一条分水渠，或在发展中国家炸出一个海港，都会令人们对核爆"合法化"感到担忧。

20 世纪 70 年代有人提议，在地下洞穴中引爆小型热核弹来产生蒸汽，然后转化为环保清洁的电能，但是美国军备控制者和能源政策分析人员都一致反对，这表明了人们对和平核爆的反感。 我曾经看到和平核爆的想法未经任何讨论就被一致否决了，就好像反对是显然的事情，根本无需明言。 在我看来，反对的理由是，即使"有益的"热核爆炸也是有害的，而且应当一直这样看。（我可以想像艾森豪威尔总统会说："在任何能源危机中，这些核武器如能用于严格的民用场地和严格的民用目的，我觉得可以像使用一桶油或其他物品一样使用它们。"杜勒斯则会说："我们必须设法去除对清洁热核能源使用的禁忌"。）

但是，并不能认为只有核武器具有与众不同的特征，这种特征与数量或规模无关。 毒气没有在二战中使用。 艾森豪威尔和杜勒斯的陈述似乎也适用于毒气："在任何战争中，如果毒气可以被用于严格的军事目标和严格的军事目的，那么毒气完全可以像子弹或其他武器一样使用。"但是，我们都知道，作为盟军最高统帅的艾森豪威尔将军从未提出过这种政策。 如果当时艾森豪威尔将军面临这样的政策选择，他可能会说服自己，毒气不仅不应当使用，而且毒气至少与子弹是不同的，关于毒气使用的决策将带来新的战略问题。 10 年以后，艾森豪威尔总统和自己的国务卿对核武器的态度显然与艾森豪威尔在欧洲战场上对毒气的态度截然不同。

还有一些事物在战争中具有这种全有或全无（all-or-none）特性。国籍就是其中之一。 中国人没到关键时刻不打算明显介入朝鲜战争。美国军事顾问人员也总是被警告要避免直接参战，一旦直接参战就很难控制了。 在奠边府战役时，美国曾考虑军事介入印度支那，但是不派地面部队；而且比起空军轰炸，空中侦察更不能算是"干预"。 通常的看法是，提供军事装备比提供军事人员的参与程度更低；我们为以色列人提供武器，甚至在战争期间提供军火，但是派遣一个连的美国步兵会被视为比提供 50 亿美元的燃料、弹药和备件更大的军事参与行动。

我提到上面这些是为了说明，存在一些可感知的、有象征性的现象，这些现象会持续、会重现，而且有助于我们对核现象的理解。 我感觉这些可感知的限制和禁止能够跨越文化边界是一件非凡的事情。在中国介入朝鲜战争后，美国从未轰炸过中国的空军基地；"规则"为：中国的轰炸飞行始于朝鲜，为了遵守这个规则，从中国东北起飞的飞机在前往轰炸美军目标的途中都会在朝鲜的飞机跑道上飞一下。 这使我们想起，一国的领土就像国籍一样：跨过了中国和北朝鲜之间的鸭绿江，无论是从地面还是从空中，都是进入了不同国家的领土。 假设麦克阿瑟将军成功征服北朝鲜，即使他也不可能提出，侵入"一点"中国领土并不是什么大事，因为只是一点点。

当然，这种全有或全无类型的规则门槛也常常会遭到破坏。 如果一位杜勒斯想去除核武禁忌，他不仅可以在禁忌很重要的时候规避禁忌，而且可能（由于预期到未来禁忌会成为真正障碍）设法在禁忌影响不大时消除障碍。 邦迪指出，在讨论使用原子弹保卫奠边府的可能性时，杜勒斯和参谋长联席会议主席亚瑟·W. 罗德福德（Arthur W. Radford）将军所想到的不仅是印度支那的局部战争问题，而且在奠边府使用核武可以"让国际社会接受核武器的使用"，这是杜勒斯和罗德福德都想实现的一个目标。

对核武器的反感——你甚至可以说是憎恶——会不断加强，而且会成为军事原则，即使这种原则未得到充分理解或承认。 肯尼迪政府在欧洲大力推广常规防御，理由则为核武器显然不应被使用，而且在欧洲发生战事时也很可能不会被使用。 在整个 20 世纪 60 年代，苏联官方一直否定在欧洲不使用核武器的可能性。 然而苏联花费了大量资金在欧洲发展非核军事力量，特别是能够投放常规炸弹的飞机。 这一使用高昂代价发展的军事力量在核战中将毫无用处。 这反映了苏联认识到双方有可能发生非核战争，而且双方都愿意花费大量资金使战争保持为非核战争，即通过拥有打一场非核战争的军事力量。

军备控制经常被视为等同于对武器拥有或部署的限制，因而人们往往忽略了，这种双方都进行的在非核军事力量上的投资正是未被公开承认但是双向的军备控制的有力例子。 这种投资不仅仅是对核武器使用的潜在限制；这也是对用于非核战争的武器部署方面的投资。 这使我们想到，对"首次使用"的禁止即使没有正式宣布也是非常有效力的，甚至当一方拒绝承认自己遵守这种禁止时。

除了反弹道导弹协议可算一个特例，在欧洲建立常规军事力量是直到苏联解体为止东西方形成的最重要的军备谅解（arms understanding）。这是真正的军备控制，即使是不明确的，甚至是遭否定的，但是它就像双方签署了一个正式协议一样真实，为避免核战争而在常规军事力量发展方面投入大量财力和人力。 这种在限制核武器使用方面的投资既具有象征意义，也具有实际意义。

苏联在阿富汗久拖不决的战争也很好地说明了苏联是完全遵守对核

武器的禁用的。我从未读到或听说这样的公开讨论，即苏联可能为了避免在阿富汗这个落后国家遭到代价高昂且有失颜面的失败而打破不使用核武器的传统。对核武器的禁用已经形成共识了，不仅在阿富汗若使用核武器会引起全世界一致谴责，而且甚至根本没人会想到要使用核武器。

核武器禁用的部分原因可能在于约翰逊总统19年的核沉默延续到了第四个和第五个10年，而且每个在高位的人都认识到这一未被打破的传统是我们共有的财富。我们不禁要问，这一传统若是被打破了，还能自动修复吗？若杜鲁门总统在中国出兵朝鲜时使用了核武器，尼克松总统在广岛原子弹爆炸25年后的1970年与约翰逊总统在广岛核爆19年后的1964年的感受会相同吗？若尼克松总统在越战中有限地使用了核武器，苏联还会在阿富汗战争中避免使用核武器吗？撒切尔夫人在马岛战争中呢？若尼克松总统在1969年或1970年使用了核武器，以色列人在1973年能抵挡住对苏伊士运河北部滩头的埃及军队使用核武器的诱惑吗？

显然答案为，我们并不知道。一种可能性为，广岛和长崎的可怕灾难再度上演，而且灾难的规模更大。另一种可能性为，长期的核沉默被打破，核武器作为一种军事利器出现，尤其是单方面地对没有核武器的敌对方使用，正如有些人认为广岛核弹的作用一样，好处可能是能减少战争双方的伤亡。但是条件是必须确保核武器只限于军事目标或仅用于"防御"。

在1991年的海湾战争中我们也抵挡了使用核武器的诱惑。据了解，伊拉克拥有并准备使用"非常规的"武器——化学武器。若化学武器对美国军队造成重创，那么就会有人提出使用核武器的问题。我相信，如果发生这种情况，总统认为有必要升级使用非常规武器，战场核武器就可能是一种军事选择。海陆空三军都接受过核武器使用的军事训练并且也装备了可使用的核武器；这些核武器在不同天气和地形条件下的影响也是官兵们所充分了解的。军队人员传统上就厌恶化学武器，他们难免想用自己最擅长的非常规武器来应对。如果这么做的话，就结束了45年充满危险的未使用核武器的历史了。 我们希望没有一个总统需要再面临这样一个"最高级别的政治决策"。 我相信，每个总统都能想起自己以前曾面临过这类的决策。

前面我颇为详细地分析了核武器地位的历史和现状，因为我相信核武器地位的发展和核武库的发展一样重要。 与核武器的开发、生产和部署有关的核不扩散的推进比大多数政府预期的都要成功；不使用核武的优良传统仍得到广泛的尊重，仍然是共同的宝贵财富。 越来越多的国家开始限制核武器的生产和部署，为核不扩散作出自己的贡献；我们可能更需要依赖全球一致禁止使用核武器。 保持这种禁止，并将其推广到更多的国家是我们核政策的重要组成部分。

我想在此引用一下杰出的核物理学家阿尔文·M.温伯格（Alvin M. Weinberg）在广岛和长崎40周年纪念时发表在《原子科学家通讯》上的社论。 他说自己一直深信在日本使用原子弹挽救了许多美国人和日本人的生命，他还给出了广岛（不包括长崎）之所以是幸运的另一个原因："我们见证了广岛的神圣化——即，广岛事件被上升到了神秘事件的地位，并且最终具有与圣经事件一样的宗教力量吗？ 我无法证实这一点，但是我深信，由于广泛的关注、大量的展现和媒体报道，广岛40周年纪念活动类似于重大的宗教节日……广岛的神圣化是核纪元最有希望的发展之一。"

一个重要的问题为，温伯格所描述的反核直觉是否只限于"西方"文化。 我认为关于核武器的态度和期望更广泛地传播于发达国家的一般民众和社会精英。 我们将朝鲜、伊朗或其他一些国家视为核武器的潜在使用者，我们不确定它们是否能继承不使用核武的传统。 但是让我们稍许安心的是，我们以前同样不确定苏联领导人是否会遵守不使用核武的传统，或者参与培养这种传统。 在20世纪50年代，我们中没有几个人会想到，如果苏联参与阿富汗战争并且输掉了战争，自始至终会好像核武器都不存在一样。

我们要感谢苏联没有在阿富汗战争中使用核武器，为血战目录上又增添了一个无核的例子。 40 年前我们可能会认为苏联领导人不受温伯格所描述的广岛精神的制约，像杜勒斯一样不考虑人们对核武器的厌恶，也不管约翰逊总统深为忧虑的充满核战危险的年代。 现在世界上有些地区核扩散开始令人担忧，要将西方对核的态度推广到这些地区，苏联和西方反核意识形态的惊人一致则是一个令人安心的出发点。

当前比较迫切的问题在于，印度和巴基斯坦领导人是否对他们所拥有的核武器有足够的敬畏。 存在两种比较好的可能性。 第一种可能性是，两国领导人也同意禁止使用核武器的观点——遵守我一直在讨论的禁忌。 另一种可能性为，和美国和苏联一样，两国领导人将认识到核打击报复使得发起一场核战争是不可想象的。

我前面所举的不使用核武器的例子都是核武器可能用于打击无核武器的国家。 美苏之间不使用核武器则是出于不同的原因：核打击报复使得发动核战争是不明智的，除非在可想象的最恶劣的紧急军事情况下，但是这种紧急军情从来没有诱使人们使用核武器。 美苏对抗的经历可能给印巴留下了深刻的印象；最大的风险在于其中一个国家可能面临紧急军情，需要有限地试用核武器，但是由于历史上从未出现过，这么做的后果也就无从得知了。

任何支持《全面禁止核试验条约》(参议院在 1999 年拒绝了这个条约)的观点的力量都比不上这个条约提高了全球对核武器一致反对的水平所具有的潜在力量。 180 多个国家批准了这个条约所具有的象征意义名义上只是关于核试验的，实际上也大大强化了核武器禁用这一惯例，而且任何使用核武器的国家都会被认为违背了广岛的遗产。 但是我从未听到双方在对条约的辩论中提出上面的观点。 当参议院在此对该条约表决时，我希望，这一重要的潜在利益不应被忽视。

近来人们担心伊朗和朝鲜可能要获得，或已经获得了少量的核弹头(利比亚好像已经退出了核武器的竞争)。 要抑制这些国家对获得核武器的兴趣，需要极高的外交技巧和国际合作。 要建立或改进核武器禁用的预期和制度也同样需要高超的技巧，甚至是更高的技巧。

论文出处

"Strategies of Commitment"，本文囊括了以前发表的四篇文章："Promises"
Negotiation Journal（April 1989）：113—118；"Commitment"，*The New Palgrave
Dictionary of Economics and the Law*，ed. Peter Newman（London：Macmillan，1998），
295—300，reproduced with permission of Palgrave Macmillan；"Commitment：Deliberate
vs. Involuntary"，from *Evolution and the Capacity for Commitment*，ed. Randolph M.
Nesse，© 2001 Russell Sage Foundation，112 East 64th Street，New York，NY 10021，
reprinted with permission；and，as appendix："Altruism，Meanness，and Other
Potentially Strategic Behaviors"，*American Economic Review* 68（May 1978）：228—230。

"What Makes Greenhouse Sense?" *Indiana Law Review* 38，no.3（2005）：581—593。
本文大部分内容早先发表于 *Foreign Affairs* 2（May/June 2002），2—9，小部分内容来自于
"Some Economics of Global Warming"，*American Economic Review* 82，no.1（March
1992）：1—4。

"The Economic Diplomacy of Geoengineering"，*Climatic Change* 33，no.3（July
1996）：303—307，© 1996 Kluwer Academic Publishers，with kind permission of Springer
Science and Business Media。本文最初是 1996 年 1 月美国科学发展协会的会议发言。

"Intergenerational and International Discounting"，*Risk Analysis：An International
Journal* 20，no.6（December 2000）：833—839，© 2000 Society for Risk Analysis. An
earlier，more technical version was "Intergenerational Discounting"，*Energy Policy* 23，
no.4/5（1995）：395—401，© Elsevier Science Ltd.

"Self-Command in Practice，in Policy，and in a Theory of Rational Choice"，*AEA
Papers and Proceedings* 74，no.2（May 1984）：1—11。本文最初是作为 Richard T. Ely 的演
讲稿。

"Coping Rationally with Lapses from Rationality"，*Eastern Economic Journal* 22，
no.3（Summer 1996）：251—269。本文最初是 1996 年在波士顿举办的东部经济学会会议
上的主席发言。

"Against Backsliding"，from *Development，Democracy，and the Art of Trespassing：
Essays in Honor of Albert O. Hirschman*，ed. Alejandro Foxley et al.（Notre Dame，Ind.：
University of Notre Dame Press，1986），233—238.

"Addictive Drugs：The Cigarette Experience"，*Science* 255（January 24，1992）：430—
433.

"Life，Liberty，or the Pursuit of Happiness"，from *Challenge to Leadership：
Economic and Social Issues for the Next Decade*，ed. Isabel V. Sawhill（Washington，D.C.：
Urban Institute Press，1988），253—277.

"Should Numbers Determine Whom to Save?" 一文以前没有发表过。

"What Do Economists Know?" *American Economist* 39，no.1（Spring 1995）：
20—22.

"Why does Economics Only Help with Easy Problems?" from *Economic Science and
Practice：The Roles of Academic Economists and Policy-makers*，ed. Peter A. G. van
Bergeijk et al.（Cheltenham，UK：Edward Elgar Publishing，1997），135—146.

"Prices as Regulatory Instruments"，from *Incentives for Environmental Protection*，
ed. Thomas Schelling（Cambridge：MIT Press，1983），1—40.

"Meteors，Mischief，and War"，*Bulletin of the Atomic Scientists* 16，no.7
（September 1960）：292—300（excerpt，292—293）序言部分以前没有发表过。

"Research by Accident," reprinted from *Technological Forecasting and Social Change* 53，no.1，15—20，© 1996 *with permission from Elsevier.*

"Vietnam：Reflections and Lessons"，*Asian Journal of Political Science* 4，no.2（December 1996）：103—107。 本文最初是 1996 年 8 月在新加坡国立大学的公共政策研究生项目上的演讲，作者那时是新加坡国立大学的李光耀杰出访问学者。

"Social Mechanisms and Social Dynamics"，from *Social Mechanisms：An Analytical Approach to Social Theory*，ed. Peter Hedstrom and Richard Swedberg（New York：Cambridge University Press，1998），32—44.

"Dynamic Models of Segregation"，*Journal of Mathematical Sociology* 1（1971）：143—186，© Gordon and Breach Science Publishers. Prologue：adapted from "Some Fun，Thirty-Five Years Ago"，in *Agent-Based Computational Economics*，ed. Kenneth Judd and Leigh Tesfatsion，vol.2 of *Handbook of Computational Economics*，Handbook in Economics series（Amsterdam：North-Holland，2006），© Elsevier.

"The Legacy of Hiroshima"，*Philosophy and Public Policy* 20，no.2/3（Summer 2000），9—13.本文的一个更早版本发表于 *The Key Reporter*，the quarterly publication of the Phi Beta Kappa Society，vol.65，no.3（Spring 2000）。

图书在版编目(CIP)数据

承诺的策略/(美)托马斯·谢林
(Thomas C. Schelling)著;王永钦,薛峰译. —上海:
上海人民出版社,2021
书名原文:Strategies of Commitment and Other
Essays
ISBN 978 - 7 - 208 - 16779 - 7

Ⅰ.①承… Ⅱ.①托… ②王… ③薛… Ⅲ.①博弈论
-应用-经济学-研究 Ⅳ.①F224.32

中国版本图书馆 CIP 数据核字(2020)第 213242 号

责任编辑 王冲 钱敏
装帧设计 COMPUS·道辙

承诺的策略

[美]托马斯·谢林 著

王永钦 薛峰 译

出 版 上海人民出版社
 (200001 上海福建中路 193 号)
发 行 上海人民出版社发行中心
印 刷 上海商务联西印刷有限公司
开 本 635×965 1/16
印 张 20.25
插 页 2
字 数 275,000
版 次 2021 年 5 月第 1 版
印 次 2021 年 5 月第 1 次印刷
ISBN 978 - 7 - 208 - 16779 - 7/D·3677
定 价 85.00 元